75

Publications de "L'ACTION POPULAIRE"

Jeunes Gens de France

ABBEVILLE

F. PAILLART, IMPRIMEUR-EDITEUR

PUBLICATIONS DE L'ACTION POPULAIRE

Rédaction et Administration

48, rue de Venise, REIMS

Tracts-Brochures

PÉRIODIQUES

Paraissant le 1er, le 10 et le 20 de chaque mois

Un exemplaire : **0 fr. 25**, *franco.*

Abonnement de Juillet 1906 à Juillet 1907 (Nos 115 à 150) ou bien abonnement de janvier 1907 à janvier 1908

7 fr. 50 ; Etranger : **8 fr. 50.**

Pour s'abonner, envoyer un *mandat* ou un *bon de poste* :

A M. l'Administrateur de l'*Action Populaire*, 48, rue de Venise, Reims.

Ou à M. LECOFFRE, 90, rue Bonaparte, Paris.

Conditions spéciales pour la Propagande

En vente dans les principales Librairies.

Traduction italienne. — Editeur : LUIGI BUFFETTI, Trévise.

Traduction espagnole. — Editeurs : COSO, Pilar, 86, Saragosse, et ACCION SOCIAL CATOLICA, Calle de Fuenclara, 2. Saragosse.

Voir à la fin du volume LA LISTE COMPLÈTE des Tracts parus jusqu'à fin septembre 1906.

JEUNES GENS DE FRANCE

Publications de "L'ACTION POPULAIRE"

Jeunes Gens de France

ABBEVILLE
F. PAILLART, IMPRIMEUR-ÉDITEUR

SOMMAIRE :

Le Rayonnement de l'Idée sociale.

Quelques pensées.

Promis depuis longtemps, ce livre vient à une heure où les regards de tous ceux qui ne veulent pas désespérer du pays se tournent vers les jeunes gens. L'histoire qui s'y trouve racontée est celle qu'ils ont vécue et qu'ils vivent. Sortis d'écoles diverses, les uns citadins, les autres ruraux, riches quelquefois, plus souvent n'ayant d'autre richesse que leur outil et leur métier, mais tous résolument chrétiens, profondément sociaux, libres dans leur allure, héritant du passé ses leçons et non point ses chaînes, ils se sont rencontrés dans une pensée commune : refaire la France.

Et les voilà à l'œuvre.

Ils étudient, ils s'instruisent, ils forment une élite, ils s'assemblent ou se fédèrent. Ils parlent ; leur parole rayonne et conquiert. — Ils ont des fêtes et des sports — sur lesquels descend une bénédiction de Pie X — ils lèvent une jeune armée (ils disent une Jeune Garde), au service de l'Idée.

De ces exemples et de ces travaux, l'Action Populaire a composé ce livre ou plutôt les jeunes gens l'ont euxmêmes écrit. Elle l'a reçu en quelque manière des mains de cette ardente jeunesse et il lui semble qu'en le répandant elle propage une vive et féconde lumière.

A. P.

Abbé L. LEMOINE

Formation sociale au Collège

Le but de la formation sociale est d'arracher nos enfants à ces préoccupations individuelles, trop exclusives, qui facilement les rendent égoïstes; à ces ambitions mesquines, qui attachent leurs désirs à la seule fuite du mal, conduisent à une incurable vulgarité, quand elles n'aboutissent pas à des chutes lamentables. Le terme de nos efforts doit être, en conséquence, de souffler au cœur de nos enfants une flamme qui les force à sortir d'eux-mêmes. En dehors du but immédiat, individuel, qui est la conquête d'une situation sociale, d'une position où ils pourront trouver le bien-être, faisons luire à leurs yeux un but plus général, plus noble, faisons-leur comprendre que de grandes causes réclament leur appui. En un mot, imprimons dans leurs âmes un idéal.

L'idéal fait vivre sur les hauteurs, inspire l'horreur des bas-fonds boueux, dégoûte du terre-à-terre souvent lourd et malsain. Il infuse dans les cœurs des préoccupations généreuses, qui les détournent des sollicitations égoïstes de la passion. Combien d'âmes, qui se sont enfoncées dans la turpitude, auraient été sauvées si, au lieu de leur dire simplement : « Fuyez le mal, gardez-vous de la corruption », on leur avait crié : « Ayez la noble ambition de parvenir au mieux, de vous élever sur les sommets ! »

Il est aussi le plus sûr instrument de perfection. Il exige de qui veut l'atteindre des efforts généreux et constants, la mise en œuvre de toutes les énergies. Par suite, il pousse à l'action, c'est-à-dire à la vie. Ceux qui vivent, en effet, ce sont ceux qui agissent, non ceux qui gémissent ou qui crient. La vie est dans le mouvement. Ainsi des corps, ainsi des âmes. L'exercice, la gymnastique, fortifient les muscles, dilatent les poumons, font circuler le sang. Les facultés de l'âme, anémiées par la passivité, s'assouplissent, se dilatent par l'action. Mettons donc au cœur de nos écoliers cette source de perfection qu'est un idéal. Pour nous y encourager, écoutons le P. Didon (1) : « L'idéal, dit-il, est quelque chose de supérieur, de transcendant à l'individu; il le domine et l'enveloppe comme le ciel enveloppe et domine la terre; c'est une cloche qu'il ne voit pas, mais dont il entend l'appel lointain; c'est une lumière divine qui élargit les idées, un ressort, un stimulant qui donne à l'activité et à la volonté une force infinie. » Cet idéal, ne craignons pas de le faire trop élevé : car, dit un auteur (2), « il faut que nos idées soient dix fois supérieures à notre conduite, pour que notre conduite soit simplement honnête. Il faut vouloir énormément le bien pour éviter un peu le mal. Aucune force en ce monde n'est sujette à un déchet plus énorme que l'idée qui doit descendre dans la vie quotidienne. C'est pourquoi il est nécessaire d'être héroïque dans ses

(1) *Education présente*, p. 91.
(2) *Association catholique*, février 1900, p. 172.

pensées pour être tout au plus acceptable ou inoffensif dans ses actions. »

Les aspirations pourront différer selon les goûts et les aptitudes de chacun. Les uns, amis de l'étude, se proposeront de travailler aux progrès de la science et d'en faire, pour la foi, non pas une rivale, mais une alliée. D'autres, effrayés à la vue des misères physiques et morales qui assaillent leurs frères, nourriront l'ambition d'y porter remède en se consacrant à la cause des humbles et des déshérités. D'autres enfin, troublés par le désarroi et les sujets permanents de conflit qui règnent dans notre société, s'imposeront la tâche de travailler au rétablissement des grands principes de justice et de charité sans lesquels une nation périt. Mais tous, chacun dans sa sphère, voudront mettre au service de la communauté les ressources d'intelligence et de dévouement dont ils auront à cœur d'accroître en eux les réserves ; tous entreront dans la vie, convaincus qu'ils ont un rôle social à jouer et décidés à le remplir vaillamment ; tous se diront : « Citoyens de la France, fils de l'Eglise, nous sommes tenus à servir l'une et l'autre ; nous sommes prêts à nous dévouer pour elles ! »

Tout membre d'une association quelconque ne se doit-il pas, dans la mesure de ses forces et de ses moyens, au bien de la communauté? Le profond penseur qui a nom Lamennais l'entendait ainsi : « La société humaine est fondée sur le don mutuel, ou sur le sacrifice de l'homme à l'homme ou de chaque homme à tous les hommes, et le dévouement est l'essence de toute vraie société. » De cette parole, M. Brunetière, dans un discours adressé à des jeunes gens, tirait cette conséquence (1) : « Nous sommes

(1) *Education et Instruction*, p. 98.

comptables, à tous ceux qui nous entourent, de l'emploi de nos forces et de notre intelligence. Nous ne sommes pas nés pour nous, mais pour la société; et, avant d'être nos maîtres, nous sommes les serviteurs de la patrie et de l'humanité... Aussi, toutes les fois que nous abusons de notre intelligence, manquons-nous à la loi de notre espèce, et nous abusons de notre intelligence toutes les fois que nous n'en usons que pour notre intérêt... A mesure que nous comprenons donc ou que nous savons plus de choses, et qu'ainsi nous disposons d'un pouvoir plus étendu, ce ne sont pas nos droits qui augmentent, ce sont nos obligations... Quiconque l'ignore ou le méconnaît, peut bien être un peintre ou un poète habile et savant, un profond philosophe ou un chimiste illustre, que sais-je encore? mais croyez, mes amis, qu'il n'est pas un grand esprit, ni même une âme généreuse, ni peut-être seulement un homme. »

Ce devoir de se donner, de se dépenser pour le bien commun, devient plus impérieux encore, quand on a l'honneur d'être chrétien. Le premier commandement de notre loi n'est-il pas d'aimer Dieu, et donc, de se dévouer pour sa cause? Le second n'est-il pas d'aimer son prochain, et donc, de s'employer pour son service? Où serait l'amour sans le don de soi?

Après cela, le rôle de l'éducateur est clair : imprimer à ceux qu'il a charge d'élever l'idée d'une tâche sociale à fournir et les armer pour son accomplissement. Pour s'y exciter, qu'il médite, à tout le moins, la recommandation de Jules Simon : « Faites-les (vos élèves) savants, faites-les croyants et vaillants. Éclairez-les, mais enflammez-les; qu'ils sachent que la vie leur est donnée pour aimer, pour servir l'humanité et la patrie (ajoutons l'Église) et accomplir le devoir à tous risques et à tout prix, sous l'œil de Dieu. » Quiconque est attaché à ce beau ministère de l'éducation ne doit manquer aucune occasion de faire comprendre aux jeunes gens la grande loi du dévouement. On ne saurait trop insister devant les élèves sur les raisons qui leur imposent la générosité, ni trop les convaincre qu'ils ne peuvent seuls se déprendre d'une obligation à laquelle tous sont soumis ; et que, s'ils y manquent, tous leurs frères devraient se lever contre eux, comme ils le font dans les vers de Sully-Prudhomme :

Le laboureur m'a dit en songe : « Fais ton pain ;
Je ne te nourris plus ; gratte la terre et sème ! »
Le tisserand m'a dit : « Fais tes habits toi-même ! »
Et le maçon m'a dit : « Prends la truelle en main ! »

Je connus mon bonheur, et qu'au siècle où nous sommes
Nul ne peut se vanter de se passer des hommes.
Et depuis ce jour-là je les ai tous aimés !

Enfin que le maître donne à tous une sainte horreur de l'inutilité, et qu'il leur rappelle cette scène de Dante. Parvenu au vestibule de l'enfer, Virgile montre à son compagnon un groupe de damnés qui suent la peur : « Tu vois là, lui dit-il, la foule hideuse de ceux qui vécurent sans infamie comme sans gloire. Ils sont là, mélangés au chœur mauvais des anges qui, ne prenant point le parti de Lucifer révolté, ne furent cependant point fidèles à Dieu, mais restèrent neutres, ne pensant qu'à eux-mêmes. Ne leur parle pas, jette-leur un regard de mépris et passe. »

Ces remarques faites, je crois utile, nécessaire même, d'initier directement les élèves de nos maisons à la pratique du devoir social, en les mettant au courant des œuvres qui ont pour but le relèvement de la société. Pour l'action sociale, comme pour toute autre chose, il faut un apprentissage. Il est nécessaire de connaître les maux les plus urgents pour savoir où porter ses efforts, de connaître les remèdes efficaces pour éviter les tâtonnements, si fertiles en pertes de temps et en découragements. Il faut avoir essayé ces forces pour avoir confiance en elles et comprendre ce dont on est capable. Que de bonnes volontés ont été perdues, faute d'avoir jamais été éclairées sur les maux qui sollicitaient leur activité, faute d'avoir été guidées vers les œuvres vraiment utiles ! Au collège il aurait fallu montrer à ces âmes droites ce à quoi doit s'appliquer un chrétien ; quel usage il doit faire de sa fortune et de son influence ; quelles ressources il a en lui pour le bien. Elles auraient pu rendre alors les plus grands services.

Il importe donc d'initier nos élèves aux œuvres et premièrement de leur faire étudier les questions qui s'y rapportent. Nous mettons l'étude au premier plan de cet apprentissage. Sans elle, on ne fait rien de solide, parce que rien de raisonné. Aussi serait-il désirable qu'on donnât aux élèves un aperçu général des maux dont souffrent, spécialement de nos jours, l'Eglise et la société ; qu'on leur fît connaître les principes généraux en dehors desquels ne sauraient être résolus les problèmes qui tourmentent le monde moderne ; qu'on leur indiquât quelques-uns des remèdes les plus utiles pour réparer les brèches de l'édifice social et les moyens à employer pour assurer à ces remèdes toute leur efficacité.

Cette étude aurait pour effet de leur faire toucher du doigt le mal qui nous ronge et ainsi d'exciter leurs énergies latentes. Elle permettrait à l'enfant, au jeune homme, d'envisager le devoir non plus sous une forme abstraite et peu entraînante, mais bien sous une forme sensible, par conséquent plus appropriée à sa nature et à son âge. Il comprendrait alors, pratiquement, ce que c'est qu'aimer Dieu, ce que c'est qu'aimer le prochain, et aurait plus de chance de donner à l'un et à l'autre l'amour qu'ils demandent de lui. A nos élèves qui, dans l'armée du bien, doivent être capitaines et non pas simples soldats, cette étude est particulièrement nécessaire. Car, disait M. Ollé-Laprune (1) : « On s'improvise docteur et l'on croit pouvoir tout décider, sans avoir jamais rien étudié. L'on a quelques idées très générales et quelques sentiments très généreux, et l'on se croit en état de proposer des remèdes positifs aux maux sociaux. C'est une grande imprudence, une grande témérité ; et voilà pourquoi je crois que c'est un devoir pour la jeunesse sérieuse d'acquérir dans les questions sociales une certaine compétence pour en traiter. »

Il serait insuffisant, dangereux même, de s'en tenir à l'étude pure et simple : facilement alors nos élèves s'égareraient dans les nuages et se perdraient en creuses déclamations. Il faut les tenir sur le terrain solide de la réalité et joindre la pratique à la théorie. Toute formation, d'ailleurs, suppose qu'on met la main à la pâte. Ne séparons donc pas de l'étude la mise en œuvre des leçons qu'on y a recueillies. Suivons le conseil d'un jeune déjà célèbre : « Il serait éminemment précieux, dit M. G. Goyau, que dès le collège il y eût une sorte de compénétration entre l'action charitable ou sociale et les études sociales ; que les études fussent génératrices d'action, que

(1) *La responsabilité de chacun devant le mal social.*

l'action fût génératrice d'études. Agir avec toute son intelligence, étudier avec tout son cœur, voilà l'idéal. En matière d'études sociales comme d'action sociale, l'intelligence et le cœur ne doivent jamais être dissociés. » Modératrice et stimulant de l'étude, l'action sera de plus, en elle-même, un excellent exercice. Pour apprendre à agir, rien ne sert comme d'agir. Par là, on fortifie, on assouplit la volonté, on la force à vaincre ou à tourner les obstacles. Quel avantage, en outre, de faire ses premiers pas sous les yeux de maîtres qui les facilitent, redressent les écarts, relèvent les courages abattus par les premiers échecs !

N'oublions pas que cette initiation aux œuvres doit être entendue de telle sorte qu'elle ne nuise pas à la formation générale et aux progrès des études classiques. Celles-ci doivent primer tout autre travail, et cela, même dans l'intérêt de l'influence future de nos élèves. La compétence professionnelle est, en effet, l'élément le plus indispensable de toute autorité et de toute véritable action sociale. Le premier moyen de contribuer au relèvement de la société, par conséquent le premier devoir, c'est de se perfectionner soi-même, c'est de remplir les obligations particulières de sa charge jusqu'à l'héroïsme inclusivement. Le premier objet de nos préoccupations doit donc être de former des hommes éminents dans leur partie, capables de rendre de vrais services dans la situation où ils seront placés, en mesure d'atteindre aux plus hautes fonctions et de barrer ainsi la route aux mécréants ou aux non-valeurs qui voudraient y parvenir. Ainsi faut-il se garder de tout envahissement désordonné des œuvres au collège. Nous nous tiendrons dans la bonne limite, si nous partons de ce principe, qu'elles doivent y être admises, non pas précisément pour elles-mêmes et pour l'obtention de la fin immédiate qu'elles se proposent, mais bien comme élément de formation et comme champ d'expériences. Au reste, ainsi que nous allons le voir, il suffit d'étudier ce qui se passe en beaucoup de maisons, pour se rendre compte de ce qu'il faut faire et connaître la méthode à suivre pour fonder et organiser les œuvres dans nos collèges.

*
* *

Pour former au collège des jeunes gens capables de jouer plus tard un rôle dans la société, il faut, avons-nous dit, *étude* et *action*. Ainsi l'ont compris nombre d'établissements libres. Ils s'efforcent de fournir à leurs élèves des notions théoriques sur les œuvres et des moyens pratiques de s'y exercer.

Le premier de ces buts est atteint par la *Conférence d'Etudes*. Parlons, d'abord, de cette institution.

A notre avis elle devrait être l'âme de toutes les œuvres établies au collège, le foyer généreux où l'on viendrait puiser les lumineuses convictions et les chauds enthousiasmes. L'excellence de la Conférence d'Etudes a d'ailleurs été solennellement proclamée lors du 20e *Congrès de l'Alliance des Maisons d'éducation chrétienne*, tenu à Angers en 1897. Qu'on lise le compte rendu où le R. P. Delbrel se fait l'écho de ce qu'il a entendu en séance (1), et l'on verra quel profit intellectuel, moral, religieux, on peut en attendre. On sera persuadé plus sûrement encore, si l'on réfléchit qu'à l'unanimité, les congressistes émirent le vœu de voir cette institution se répandre dans tous nos collèges et petits-séminaires.

(1) Cf. Enseignement Chrétien, 1er novembre 1897.

Ce vœu a été entendu ; car, depuis l'assemblée d'Angers, un grand nombre de *Conférences d'Etudes* ont été fondées. Actuellement on en trouve un peu dans tous les quartiers de la France, et sous les vocables les plus variés. Les saints, tout d'abord, ont pris sous leur patronage quelques-unes de ces sociétés naissantes : saint François de Sales a donné son nom à la Conférence de Sainte-Croix du Mans ; saint Yves, à celle du pensionnat Saint-Stanislas à Nantes ; saint Donatien, à celle du collège d'Ancenis. Jeanne d'Arc groupe sous sa bannière l'élite du pensionnat Saint-Gabriel, à Saint-Laurent-sur-Sèvre. Ailleurs, les jeunes conférenciers ont pris le nom d'un chrétien apôtre dont ils désirent reproduire les nobles exemples ; ceux de Saint-Martial, à Limoges, se sont faits les disciples du général de Sonis ; ceux de la Grand-Maison, à Poitiers, marchent sous l'égide de Louis Veuillot ; ceux de l'Ecole Fénelon, à La Rochelle, se rallient autour du R. P. d'Alzon. Bien d'autres conférences existent dont nous ne connaissons pas les noms. Citons seulement celles de l'institution Sainte-Marie, à Saint-Chamond ; de l'institution Saint-François de Sales, à Gien ; du collège libre de Marcq-en-Bareuil (Nord).

Cette liste suffit pour montrer que la Conférence d'Études est une plante vivace, s'acclimatant sous toutes les latitudes. La cause en est dans la facilité avec laquelle elle sait s'adapter à tous les milieux et en subir les exigences.

Rien de plus simple, en effet, que cette institution considérée dans ses parties essentielles. Son but est l'étude des questions actuelles, des problèmes qui passionnent le plus le monde moderne et, tout particulièrement, de ceux qui se rapportent à l'organisation de la société. Pourcela, elle groupe un certain nombre d'élèves pris parmi les plus âgés et les plus intelligents. A certains jours, ces jeunes gens se réunissent et étudient en commun un sujet d'ordre politique, social, religieux, ou même littéraire, artistique, scientifique. Dans ce dernier cas, cependant, ils doivent s'arrêter, de préférence, à des points en rapport avec les préoccupations contemporaines et les envisager par leur côté pratique. La conférence, en effet, n'est pas et ne doit pas être une Académie. On y vient, non pas en littérateur ou en artiste ami du beau langage et des belles formes, mais en penseur préoccupé avant tout de l'idée et avide d'acquérir des convictions ; on y vient, non pas en ami de la science cultivée pour elle-même, mais en citoyen intéressé à la chose publique, en chrétien apôtre désireux de se forger des armes pour les luttes futures. A chaque réunion, on expose, on discute le sujet porté à l'ordre du jour ; on tire des conclusions ; et c'est là toute la partie essentielle d'une séance. Rien, par suite, de moins compliqué et de plus facile à réaliser n'importe où.

Pour l'organisation des détails, la plus grande latitude est laissée à chacun. Qu'on se réunisse toutes les semaines, tous les quinze jours ou moins souvent ; que les sujets soient étudiés dans un rapport écrit, ou bien exposés dans une causerie improvisée quant à la forme ; que l'orateur soit un étranger, un maître de la maison, ou un élève, tout cela n'est qu'accessoire. A chacun d'agir selon ses moyens et suivant les circonstances.

De fait, à ces divers points de vue, différents systèmes sont en vigueur. La plupart des Conférences, cependant, ont adopté les séances *hebdomadaires* ou *bi-hebdomadaires*. Nous ne croyons pas qu'on puisse dépasser la quinzaine sans jeter du froid sur la Conférence. Il semble que l'idéal serait d'avoir une réunion tous les huit jours.

Quel programme adopter pour le choix et l'ordre des questions à étudier ? Là-dessus, différentes méthodes sont appliquées. Les uns suivent un ordre logique et font ainsi, chaque année, un cours régulier : le plus souvent, ils prennent comme cadre de développement un manuel de science sociale. D'autres, plus amis de l'imprévu, courent d'un sujet à l'autre, de la Question Juive à la Liberté de l'enseignement, de la Loi sur les Accidents du travail à la Franc-Maçonnerie, des Grèves à l'Internationalisme ; les goûts de l'orateur et les hasards du tableau d'inscription sont la seule règle. Quelques-uns mêlent les deux systèmes, et, dans leurs séances divisées en plusieurs parties, savent unir la régularité et la fantaisie. Une conférence a ainsi disposé l'emploi de son temps pour ses réunions mensuelles : 1° un rapport de vingt minutes sur une question quelconque, discutée ensuite pendant vingt autres minutes ; 2° chronique politique ou sociale, c'est-à-dire étude d'un événement saillant, accompli dans le courant du mois ; 3° développement d'une thèse d'enseignement social d'après un programme régulier.

La même variété règne dans le choix des orateurs. Ici, l'on aime le changement et l'on invite une série d'étrangers qui viennent, à tour de rôle, faire connaître l'œuvre dont ils s'occupent ou la question qui leur est le plus familière. Là, on préfère l'austère uniformité : un maître fait un cours méthodique sur un ensemble de sujets déterminés d'avance. Ailleurs, les élèves, membres de la Conférence, sont seuls admis à y prendre la parole, et l'on satisfait ainsi le besoin de changement et les exigences de l'unité : chaque fois on se trouve en face d'une figure nouvelle, mais l'impulsion première, celle du directeur, est toujours la même.

De ces différentes méthodes, laquelle faut-il préférer ? Toutes ont du bon, sans quoi on ne s'y serait pas arrêté. Permettre à nos jeunes gens d'entendre des hommes qui ont pour eux l'expérience, une compétence reconnue dans les matières qu'ils traitent, une éloquence communicative, est incontestablement chose excellente et très profitable. Confier à un maître intelligent et zélé le rôle de faire une série de leçons sur les questions du jour, c'est mettre au service des élèves l'autorité, la sagesse, le dévouement ; c'est, par suite, accroître les chances de voir s'éclairer pour eux les grandes lignes de la science sociale. Aussi n'excluons-nous ni l'un ni l'autre système ; nos préférences, pourtant, vont au troisième.

Il s'agit, en effet, de préparer nos écoliers à la mission sociale qu'ils devront remplir. Or, qui ne sait le rôle chaque jour plus important que joue la parole dans nos sociétés modernes ? Qui ne sait qu'au siècle où nous vivons, les occasions de parler naissent à chaque instant ? Conférences littéraires, artistiques ou scientifiques, conférences avec ou sans projections, conférences électorales, toasts dans les banquets, discours aux congrès de toutes sortes, voire même aux comices agricoles... nous vivons dans une atmosphère où se développe de plus en plus le microbe de l'éloquence. Peut-être ne peut-on pas dire encore de nous ce qu'on a dit des républiques de la Grèce : « Tout dépendait du peuple et le peuple dépendait de la parole. » Il est bien certain, du moins, que quiconque sait habilement manier cette arme peut acquérir par là une énorme influence. N'est-ce pas une raison très forte d'y exercer nos élèves ? Et quel meilleur moyen que de leur faire prononcer devant leurs camarades le rapport où ils auront étudié une question de leur choix ?

Il faut aussi les former à l'étude des grands problèmes qui passionnent leurs contemporains, leur donner le goût de cette étude et les habituer à se faire une opinion personnelle sur ces sujets. C'est seulement en les scrutant, en les discutant eux-mêmes, qu'ils y parviendront. Il est agréable et utile, sans doute, d'écouter un véritable orateur ; mais, à écouter, l'esprit reste plus ou moins inactif, et donc ne saurait acquérir par là cette souplesse, cette pénétration que seule peut donner l'étude personnelle, la lutte corps à corps avec les difficultés. De plus, les idées que l'on recueille à l'audition d'un discours restent presque toujours à la surface des intelligences, elles peuvent exciter un enthousiasme passager, mais sont impuissantes à produire cette noble passion qui fait qu'on s'y attache et qu'on désire les fouiller plus avant. Celles-là seulement que l'on a triturées, digérées, deviennent cette propriété individuelle que l'on tient à faire inaliénable et chaque jour plus étendue. Enfin, à force de recevoir passivement des idées venues du dehors, nos jeunes gens risqueraient fort de conserver longtemps cette habitude commode, et d'être de ces gens qui, pour avoir une opinion, attendent toujours qu'on la leur fournisse. Pour toutes ces raisons, le but de la conférence ne serait pas atteint.

On s'en rapprocherait davantage avec un cours régulier fait par un professeur. Dans ce système, le développement méthodique des idées en fait mieux voir les rapports et sollicite davantage l'attention et la réflexion. La discussion est, aussi, rendue plus facile ; avec un maître connu plus qu'avec un étranger, les élèves auront toute liberté pour demander des éclaircissements, poser des questions, formuler des objections. Malgré cela, cette méthode ne semble pas la meilleure : la Conférence ressemblerait trop à une classe ordinaire ; elle n'aurait pas, pour ses membres, l'attrait de l'inédit ; ils s'y sentiraient trop écoliers, pas assez hommes, pour s'y attacher ; ils y seraient encore trop passifs pour en tirer tout le profit possible. L'idée d'entendre un condisciple pique au contraire la curiosité ; le désir de voir comme il s'en tirera, et le plaisir de le critiquer ensuite, tiennent en éveil les énergies actives de l'intelligence, et le discours bénéficie de l'attention quelque peu malicieuse donnée à l'orateur. Chacun devant y passer à son tour, l'émulation est excitée ; facilement il s'établit un concours à qui fera le mieux. C'est là une concurrence qui ne nuit à personne, bien au contraire ; les économistes les plus protectionnistes n'y mettraient, je suppose, aucune entrave.

On pourrait dire, et on dit : « Mais les questions que l'on étudie à la Conférence d'Etudes sont bien étrangères aux élèves, bien au-dessus de leur portée ; ils ne peuvent les traiter d'une manière intéressante ! » Il serait facile de répondre, d'abord, que toutes les questions sont étrangères à celui qui les rencontre pour la première fois sur sa route ; et, à ce compte, il faudrait les laisser toutes de côté. Aussi bien, quel est donc l'élève, arrivé à la fin de ses études, dont l'attention n'ait pas été attirée un jour ou l'autre sur tel sujet brûlant, ou par les discussions entendues dans le salon de sa mère, ou par la lecture, faite à la dérobée peut-être, du journal paternel ? Il s'agit pour lui, tout simplement, d'étudier l'un de ces sujets et de le traiter devant ses camarades. Qu'on n'oublie pas, non plus, que l'apprenti orateur n'est pas plus obligé de composer seul son rapport qu'il n'est tenu de faire un devoir classique sans que le maître ait préalablement expliqué la question. La conférence est toujours dirigée par un professeur, prêt à fournir en tout temps explications et renseignements. Au surplus, il est facile de mettre entre les mains de l'élève de courtes brochures, des articles de Revue qui lui permettent d'embrasser rapidement l'ensemble d'un sujet et d'en connaître l'essentiel; libre à lui, s'il en a le loisir, de parcourir ensuite pour compléter sa documentation, des ouvrages plus étendus.

Il vaut donc mieux, semble-t-il, faire parler les élèves eux-mêmes. Je dis *parler*, car il serait à souhaiter de les voir prendre l'habitude de donner leurs rapports sans lire ni réciter. L'expérience prouve trop souvent que lorsqu'ils écrivent complètement et lisent ou récitent fidèlement leur discours, presque infailliblement ils n'approfondissent pas leur sujet et sont ensuite fort empêchés de le défendre contre leurs condisciples. Au lieu de s'arrêter à l'essentiel, de noter énergiquement les points principaux, ils donnent une composition filandreuse où rien de saillant ne vient éclairer la marche et fixer l'attention ; ils ont, il est vrai, pris grand soin de copier des développements à effet ; mais, faute de se rattacher à une idée précise, ces développements passent inaperçus, à la lecture ou éblouissent sans profit. Le conférencier qui, muni de ses notes, exposera dans une causerie très simple le résultat de ses recherches, aura bien plus de chances de donner un travail substantiel, lumineux et par suite intéressant. Il pourra faire des phrases boiteuses ou incorrectes, du moins il dira des choses ; on rira peut-être de ses maladresses de style, on retiendra ses idées.

Évidemment, pour arriver à parler dans ces conditions, il faut avoir fouillé son sujet, l'avoir retourné sous toutes ses faces, s'en être rendu maître ; mais c'est précisément à cela qu'il faut viser, et tous nos élèves peuvent et doivent fournir ce travail de préparation. Il faut aussi être doué d'une certaine facilité de parole ; quelques-uns en sont dépourvus, d'autres sont trop timides pour affronter, sans leur papier, le regard malin de leurs condisciples. *Ceux-là* ne peuvent guère tenter le difficile exercice que nous conseillons : aussi ne faudra-t-il pas en faire une règle absolue. Mais, parmi nos jeunes gens, plusieurs sont en état d'y réussir, l'expérience l'a prouvé ; que ceux-ci ne craignent pas de se lancer hardiment.

Si partisans que nous soyons de la méthode que nous venons d'exposer, nous n'excluons pas les autres, et peut-être y aurait-il moyen de tout concilier : et les différents systèmes en usage pour le choix des orateurs, et les diverses pratiques usitées dans la distribution des matières du programme. Chaque élève étudierait, à son tour, un sujet à son gré. Il devrait choisir de préférence les questions les moins abstraites ; exposer, par exemple, le fonctionnement d'une œuvre ou faire la critique d'un évènement : il risquerait moins de perdre terre et de s'égarer dans les nuages. S'il préfère un sujet théorique, il fera bien de s'arrêter à ceux qui lui permettront d'exposer une doctrine plutôt que de s'attarder à la réfutation des sophismes. Cependant, il importe avant tout que le conférencier ait toute liberté de déterminer lui-même son sujet, cela est nécessaire pour qu'il s'y attache et fasse preuve d'initiative intellectuelle.

Le travail de l'élève une fois donné et discuté, le maître, directeur de l'œuvre, pourrait se réserver un peu de temps à chaque réunion pour faire un cours suivi sur les questions de principe. Un étranger, appelé de temps à autre, viendrait prendre à certains jours la place du conférencier ordinaire et fournir de la sorte un nouvel élément de variété et d'entrain.

Ces visites d'un orateur de marque, surtout en dehors des grands centres, ne peuvent être que fort rares. Il faut y suppléer en mettant à la disposition de la Conférence une bibliothèque choisie, composée d'ouvrages traitant les questions qui doivent intéresser ses membres. Par la lecture, nos écoliers pourront se mettre en contact avec les bons esprits qu'ils ne peuvent entendre, et entretenir en eux le feu sacré. Pour la même raison, il serait bon de les abonner à quelques revues peu étendues qui les mettraient au courant des idées actuelles et les maintiendraient en présence des questions brûlantes, en dehors des séances.

Malgré l'importance, nous le répétons, capitale de la Conférence d'Etudes, elle ne doit pas absorber tous les soins de l'éducateur. Cette œuvre veut être complétée par d'autres. L'étude, avons-nous dit, doit être génératrice d'action. La Conférence doit donc pousser ses membres à l'action et les initier à l'exercice de leurs forces.

Plusieurs moyens s'offrent à elle d'atteindre ce but. C'est ainsi qu'en plusieurs endroits on a profité des menaces dirigées contre la liberté d'enseignement pour exercer les élèves à faire acte de citoyens. Plusieurs se sont occupés activement pendant les vacances à faire signer les pétitions en faveur de nos droits. Les élèves de Notre-Dame de Grâces, à Cambrai, se sont particulièrement signalés sur ce terrain ; ils ont recueilli 600 signatures. Ailleurs, les conférenciers se font distributeurs de tracts et de brochures. En beaucoup d'institutions, ils rompent à certains jours avec leurs habitudes de discrétion et convient maîtres, parents et amis, à une séance solennelle. Dans ces réunions, ils font part au public de leurs travaux et traitent devant lui quelques-unes des questions auxquelles ils ont eux-mêmes pris le plus d'intérêt. Mais le besoin d'action trouve surtout sa satisfaction naturelle dans deux œuvres dont je voudrais parler plus au long : La *Conférence de Saint-Vincent-de-Paul* et les *Patronages.*

La première est connue et établie depuis longtemps déjà dans un grand nombre de maisons. Son but est trop universellement connu pour que je m'arrête à le signaler. Son importance éducatrice semble évidente. A nos enfants pourvus de tout, gâtés souvent par la vie, étrangers à la misère, elle apprend à voir les côtés douloureux de l'existence. Leurs visites aux taudis sans feu l'hiver, brûlants en été, leur contact avec des infortunes souvent cruelles, sont une leçon de choses qui vaut tous les sermons sur l'aumône et sur la charité. La nécessité de contempler le dénuement non plus dans les livres, mais dans sa sombre réalité, la vue concrète des maux qu'ils auront étudiés dans leurs conférences, les forceront, plus que toutes les paroles les plus vibrantes, à remercier la Providence de leur propre bonheur et à sortir de leur égoïsme naturel pour s'incliner vers leurs frères malheureux. Enfin, le devoir de soulager les besoins physiques et de relever les détresses morales dont ils auront la charge, sera le meilleur apprentissage possible de la vie charitable à laquelle ils sont destinés. L'établissement d'une Conférence de Saint-Vincent-de-Paul nous semble donc de la plus grande utilité dans nos collèges. Il n'est guère d'institution libre, d'ailleurs, qui n'ait depuis longtemps une œuvre de ce genre.

De quelque manière que se fasse la visite des pauvres, nous conseillerions fort aux élèves d'en profiter pour se livrer à des enquêtes utiles, dont ils se serviraient ensuite pour documenter leurs travaux à la Conférence d'Etudes. Ils pourraient ainsi, en s'informant des causes qui ont amené la gêne et la misère dans un ménage, se rendre compte pratiquement des défauts de l'ouvrier ou bien des lacunes et des injustices de notre organisation sociale. En dressant le budget de plusieurs familles, ils acquerraient une notion plus concrète des réalités de la vie, comprendraient mieux combien est dur le sort, combien doit être grande l'ingéniosité de ceux qui doivent faire face à des besoins multiples et incessants avec un salaire inconstant et restreint. Il y aurait là, pour eux, grand profit au point de vue de leur éducation sociale.

Ajoutons qu'il serait bon de tenter parfois, au moyen de la Conférence de Saint-Vincent-de-Paul, la réalisation de certaines théories développées à la Conférence d'Etudes. Cela serait de nature à mettre en jeu les initiatives et à exciter l'intérêt, sans compter le bien que l'on pourrait faire. Que si l'on ne réussit pas, où serait le mal ? Les œuvres au collège doivent être, nous l'avons dit, des moyens d'éducation. On ne peut nier que même un échec, sur ce terrain, ne porte en soi sa valeur éducative. Mais il peut arriver que l'on réussisse parfaitement. N'est-ce pas la Conférence Saint-Vincent-de-Paul du collège des Jésuites, à Saint-Etienne, qui a le plus contribué à répandre l'Œuvre si intéressante des *Jardins ouvriers ?* Cette Conférence, dirigée par le R. P. Volpette, est ainsi parvenue à multiplier son action et à conquérir une très légitime influence dans un milieu pourtant peu favorable. Plusieurs Conférences de collèges sont entrées avec succès dans cette voie. Citons seulement celles de Roubaix, Douai, Hazebrouck, Saint-Omer.

J'arrive à un autre moyen d'initier à l'action les élèves lancés dans l'étude des questions sociales. Il s'agit de leurs concours à l'*Œuvre des Patronages.* Sur ce point on en est encore, dans nos maisons, à la période des tâtonnements. Cependant plusieurs établissements ont fait quelque chose en ce sens. Au Congrès régional de la Jeunesse catholique tenu à Angers en 1899, je me rapelle avoir entendu le Supérieur de l'Ecole Fénelon, à La Rochelle, exposer avec une entraînante conviction les heureux résultats obtenus chez lui, grâce à la participation active de quelques-uns de ses élèves à l'Œuvre des Patronages. D'autre part, M. l'abbé Leber, censeur au collège Stanislas à Paris, dans un rapport fort intéressant présenté à l'une de ces réunions appelées : *Journées des Patronages,* recommande ce moyen d'apostolat et en signale les avantages pour compléter ou corriger l'éducation classique. Il montre l'enfant élargissant ses horizons en prenant contact avec un monde qui n'est pas le sien. « Il devient, dit-il, moins orgueilleux et moins prétentieux, en constatant que parmi les enfants du peuple, il en est qui le valent, d'autres qui lui sont supérieurs à plusieurs points de vue. Chargé de diriger et d'enseigner lui-même, il se rend compte des inconvénients que présentent certains défauts, dont il a fait souffrir ses maîtres. Il comprend, par suite, beaucoup mieux le dévouement de ceux qui doivent le supporter et il est amené naturellement à réprimer en lui toute tentative d'indiscipline. »

A ces constatations, M. Leber joint de très sages conseils. Retenons spécialement celui-ci : Nos écoliers ne doivent être lancés dans un patronage que si cette œuvre fonctionne bien.

Ils y vont, en effet, pour se former eux-mêmes, il faut donc qu'ils puissent être surveillés, guidés ; il faut donc qu'ils aient sous les yeux une excellente organisation : toutes choses qui ne sauraient se rencontrer dans une œuvre en formation ou confiée à des mains inhabiles. A ceux qui voudraient connaître plus complètement la pensée de M. Leber, nous conseillons la lecture de son rapport (1).

Voici, d'ailleurs, ce qui se fait en quelques endroits. A Saint-Martial de Limoges, les élèves font le catéchisme aux enfants du peuple, sans précisément entrer dans le fonctionnement d'un patronage. A la Rochelle, et à Stanislas de Paris, ils vont régulièrement aux patronages paroissiaux et prennent une part active à tous les exercices de ces réunions : jeux, récitation et explication du catéchisme, conférences sur divers sujets. Ailleurs, ils se bornent à paraître de temps à autres dans les Œuvres. Il est difficile, croyons, d'agir autrement là où l'ensemble, ou du moins, la majorité des élèves sont pensionnaires. La fréquentation régulière des patronages semble peu conciliable avec les exigences de la vie de communauté ; elle paraît devoir être bien plus le fait des externes ou des demi-pensionnaires qui disposent de leur après-midi, le dimanche et le jeudi. A Poitiers, on a tourné la difficulté en établissant un patronage dans le collège lui-même. Quelques grands, choisis parmi les meilleurs, peuvent exercer leur zèle sur les enfants du peuple qui

(1) Il a été imprimé à part. Bar-le-Duc, imprimerie de l'Œuvre de Saint-Paul.

viennent, sur les cours et dans les salles, prendre la place des camarades partis en promenade. Ces différentes façons de procéder ont toutes leurs avantages. A chacun de voir ce qu'il faut faire. Pour nous, nous recevrons avec reconnaissance les explications que cet article pourrait provoquer.

En terminant ces aperçus sur chaque œuvre en particulier, signalons quelques principes généraux dont l'application nous semble indispensable au bon fonctionnement de toutes.

D'abord, il importe de laisser aux élèves qui en font partie toute l'initiative compatible avec le bon ordre de la maison. Il faut qu'ils s'y sentent bien chez eux, qu'ils en soient les membres véritablement actifs et responsables. Cela est nécessaire pour qu'ils s'y intéressent, pour qu'ils y apportent l'entrain et la vie. Car on ne s'attache à une œuvre que dans la mesure où on y met quelque chose de soi, où on se dépense pour elle. Une association où l'élève se sentirait toujours élève, c'est-à-dire toujours surveillé, toujours guidé, où il n'aurait qu'à se laisser faire, sans avoir la responsabilité de rien, serait d'avance une œuvre morte. Et cela ne veut pas dire, qu'il ne faut pas de direction, mais que la direction doit être assez large pour laisser place à la liberté individuelle. Que le maître soit là, veille et observe, redresse les écarts, répare les fautes, s'il y a lieu, mais qu'il laisse librement « trotter devant lui » ceux qu'il doit former à agir librement.

En conséquence, chaque œuvre, une fois constituée, doit se recruter elle-même par libre élection, elle doit avoir son bureau chargé de la direction et de l'administration. Ce bureau sera élu par les membres et le maître n'interviendra qu'au cas d'un choix par trop criant. S'il nomme lui-même, ou bien le bureau n'aura aucune considération aux yeux de la Conférence, ou bien on lui fera de l'opposition. Il peut arriver qu'une nomination soit fâcheuse. Tant mieux. Quelle excellente occasion de montrer aux jeunes gens combien il est important de bien voter.

De même, que chaque membre du bureau exerce vraiment les fonctions qui répondent à ce titre. Que le président préside effectivement, que le secrétaire fasse les comptes rendus. Le trésorier devra recueillir les fonds, les administrer avec sagesse, pour s'habituer à la pratique des affaires et, au besoin, à l'économie. Le bibliothécaire devra veiller à la circulation des livres, au renouvellement des abonnements, prendre soin des reliures. Tous ces détails sont peu de chose, chacun pris à part; l'ensemble en est très important : par leur observation, les œuvres apprendront à se suffire par elles-mêmes, et leurs membres se formeront à l'usage de leur liberté.

Tout cela, d'ailleurs, sera facile à réaliser, si l'on a soin, au début, de n'accepter qu'une élite. Mieux vaut réunir seulement quelques jeunes gens bien résolus que de former un groupe où, à côté d'âmes ardentes, il y aura beaucoup d'apathiques et d'indifférents. Rien n'est plus propre à étouffer une œuvre dans son berceau que la présence aux réunions de cœurs glacés dont rien ne peut réveiller la torpeur. Ce serait, de plus, jeter le discrédit sur les œuvres que d'y appeler des élèves inférieurs au point de vue de l'intelligence ou de la conduite; la médiocrité même facilement deviendrait nuisible. Il faut que les conférenciers commencent leur rôle d'apôtres en l'exerçant sur leurs condisciples; ils ne peuvent y songer que s'ils ont le prestige de l'intelligence et de la vertu. Il serait dangereux cependant, d'exclure systématiquement tout élève qui ne répondît pas à ces conditions. Tel écolier peu discipliné pourrait trouver dans les œuvres un élément de réforme, à cause des idées sérieuses qu'il y recueillerait; tel paresseux intelligent pourrait y rencontrer un heureux stimulant au travail. Il est aussi des élèves d'une intelligence peu développée, mais excellents jeunes gens, dont le concours serait précieux spécialement dans une Conférence de Saint-Vincent-de-Paul. Au maître de juger dans quelle mesure il peut manquer au principe général. Ici encore il faut être guidé par cette idée : les œuvres sont un moyen d'éducation; on peut y introduire tous ceux dont on juge sagement qu'ils en profiteront pour leur formation intellectuelle et morale.

*
* *

N'allez pas croire, toutefois, que les différentes institutions signalées dans ces pages s'installeront sans difficulté et fonctionneront sans encombre. Il serait nécessaire, pour cela, de n'avoir pas à travailler sur une matière humaine. Toujours nous devrons compter avec l'indolence, l'inertie qui trop souvent caractérisent nos jeunes gens; avec leurs inconstances et leurs abattements succédant à leurs plus beaux enthousiasmes. Mais, établies précisément pour corriger ces défauts, les œuvres n'auraient pas de raison d'être, si nos élèves étaient d'avance parfaits. Le hasard lui-même viendra parfois accroître l'embarras : une année, l'on disposera de sujets excellents; l'année suivante, on aura plus que des éléments médiocres. Mais c'est alors surtout qu'il faut user de tous les moyens et ne pas négliger ceux qui sont étudiés dans cet article. Loin donc de s'arrêter à ces obstacles, le maître chargé de diriger les œuvres doit se dire que sa fonction est précisément de les renverser.

Ce qu'il aura plus de peine à vaincre, ce seront les critiques dirigées contre ses efforts ou les objections qu'on lancera de différents côtés, et avec les meilleures intentions du monde, contre ses plus généreuses entreprises. Il se consolera des critiques en songeant que ceux-là seulement qui ne font rien n'y sont pas exposés. Quant aux objections, il n'aura pas à s'en occuper. Elles s'élèvent surtout dans la période des débuts ; elles tombent bientôt d'elles-mêmes, quand l'expérience en a montré la faiblesse. Quelques-unes, pourtant, méritent d'être réfutées : car elles empêchent plus d'un, même parmi les bons, de se mettre à l'œuvre.

On allègue tout d'abord la perte de temps : c'est même le principal argument. Il est aisé d'y répondre. Le temps n'est pas perdu, qui est employé à la formation morale d'un enfant ; et nous croyons avoir suffisamment établi qu'il en est ainsi des heures consacrées aux œuvres. Sachons bien, aussi, que le temps est élastique ; plus on tire dessus, s'il est permis de parler de la sorte, plus il s'allonge. L'ardeur que nos élèves puiseront aux réunions de leurs diverses conférences leur fera rendre beaucoup plus de travail en moins de temps. D'ailleurs, même avec des programmes dont on critique partout l'étendue exagérée, il leur reste bien des instants libres ; ils savent le dire en leur moment de sincérité. Le surmenage intellectuel, si j'en juge par une expérience déjà vieille de six ans, est chose bien rare dans nos maisons. Je serais tenté de croire qu'il habite les mêmes régions que les merles blancs.

Au surplus, ce serait une erreur de penser que, même au point de vue des examens, un rhétoricien ou un philosophe n'ait rien à retirer de son passage dans les œuvres. La composition d'un rapport quelque peu étendu, sur un sujet de leur choix, travaillé à loisir, avec la pensée d'éblouir leurs condisciples, peut être autrement profitable aux candidats bacheliers que bien des dissertations faites sans goût, bâclées avec entrain, par acquit de conscience ou pour échapper aux réprimandes des professeurs. Les faits sont là qui donnent raison à cette manière de voir. De tous côtés, il nous revient que les élèves les plus ardents aux œuvres sont aussi les plus heureux dans les examens. Voici un exemple. Au pensionnat Saint-Stanislas, où déjà fonctionnait depuis longtemps une Conférence de Saint-Vincent-de-Paul très prospère, on fonda, l'an passé, une Conférence d'Etudes. Tout ses membres sont sortis avec honneur des épreuves du baccalauréat. Un seul rhétoricien s'est vu refuser à l'oral ; encore celui-là n'avait-il fait aucun travail spécial pour la Conférence, s'étant borné à suivre passivement les séances. Par contre, le Président, et en conséquence l'un des plus occupés, a trouvé moyen de préparer et conquérir en juillet, le double diplôme de bachelier ès-lettres-philosophie et ès-lettres-mathématiques. Autre fait : le vénérable Supérieur de l'Institution de Saint-Joseph d'Ancenis, qui est entré des premiers dans la voie des œuvres, ne cesse de proclamer le bien qui en est résulté pour ses élèves ; l'histoire est là pour prouver que, dans sa maison, on ne perd pas son temps et que les succès y sont de tradition.

Laissons donc de côté l'objection tirée de la perte du temps et des nécessités de l'examen. Faut-il s'arrêter à celle qui met en avant les intérêts de la discipline ? C'est une chose fort importante que la discipline dans un collège ; mais il y a vraiment des gens qui abusent de ce mot et qui l'ont toujours sur les lèvres, quand il s'agit d'entraver une initiative ou d'empêcher un progrès ; et, à force de les entendre prononcer ce mot sur un ton de conviction et de religieux respect, on arrive à se faire l'idée que nos maisons doivent être des casernes ! Mais enfin, il faut la discipline : c'est entendu. En quoi les œuvres peuvent-elles lui nuire ? Que si elles entraînent des allées et venues, elles ressemblent en cela à tout autre exercice ; il suffit que le maître soit là, et tout se passera en ordre. Allons plus loin : les œuvres bien comprises ne peuvent que favoriser la bonne tenue et la régularité dans nos établissements. Elles auront pour effet d'occuper l'esprit des élèves, de les tourner vers des préoccupations graves : excellent moyen de les détourner des enfantillages, des petites cabales auxquelles ils n'auront plus le temps de songer. L'ordre extérieur est quelque chose, sans doute ; il n'est pas tout ; et il vaut beaucoup mieux empêcher les âmes de divaguer, en leur mettant en tête des idées sérieuses, que de maintenir le silence et le calme à grand renfort de surveillants.

Mais, dira-t-on, croyez-vous réussir à inspirer des sentiments élevés à beaucoup de jeunes gens ? Combien profiteront de cette prétendue formation aux œuvres par les œuvres ? Je pourrais répondre avec Jouffroy : « Ce n'est pas le succès qui importe, c'est l'effort. » Mais si, depuis quelques années, une jeunesse ardente, et dont les rangs vont toujours grossissant, s'est levée et groupée pour la cause de Dieu, de l'Eglise et de la Patrie ; si, au milieu des causes actuelles de découragement, il nous est permis de contempler ce signe de radieuse espérance qu'est une jeunesse sérieuse tenant gravement de solennelles réunions, où, avec ses désirs et ses ambitions, elle fait connaître le résultat de ses efforts, n'est-ce pas parce que, dans nos collèges catholiques, on a mieux compris la nécessité de former les jeunes gens à la lutte pour le bien, et multiplié les œuvres que nous avons esquissées dans ces pages ? Et certainement il ne faut pas compter faire des merveilles du jour au lendemain, ni même espérer que tous ceux que nous aurons lancés sur le champ de bataille deviendront des apôtres et des héros. Ce serait trop beau ; l'humanité ne serait plus l'humanité. Du moins, aura-t-on jeté à pleines mains la bonne semence ; il en lèvera toujours quelques graines.

> Il n'est point de peine perdue
> Et point d'inutile devoir (1).

Tôt ou tard l'arbre portera des fruits. Il suffit de se mettre à l'œuvre, sans avoir la prétention de faire grand. « Il faut, disait Ollé-Laprune (2), des hommes résolus qui commencent petitement, modestement, mais avec une vue nette et une indomptable confiance..... Savoir faire, avec des vues hautes et amples, des choses précises et d'abord petites, c'est le secret de faire grand et de durer. » Agissons en conséquence ; et soyons sûrs que, si aujourd'hui nous sommes réduits à glaner, bientôt nous moissonnerons à pleines mains.

(1) Laprade.
(2) *Prix de la Vie*, pp. 427 et 428.

Le semeur s'en va solitaire.....
. . . .
S'il sent son bras faiblir, il pense
A la prochaine floraison;
Et son geste emplit l'horizon
. . . .
Demain, ta moisson sera mûre
Pour l'idéal; en attendant,
Sème, et le temps fera ta gerbe (1).

Mais quelques-uns poursuivent et insistent. « Je vous admire, disent-ils, mais que sont vos efforts en face du mal? Que peuvent, que pourront vos quelques élèves pour résister à l'armée satanique déchaînée contre nous? Ils seront irrévocablement vaincus! » Toujours le même refrain : *Rien à faire!* Réfutons-le une fois encore, puisqu'il ne peut se décider à mourir. Rien à faire! Pardon; il y a cette grande chose à faire, qu'on appelle le devoir. Après cela, advienne que pourra. Répétons, avec Mgr Freppel : « Dieu ne nous a pas ordonné de vaincre, mais de combattre. » Remettons-nous à lui du soin de la victoire. Les chevaliers ne disaient-ils pas : *Combattez vos, Diex vous ira aidier.* « C'est nous qui faisons le geste, et c'est Dieu qui renverse la montagne. » Il nous viendrait plus vite en aide, si tous ceux qui clament qu'il n'y a rien faire, se mettaient à l'œuvre. A ceux-là, nous dirons : Que chacun, dans sa petite sphère, fasse son devoir, et nous serons plus près du succès final! »

Que chacun soit flambeau dans l'ombre :
Les ténèbres verront le jour (2).

Notre conclusion s'inspirera encore du grand évêque d'Angers. Au premier Congrès de la Jeunesse catholique

(1) Jean Aicard.
(2) Jean Aicard.

(Angers, 1er et 2 mai 1887), il s'écriait : « Ah ! si nos jeunes gens catholiques s'étaient habitués à se mettre résolument en face des problèmes agités parmi nos contemporains, pour s'initier de bonne heure aux besoins de la société moderne, et faire ainsi, avec l'apprentissage du dévouement, leurs premières armes dans les luttes de la doctrine ; et si, par cette application précoce aux travaux de la pensée, il s'était formé une génération de jeunes hommes versés dans la philosophie, dans l'histoire, dans les sciences économiques et sociales, et pouvant, dès lors, exercer une influence décisive sur la marche des affaires publiques, j'ose affirmer que nous ne serions pas arrivés à l'état de défaillance et d'affaissement où nous sommes descendus. » Depuis que Mgr Freppel prononçait ces paroles, la jeunesse s'est mise en mouvement ; elle s'est efforcée de répondre au désir du vaillant évêque. Il importe que nos maisons fournissent d'abondantes recrues à l'armée qui se forme et déjà combat pour la cause de la Patrie et de la Foi. Nous sommes convaincus que l'organisation des œuvres dans nos collèges est de nature à multiplier ces bons soldats du Christ, ces ouvriers du relèvement social souhaités par l'évêque d'Angers. Puissent ces pages contribuer, dans leur modeste part, à la formation de cette jeunesse que réclament l'Église et la France : jeunesse éclairée par les besoins de son temps, éprise de dévouement, enflammée d'ardeur apostolique, bref, curieuse de beau savoir et avide de bien faire !

L. Lemoine, prêtre,

Licencié ès-lettres, professeur au collège Saint-Stanislas (Nantes).

L'Idée sociale dans les Cercles d'Etudes.

LES CERCLES D'ÉTUDES

I. — *Pourquoi?*

S'il est aujourd'hui une vérité incontestée c'est l'insuffisance de l'école pour la formation intellectuelle et morale de la jeunesse Le peu d'années que le fils de l'ouvrier consacre à l'étude ne peuvent borner ses ambitions ni nos espérances pour lui. D'autre part l'expérience ne démontre-t-elle pas que, dès les premiers mois de leur séjour à l'atelier ou au bureau, le jeune ouvrier et le jeune employé sont souvent la victime des sophismes ou des tentations qui les enserrent? Les jeunes gens, sortis de nos écoles secondaires, ne sont pas à l'abri de semblables dangers, et on en a trop vu dont les convictions s'ébranlaient au contact du monde extérieur

Puis, dans notre état social actuel, la jeunesse qui arrive à la vie virile, voit s'ouvrir devant elle tout un champ de devoirs, de tâches, de fonctions, qu'une formation purement scolaire ne peut lui avoir appris à parcourir et à cultiver.

Ce sont les œuvres sociales de toutes sortes auxquelles tous sont appelés à participer et qui réclament une élite, sans cesse renouvelée, pour les diriger et pour les propager. Ce sont les lois sociales nouvelles, dont le succès dépend uniquement des bonnes volontés individuelles, à faire connaître, à utiliser pour le bien (1). Ce sont les associations, auxquelles la liberté vient d'être accordée, à fonder et à féconder. Enfin ce sont les services de tout genre que notre société malade et notre démocratie en voie de formation réclament de tous ceux qui ont, à quelque degré, du temps et de l'énergie!

L'erreur se répand de proche en proche semant dans les esprits les doutes les plus périlleux, les négations les plus désastreuses. Et la libre discussion met chaque jour en question, dans la presse, les réunions, et jusque dans les cabarets de village, les plus nécessaires principes. Ne faut-il pas que, partout, les esprits soient éclairés et que dans tous les milieux il y ait des hommes capables de réfuter l'erreur et de soutenir la cause de la vérité ?

Le sort du pays dépend du suffrage universel, donc du peuple. Ne pas le voir, ne pas l'accepter, c'est se mettre en dehors de son temps et se disqualifier soi-même pour l'action. Mais le peuple, pour longtemps encore, dépendra dans l'exercice de son droit politique, des influences qui s'exerceront sur lui. C'est pourquoi il est urgent que, dans tous les rangs de la société, se forme une *élite* consciente et de plus en plus nombreuse, capable d'agir, de propager les idées saines, d'en pénétrer peu à peu la masse électorale et ainsi d'affranchir notre pays des préjugés qui l'aveuglent et le délivrer de l'esclavage des mauvais bergers.

Ce sont tous ces besoins de plus en plus sentis qui ont

(1) Signalons en particulier les lois sur les habitations ouvrières, les sociétés de secours mutuels, etc.

fait naître et s'épanouir si vite sur notre sol l'œuvre des *Cercles d'Etudes.*

L'étude, voilà la condition, la base même de l'éducation post-scolaire ; l'étude est le moyen de recruter des adhérents convaincus, des soutiens dévoués, aux véritables œuvres sociales : s'il est facile sans œuvres de se dégoûter de l'étude, sans études on se dégoûte fatalement des œuvres ; l'étude, à côté des œuvres, c'est la carte dans les mains du voyageur qui parcourt un pays inconnu. L'étude enfin est la seule voie normale pour former, en tous les milieux, cette élite de chrétiens conscients et de citoyens réfléchis, destinés à devenir le noyau d'une reconquête des esprits et des âmes, comme le ferment d'une société vraiment fraternelle et chrétienne...

Or le Cercle d'Etudes paraît être la *forme la plus efficace* sous laquelle l'étude puisse être instituée, et en même temps celle qui par la *facilité de son organisation* et la *souplesse de ses procédés*, se prête le plus aisément à être fondée partout.

II. — *Deux mots d'histoire.*

L'idée des Cercles d'Etudes est assurément fort ancienne. Quand Socrate réunissait autour de lui, dans les rues et les carrefours, les jeunes nobles et les rudes artisans d'Athènes pour les interroger et faire jaillir de leur esprit la vérité dont il voulait les convaincre, que faisait-il sinon, sous une forme très souple, organiser un Cercle d'Etudes ?

Je me trompe fort ou Platon, sous les ombrages du jardin d'Académus, et Aristote, en se promenant avec ses disciples, ne firent pas autre chose avec des allures un peu plus solennelles, et nous dirions, avec des règlements plus précis.

Mais un maître plus grand qu'Aristote n'a pas dédaigné ce mode d'apostolat. Le Sauveur parlait sans doute aux foules « comme ayant autorité », mais quand il groupait autour de lui ses disciples pour leur expliquer les paraboles, les faire parler eux-mêmes, redresser leurs vues trop courtes ou trop grossières, quand il entr'ouvrait même leurs rangs pour faire venir à Lui le jeune homme riche et sans doute tant d'autres, ces entretiens sublimes ne nous offrent-ils pas l'image de l'idéal Cercle d'Etudes?

Plus exactement encore, le groupement plus intime des apôtres préfigure l'œuvre modeste apparue de nos jours. Jésus les avait choisis, ces quelques humbles pêcheurs sans talent et sans lettres et, trois années durant, il les forma, il en fit une *élite* et il chargea cette élite de conquérir le monde. Le collège apostolique fut, en vérité, un Cercle d'Etudes dont Notre-Seigneur était le directeur.

Les apôtres suivirent l'exemple du Maître. Ils surent parler aux masses. Mais ils aimaient mieux s'entourer d'un cercle d'hommes où ils voulaient faire passer leurs âmes ; et ces soirées, dont nous parlent les *Actes*, où dans la chambre haute Paul conversait avec ses fidèles de la venue du royaume de Dieu et des mystères de la grâce, devaient quelque peu ressembler à nos séances de Cercles d'Etudes.

A des époques où le catholicisme put être plus préoccupé de conserver que de conquérir, il se peut que cette méthode si féconde d'action fut quelque peu oubliée. Mais au XIXe siècle elle devait apparaître à nouveau comme un instrument nécessaire d'apostolat.

C'est au sein des *Cercles catholiques d'ouvriers* qu'elle

semble avoir été reprise avec le plus de vigueur. L'idée des « Cercles chrétiens d'Etudes sociales » y fit rapidement son chemin. Elle fut adoptée en particulier par les œuvres ouvrières de Belgique et du Nord de la France. Ce furent les Cercles d'Etudes qui organisèrent à Reims, par trois fois (1893, 1894 et 1896), le *Congrès ouvrier chrétien* (1).

Dès cette époque, l'*abbé Garnier* répandait partout l'idée du Cercle d'Etudes, fondait des cercles dans les groupes de l'Union nationale et suggérait d'en fonder pour les jeunes gens, même pour les enfants des patronages.

L'œuvre nouvelle, il faut le dire, fut longtemps contestée et rejetée. Beaucoup étaient avant tout soucieux de garder dans les patronages l'union et la tranquillité des esprits et ils estimaient que l'atmosphère de piété qui y règne suffit à contrebalancer l'influence des lectures hasardées et des discussions d'atelier. Mais l'idée des C. E. fut cependant accueillie avec faveur par la *Commission des Patronages* et obtint, dès 1896, une place de choix dans la *Journée des Patronages* que cette commission organise chaque année.

A l'idée qui pénétrait ainsi dans les milieux catholiques, l'admirable propagande du *Sillon*, dont nous n'avons pas à parler ici, vint bientôt donner un irrésistible élan et une merveilleuse force d'expansion. En 1898, au Congrès tenu par l'*Association de la Jeunesse Française*, à Besançon, l'on parlait encore des C. E. comme d'une nouveauté,

(1) Le deuxième de ces Congrès émit le vœu ci-après :
« Considérant que les ouvriers doivent apprendre à discuter eux-mêmes leurs propres intérêts ;
« Que l'étude en commun est nécessaire pour leur enseigner la vérité sur les idées ou sur les institutions ;
« Le Congrès émet le vœu que dans tous les milieux industriels ou agricoles, à la ville ou à la campagne, il soit formé des Cercles d'Etudes sociales. »

d'ailleurs des plus heureuses. A dater de ce Congrès, l'Association commença à les promouvoir. D'autres œuvres centrales, à Paris et en province, telles la *Chronique du Sud-Est*, à Lyon, l'*Union nationale* et les Facultés Catholiques de Lille, contribuèrent aussi à les répandre. Aujourd'hui les Cercles d'Etudes ont droit de cité dans toutes les associations et œuvres de jeunesse catholique. Les patronages urbains ont presque tous le leur. Il s'en fonde dans les campagnes, parmi les jeunes cultivateurs groupés au patronage rural ou dans quelque modeste salle de presbytère. Au dernier Congrès des Cercles d'Etudes plus d'un millier de Cercles d'Etudes furent signalés. Et le nombre en est certainement plus considérable encore.

III. — *Qu'est-ce qu'un Cercle d'Etudes?*

Un Cercle d'Etudes est un groupement où par un travail vraiment commun et une collaboration vraiment fraternelle, on acquiert la formation nécessaire, non seulement pour garder la vérité et la vivre, mais encore pour être homme d'action et apôtre.

Cette définition contient tous les éléments que nous croyons essentiels à la notion du Cercle d'Etudes fécond et efficace.

C'est un *groupement*, non point spécial et réservé à quelques catégories, mais où tous peuvent trouver un moyen précieux de travail et de progrès. Il existe des Cercles d'Etudes de prêtres et de dirigeants, des Cercles d'Etudes d'ouvriers, enfin des Cercles d'Etudes pour la jeunesse, et, bien entendu, ce sont ceux-ci qui sont vite devenus les plus nombreux et les plus actifs ; comme le disait Ozanam, « l'avenir est aux jeunes ; » et il leur appartient de préparer par l'étude et l'action un avenir fécond et réparateur.

Le *travail*, dans les C. E., doit être *fraternel et commun*. « Le Cercle d'Etudes, a-t-on dit, est un groupement dont tous les membres participent, à tour de rôle, à l'enseignement, comme maîtres et comme auditeurs. » Ce n'est donc pas une classe où un professeur enseigne à des disciples « comme ayant autorité », mais une réunion où l'on collabore pour chercher la vérité. Et ce n'est pas non plus une académie. Il ne s'y agit point de réciter de belles pièces d'éloquence apprêtées et limées avec soin, mais d'y exprimer simplement, dans l'intimité d'une réunion de camarades, ses idées, et j'ajouterai ses sentiments, sur un sujet donné et prévu. Ce n'est point tant la plume ni même la parole qui apprennent à s'exercer avec correction et élégance, que l'esprit, le cœur, l'âme tout entière, qui s'efforcent de se traduire avec franchise et sincérité. On n'y dédaigne pas l'art oratoire, mais sous la paille des mots on cherche le grain des choses ; plus haut que l'éloquence, c'est à la vérité qu'on vise, et comme il faut aller au vrai avec toute son âme, le cœur est convié à parler comme l'esprit. Ici donc point de travaux soigneusement écrits et exactement récités, mais un exposé parlé avec le plus de précision possible, puis une discussion, ou mieux une causerie, réglée et ordonnée sans doute, mais où il est entendu que chacun exprimera, sans respect humain, ce qu'il pense, ce qu'il aime et ce qu'il désire.

Mais ce travail de tous les membres du Cercle et de toutes les facultés de leurs âmes a un but : *la formation en vue de l'apostolat et de l'action*. Sur ce point tous les promoteurs des C. E. sont d'accord.

« Le Cercle d'Etudes, dit J. Lerolle, président de l'*Association catholique de la Jeunesse française*, est une école d'action, un séminaire laïque qui fournit aux jeunes gens les moyens d'acquérir le complément d'éducation et d'instruction religieuses, morales et sociales dont ils ont besoin pour être des hommes honnêtes, des citoyens conscients et des chrétiens solides. »

Le *Sillon* n'est pas moins explicite :

« Le but des petits Cercles est double : les membres de ces groupes veulent, en premier lieu, élargir le cadre de leurs idées, acquérir des notions précises sur les objets qui font la matière habituelle des controverses au bureau, à l'atelier ou dans la presse, se faire, en un mot, des opinions raisonnées. Ils veulent aussi s'exercer à rendre clairement leur pensée, et devenir capables de faire partager leurs convictions à des camarades séparés d'eux par l'erreur et les préjugés. Connaître la vérité, en propager le culte et l'amour, voilà le terme de leur ambition. »

Ces définitions, si l'on veut bien y réfléchir, écartent deux excès. D'abord, elles subordonnent *l'étude* à *l'éducation*, elles rappellent que le but à atteindre n'est pas d'acquérir beaucoup et de profondes connaissances, mais de se rendre capable de se garder soi-même et d'être apôtre autour de soi ; elles prémunissent contre la tentation de faire de la science pour la science et contre le péril d'aboutir à former de ces esprits à tournure mesquine qu'on appelle les demi-savants.

D'autre part, elles indiquent nettement que le C. E. est essentiellement un instrument de formation *individuelle* et non pas de pénétration ou d'apostolat *social*. Qu'il puisse fonder autour de lui des œuvres qui se proposent ce second objet, c'est désirable, mais à la condition que lui-même accomplisse son œuvre propre qui est de créer des individualités robustes, aptes à la défense et à la conquête.

Et pour tout cela, il est évident que l'étude seule ne saurait suffire. « Malheur à la connaissance qui ne se tourne pas à aimer ! » Nous ajouterions volontiers, en ayant en vue les C. E. : « Et stérile la vérité qui ne se tourne pas à agir ! » C'est par suite tout un *esprit*, et pour lui donner son vrai nom, c'est l'*esprit chrétien*, que le C. E. doit produire en ses membres. « Développer l'esprit de dévouement, d'abnégation, de sacrifice, apprendre à vivre le catholicisme, disait un rapporteur du Congrès de Lyon, M. L. Meyer, voilà la tâche et l'œuvre première du Cercle d'Etudes. Vous aurez beau connaître les réformes qui s'imposent, en avoir étudié les conséquences, vous n'aurez rien fait si vous n'êtes capables de susciter autour de vous des énergies, de déterminer des bonnes volontés. »

En d'autres termes, ce n'est point tant des esprits instruits au point de vue religieux et documentés au point de vue social, qu'il importe de former au C. E., que des âmes intégralement chrétiennes, capables de ce dévouement sans bornes et de cette générosité supérieure que peuvent seuls inspirer l'union avec Dieu et l'amour du prochain puisé dans l'amour du Christ ! Et ainsi le C. E. sera en même temps qu'un intense foyer de vie chrétienne, une pépinière d'apôtres.

IV. — *Son Efficacité.*

Pour résumer en trois mots le rôle et l'efficacité du Cercle d'Etudes en particulier pour les jeunes gens, nous dirons qu'*on s'y instruit*, — qu'on y *acquiert des convictions*, — qu'on s'y *prépare à l'action*.

On s'y instruit au point-de vue religieux, moral et social. Le jeune homme y apprend sa religion, afin de connaître les motifs de sa foi, d'avoir plus de lumières et de courage pour la pratiquer, de savoir mieux résister aux objections répandues de toutes parts. Il y reçoit l'aliment intellectuel que réclame son besoin de savoir et qu'exigent les nécessités des temps. Partout souffle l'esprit d'irréligion et d'indépendance et le scepticisme s'attaque aux choses les plus traditionnellement respectées. Croire qu'il puisse suffire de se taire devant les jeunes gens sur des problèmes sans cesse soulevés, pour qu'ils ne se posent pas dans leur esprit, serait de la naïveté. Ils se poseront d'eux-mêmes, et si nous n'y apportons pas les solutions de la vérité, le journal, l'atelier ou l'estaminet se chargeront bien d'y fournir les solutions de l'erreur.

Rien de plus suggestif à cet égard qu'une lettre reproduite jadis dans le *Sillon* et qu'écrivit un jour un directeur d'œuvre de jeunesse :

... Comme suite à notre conversation sur les cercles d'études, je viens, tout amour-propre mis de côté, vous raconter ce qui suit :

J'ai causé avec mes cinq ou six patronés les plus solides; je leur ai posé quelques-unes de ces questions au moyen desquelles les socialistes prétendent embarrasser les catholiques. Je n'ai pas été fier du résultat : pas un seul d'entre eux ne m'a répondu quelque chose — Mais, leur ai-je demandé, vos camarades socialistes ne vous posent donc jamais de ces questions-là ? — Oh ! pardon, Monsieur, ce n'est que ça tout le temps. — Et qu'est-ce que vous leur répondez ? — On ne leur répond rien, Monsieur. — Alors, ils disent que vous êtes des idiots ? — Oui, Monsieur ; ils disent que les catholiques sont des moules.

J'étais honteux ; mais voici le plus beau de l'histoire : je reprends une de mes questions socialistes pour leur montrer comment il fallait répondre. Changement de tableau : mes bonshommes ne sont plus muets ; ils opposent cinquante objections à mon argumentation. Les malheureux ! ils n'étaient pas capables *d'une* réponse chrétienne, et ils tenaient d'une façon très passable le rôle du contradicteur socialiste. Ce qui est pire encore, c'est qu'ils paraissaient croire à la valeur de leurs tristes raisonnements.

Les pauvres enfants voyaient bien que je n'étais pas content ; aussi l'un d'eux me dit-il, sinon pour me consoler, au moins pour excuser ses camarades : « N'est-ce pas, Monsieur, on n'entend rien que ça à l'atelier, et on y est tout le temps, nous autres ; et puis, ici, on ne cause jamais de ça. »

Voilà le bouquet, me dis-je, en écoutant cette réflexion ; on n'entend que ça à l'atelier où l'on est tout le temps, et on ne parle jamais de cela au patronage. — Mes chers enfants n'ont pas appris l'économie sociale au patronage ; mais ils ont trouvé des professeurs à l'atelier. Je les ai préservés du péril de devenir des démocrates chrétiens ; mais, par contre, ils sont devenus socialistes. Ce n'est pas précisément ce que je rêvais.

Réunissez, s'il vous plaît, quelques règlements de cercles d'études fonctionnant bien ; un de ces soirs, je passerai les prendre...

Il est donc vrai qu'à l'heure qu'il est, où tout est mis en question, et à cet âge de la jeunesse, qui est justement le temps de l'éveil et de la crise, les convictions religieuses sont en danger comme les principes sociaux, et l'honnêteté des mœurs comme l'attachement à la foi, si on ne joint pas aux autres moyens de préservation, l'efficace moyen de l'étude. L'étude éclaire et raffermit ; elle fait plus que d'occuper et de passionner les esprits, elle donne aux cœurs un aliment, elle ouvre la source des bonnes passions dont la jeunesse a besoin pour ne pas en avoir de mauvaises, elle lui propose les grands objets capables d'enflammer son âme et d'orienter sa vie. Si l'on veut sauver la jeunesse actuelle, il faut s'emparer de son âme ardente, tourner ses désirs et ses espérances vers la grande cause d'un avenir meilleur, d'une société plus chrétienne, lui montrer son rôle et son action possibles, lui mettre au cœur l'ambition d'être sauveur et apôtre. Et comment y arriver si on ne commence par l'instruire?

On s'instruit au Cercle d'Etudes et de la façon la plus attrayante comme aussi la plus féconde.

Les journaux, les tracts, les livres, sont assurément des instruments nécessaires d'étude. Mais si c'est à part soi et pour soi seul que le jeune ouvrier ou employé, au retour de sa tâche quotidienne, doit les lire et les méditer, il est à craindre que bien vite il se rebute et se décourage.

« Ne voyez-vous pas, nous dit-on, que la leçon professée par un maître est la forme normale de l'enseignement? Une série méthodique de cours ou de conférences vaudrait mieux que ces parlottes de Cercles d'Etudes où se perdent beaucoup de temps et d'efforts. » Peut-être, répondrons-nous, mais à la condition qu'on écoute le cours et qu'on s'assimile la leçon. Et s'il s'agit d'auditeurs fatigués d'une journée de travail, profiteront-ils autant de la parole du monsieur éloquent ou savant que de la réunion vivante et cordiale d'un Cercle d'Etudes?

Ici, l'on fait soi-même effort pour trouver la vérité et on a la joie de la conquérir. Chacun, à son tour, doit parler, exposer et en quelque sorte enseigner la vérité, et ainsi arrive à la savoir mieux et plus vite : *docere, bis scire*, enseigner, c'est savoir deux fois. D'ailleurs n'est-il pas aisé de remarquer que ce qui est insipide et pénible, quand on le fait seul, devient intéressant et facile quand on le fait à plusieurs. Alors on veut faire comme les autres et l'exemple, l'émulation, l'aide mutuelle, allègent le fardeau qu'on n'eût pas porté tout seul. Mais c'est pour l'étude surtout que l'association est efficace. Le contact échauffe les esprits; le choc éclaircit les idées; les pensées se fécondent et s'engendrent entre elles, *omne vivum ex vivo*. Apprendre en commun, c'est apprendre plus vite, car c'est profiter du travail de tous les autres comme du sien, et avec moins de peine, puisque l'effort intellectuel est alors partagé entre tous les membres du groupe. Et s'il y a, comme c'est nécessaire, un homme vraiment compétent pour diriger leurs efforts, tous bénéficient et pour ainsi dire participent de son expérience et de sa science.

Mais au Cercle d'Etudes, on fait plus que de s'instruire, on *acquiert des convictions*. La vérité, enseignée par le livre et même par la parole, peut parfois rester à la surface de l'âme, dans cette région où les idées ne sont presque que des mots et demeurent incapables d'échauffer le cœur et de déterminer la volonté. Les « bons principes », comme les « bonnes habitudes », reçues du dehors et passivement, ne suffisent pas à garder nombre de jeunes gens, qui sans doute y resteraient fidèles si l'étude et la réflexion personnelles leur en faisaient comprendre la vérité et les raisons et faisaient germer en eux la conviction et l'amour. — Au Cercle d'Etudes, on médite soi-même la vérité, on la conquiert par son effort, on la sent en quelque sorte apparaître et jaillir sous le travail de la pensée, et ainsi on la possède vraiment, on s'en pénètre, on s'identifie à elle. Elle excite l'amour, le dévouement jusqu'au sacrifice, parce qu'elle a coûté du travail et de la peine. Et ainsi se forment des convictions et des affections réfléchies qui soutiendront et développeront les volontés vers le bien, et les âmes deviennent viriles parce qu'elles acquièrent assez de lumière et assez de vigueur pour savoir et vouloir d'elles-mêmes le devoir.

Le Cercle d'Etudes, plus qu'on ne le pense, *prépare* et adapte *à l'action*. Car il a une singulière efficacité pour rendre ses membres capables d'initiative et de rayonnement autour d'eux. Pour parler à ce public de camarades, si restreint soit-il, qui lui est plus redoutable qu'on ne croirait, le jeune homme doit vaincre sa timidité naturelle, faire effort pour sortir de soi et devenir en même maître de soi. N'est-ce pas un excellent exercice pour l'éducation de sa volonté? Bientôt, dans sa parole devenue plus chaude et plus aisée, dans ses reparties plus heureuses et plus vives, apparaissent ces qualités, l'audace, le besoin d'activité et d'expansion, qui sont en germe dans toutes les âmes de jeunes gens, mais qui ne se développent que dans un milieu favorable. Et je sais plus d'un directeur de patronage qui, s'étant résolu à mettre aux mains de ses jeunes gens cet instrument de formation virile, éprouva une joyeuse surprise à voir avec quelle facilité et quels succès ils apprenaient à s'en servir.

L'obstacle qui, même dans les milieux et les œuvres catholiques, arrête souvent l'épanouissement des âmes, n'est-ce pas le respect humain? Entre camarades, on parle de choses indifférentes et extérieures, on n'ose pas se communiquer les plus profonds sentiments de son cœur et les plus chères pensées de son esprit ; on demeure dans la convention ; et trop souvent, si quelque âme plus ouverte se laisse aller à parler de ce qu'elle croit vraiment beau et vraiment bon, le funeste esprit gouailleur, qui si longtemps sévit parmi la jeunesse française, a bientôt étouffé ces sentiments à peine éclos. Le Cercle d'Etudes est un préventif à ce mal. Appelés à y penser et à y parler par eux-mêmes, les membres apprennent à exprimer sincèrement leurs idées et leurs sentiments personnels. Et quand ils ont expérimenté que cette libre expansion n'a pas paru si ridicule et a éveillé de l'écho dans d'autres cœurs, ils acquièrent à la fois plus de confiance en eux-mêmes et dans la cause qu'ils ont voulu servir. En même temps qu'ils deviennent davantage eux-mêmes et acquièrent une personnalité, ils apprennent à se connaître vraiment entre eux et ces échanges de pensées qui révèlent les uns aux autres les cœurs jusque-là étrangers, créent entre eux une fraternité qui les soutiendra dans la vie et dans l'action.

Ainsi le Cercle d'Etudes, par l'*étude* fait des *éclairés*, par l'étude *personnelle*, il fait des *convaincus*, par l'étude *fraternelle*, il fait des rayonnants et des *actifs*. Il éveille l'initiative et stimule les énergies ; il épanouit les âmes en leur faisant prendre conscience d'elles-mêmes et met entre les cœurs des liens plus forts que les épreuves de la vie et les difficultés de l'apostolat. En vérité n'est-il pas une œuvre éminemment salutaire et efficace?

V. — *Comment est constitué un Cercle d'Etudes.*

La constitution d'un Cercle d'Etudes est très simple. Il a à sa tête un bureau qu'assiste un prêtre ou à son défaut un laïc instruit.

Ce *directeur*, — qu'on appelle parfois simplement *conseiller* ou, dans les cercles d'ouvriers, *membre consul-*

tatif, — a un rôle qui varie suivant la condition et l'âge des membres du Cercle, et qui est particulièrement important et délicat dans les Cercles d'Etudes de jeunes gens. D'une part, en raison de l'inexpérience des éléments qui les composent, une direction sûre et positive leur est nécessaire et d'autre part, comme une telle œuvre pour atteindre son but a besoin de liberté et d'initiative, comme elle ne peut vivre que de l'amour et de l'entrain spontanés de ceux qui en font partie, il faut que le Cercle soit réellement la *chose* de ses membres et que la direction soit assez large pour leur laisser la joie et la liberté de leurs efforts.

Un sage directeur devra donc plutôt *orienter* que *commander ;* il n'imposera pas le sujet d'étude mais aidera à le choisir ; il apprendra à faire des conférences plutôt qu'il n'en fera lui-même ; il mettra les jeunes membres du Cercle d'Etudes en face des documents, il leur montrera loyalement le pour et le contre, autant qu'ils le peuvent supporter, il sera un « excitateur de pensée » qui aidera les esprits à se faire eux-mêmes des convictions ; en un mot il sera non un bras qui pousse, mais une main qui guide avec discrétion et sagesse ; le jour de la réunion venu, il laissera parler et discuter librement, n'intervenant que lorsque cela est nécessaire pour rectifier une erreur dont la discussion n'a pu venir à bout, préciser un point de religion, etc. Par dessus tout que ce directeur, s'il est prêtre (et nous plaignons les Cercles d'Etudes qui n'ont pas le concours d'un prêtre, car il est essentiel), aime beaucoup ces jeunes gens, car c'est l'amour constant et patient qui seul forme les âmes.

Le bureau doit comprendre au moins un *président* et un *secrétaire*. Comme ces fonctions sont non seulement nécessaires à la vie du Cercle, mais fort éducatives pour qui les exerce, il importe que tous puissent les exercer. Aussi dans certains cercles on réélit fréquemment le bureau, parfois même à chaque séance. Mais l'œuvre y perd de sa stabilité. Ailleurs il y a d'une part un bureau élu pour l'année et d'autre part on choisit à chaque séance soit un président, soit un secrétaire de séance.

Le président doit, au cours de la réunion, empêcher les digressions et les discussions particulières, assurer à chacun la possibilité d'émettre son avis, et au besoin interroger ceux qui ne disent rien, car il ne faut au Cercle ni timides ni endormis. Il pourra aussi, au début, montrer l'importance du sujet et, à la fin, résumer et donner les communications courantes.

Le rôle principal du secrétaire est de faire le compte rendu succinct de chaque séance. Ce compte rendu ne sera pas seulement un résumé de conférence : on doit y retrouver la physionomie d'une séance, les points saillants de la discussion et les observations les plus intéressantes. Au début de chaque réunion le secrétaire lira le résumé ainsi compris de la réunion précédente. Cette lecture remet en mémoire, d'une manière brève et concise, des arguments ayant subi l'épreuve de la discussion. en outre elle stimule l'activité de tous, mais particulièrement celle du secrétaire par les efforts d'intelligence qu'elle lui impose.

Le secrétaire doit faire plus encore. Non content de résumer en quelques mots ce qui concerne la vie du groupe dans l'intimité, il doit se tenir constamment en éveil et relater les manifestations au dehors de cette vie intime : conférences, œuvres créées, simples discussions avec des adversaires ou attaques de leur part, etc... Puis ce sera lui, autant que possible, qui renseignera chaque mois par quelques faits caractéristiques les revues avec lesquelles on est en relation.

Les *membres* doivent tous participer à la vie du Cercle. A eux d'élire librement leur bureau et de voter leur règlement. A eux surtout d'agir au cours des séances, d'y parler, d'y exprimer sincèrement leur esprit et leur cœur. Les membres passifs sont pour cette œuvre un fléau. Pour que chacun ait ainsi sa part du labeur commun, il faut que le Cercle ne soit pas trop nombreux : au delà de douze ou quinze membres, l'intimité et la collaboration de tous deviennent difficiles. Mieux vaut multiplier les Cercles, quand on dispose d'un plus grand nombre d'éléments.

VI. — *Fonctionnement.* — *Une séance de Cercle d'Etudes.*

Les séances doivent avoir lieu *régulièrement*, une fois par semaine ou par quinzaine. Plus fréquentes, elles lasseraient ; moins, elles n'attacheraient pas à l'œuvre l'affection de ses membres. Elles doivent être *préparées*, par le bureau qu'il est très utile de réunir à cet effet, soit avant chaque séance, soit une fois par quinzaine ou par mois, — mais aussi, s'il est possible, par tous les membres, qui tous doivent savoir à l'avance l'ordre du jour. Il serait même bon qu'un tableau fixant les sujets d'études pour plusieurs réunions fût placé dans la salle du Cercle.

Au *début des séances*, après la prière, la lecture du procès-verbal à laquelle il faut beaucoup tenir, et, s'il y a lieu, la désignation du président ou du secrétaire de séance, le directeur ou conseiller, s'il est prêtre, en quelques paroles viriles et sacerdotales, développe un point de vie spirituelle adapté au Cercle d'Etudes. Cette simple allocution pourra servir, si l'on veut en tirer parti, à faire monter les jeunes gens à un degré supérieur de vie chrétienne, nécessaire pour être apôtres (1). Mais on y évitera le genre sermon, on n'y craindra pas de provoquer les questions ou les réflexions des auditeurs : le Cercle d'Etudes, s'il marche bien, devrait être, presque d'un bout à l'autre des séances, un entretien où chacun prend part.

Vient ensuite la *séance proprement dite*. Le problème est de la rendre intéressante pour qu'on y soit assidu et profitable pour qu'on s'y forme. Or, la solution unique est qu'à chaque réunion, chaque membre puisse avoir quelque chose à faire, quelque chose à dire.

Surtout au début, il faut à ces jeunes gens un attrait plus fort que celui de l'étude proprement dite. Ces premiers travaux sérieux de l'esprit leur causent plus de fatigue que de plaisir. Dès lors, la moindre difficulté suffit pour changer leurs bonnes dispositions et tout leur est prétexte à manquer une réunion où ils n'auraient à remplir que le rôle passif et souvent ennuyeux de simple auditeur.

Au contraire, si le jeune homme prend une part active à la réunion, s'il doit y prendre la parole, apporter une réponse, s'il peut se dire que les camarades comptent sur lui comme il compte sur eux, la séance sera bien plus attrayante en même temps que plus utile.

On le voit donc, une vraie réunion de Cercle d'Etudes doit avoir le caractère d'un échange de vues, d'une col-

(1) C'est une méthode excellente de donner ce petit mot sous forme d'explication d'une page d'Evangile.

laboration de tous les membres à la recherche de la vérité, plutôt que la forme d'un discours ou d'une conférence monologuée. Encore faut-il cependant que la discussion soit amorcée, que le sujet soit exposé, que des solutions soient proposées. Quelle est la meilleure méthode à suivre ?

Trois procédés sont employés, qui ne sont pas exclusifs l'un de l'autre : le premier qui est le plus efficace et le plus ordinaire, est le *rapport* ou la *conférence*; mais on peut utilement y joindre : la lecture ou l'analyse d'un texte imprimé, et l'interrogation par le directeur même, procédé qui peut être très avantageux pour les débutants.

Les premières fois qu'un rapporteur parle en public, il fera bien de rédiger entièrement son travail. Ensuite il vaudra beaucoup mieux qu'il précise seulement ses idées dans un canevas très clair et qu'il les expose de vive voix. Ce système a l'avantage d'éviter la monotonie et d'accoutumer les jeunes gens à la parole suivie. Nous connaissons des cercles où il est expresssément défendu de lire ou de réciter : l'on doit y parler, aidé seulement d'un plan ou de quelques notes. Les résultats en sont excellents.

Deux écueils sont à éviter pour le conférencier : la solennité qui refroidit et la longueur qui endort. Il doit permettre et demander la discussion après chaque partie ou mieux chaque idée importante.

Il est bon que de la conférence quelque chose reste aux mains des auditeurs, par exemple un très court résumé polygraphié, qu'on pourrait même distribuer par avance, de façon que chacun puisse voir l'essentiel du sujet avant de l'entendre traiter.

On craindra peut-être que dans certains cercles, la conférence soit fort imparfaite, trop peu nourrie parce que les membres n'ont pas assez de données, longue et obscure parce qu'ils n'ont pas l'habitude de la composition. On y remédiera par *l'analyse d'articles de revues et de brochures*, qui est un excellent exercice, — ou même par la simple *lecture* plus aisée encore et qui, se coupant facilement, permet davantage la discussion immédiate.

Ce dernier procédé est employé avec fruit dans des cercles de débutants ou de jeunes gens qui ont trop peu de temps pour préparer les séances. Le directeur y lit ou fait lire les brochures ou articles qu'il a choisis ou même que les membres ont été chargés de recueillir. Cette lecture qui doit être suffisamment courte et substantielle, est interrompue assez souvent pour échapper à la monotonie. « On l'interrompt, par exemple, après qu'une idée importante a été développée. Dans les commencements, c'est très souvent le directeur lui-même qui sera l'interrupteur, qui soulèvera les difficultés, demandera les avis ; peu à peu la discussion naîtra, deviendra plus nourrie et souvent passionnante (1). »

Utile aux novices, cette méthode demeure efficace pour de plus avancés. Quelques directeurs de cercles l'emploient de préférence, bien que leurs jeunes gens soient capables de composer un rapport ou de faire une conférence. Beaucoup d'autres l'emploient seulement à titre subsidiaire, pour compléter la séance.

On lit de la sorte, dans les cercles ruraux et ouvriers, des articles de journaux ou de revues, — à Cysoing (Nord) chacun des membres s'attache à un rédacteur de la *Croix du Nord* et lit ou résume un article paru de lui dans la

(1) *Les Jeunes du Jura*, octobre 1904.

quinzaine, — dans des cercles un peu plus intellectuels, les discours des grands orateurs catholiques, les principaux discours de la Chambre lus dans l'*Officiel*, les documents sociaux, les textes des lois, etc. Les *Questions actuelles*, que publie la Bonne Presse, sont, à cet égard, une mine très précieuse.

Conférence ou lecture n'ont d'efficacité que par la *discussion*. Il faut que les membres présentent des observations et que, s'il y a divergence, les avis s'échangent et se heurtent.

Le Président doit régler cette discussion, l'empêcher de dévier ou de s'éterniser : le directeur n'interviendra à sa place que rarement. Mais ce sera à lui de résumer un débat compliqué ou de le trancher, quand les membres n'y parviendront pas. A lui aussi, quand se pose une question nouvelle sur laquelle les jeunes gens n'ont pas assez d'idées pour alimenter une discussion, de donner une vue d'ensemble de la question qui les guidera dans l'étude des détails, et de leur faire franchir ainsi « les points morts ». A lui enfin de donner de vive voix les développements historiques ou religieux qu'il jugerait utile, mais en prenant garde de ne pas abuser de la parole et de ne pas entraver l'initiative et l'activité intellectuelle des membres ; il n'est pour eux qu'un auxiliaire et un moyen.

Son rôle apparaît pourtant plus actif encore dans une troisième méthode, très élémentaire, mais qui conserve sa grande utilité jusque dans les cercles les plus avancés. C'est celle de l'*interrogation* pour arriver à bien définir un terme ou bien à résoudre une objection.

Sous sa forme la plus simple, elle consiste en ceci. Le directeur, après une première partie de séance consacrée à une lecture ou à un rapport discuté, questionne les membres sur les objections entendues durant la semaine. Il prend celles qu'on lui soumet, fait répondre par les membres eux-mêmes, jusqu'au moment où sont trouvés la plupart des éléments de solution, et montre comment ils peuvent se coordonner en une réponse complète. Cette méthode est très attrayante : chacun des jeunes gens veut bientôt trouver son mot à dire, il redoute d'être traité d'imbécile si plusieurs fois de suite il n'a rien à signaler comme question ou comme réponse. Elle est extrêmement utile, puisqu'en peu de temps elle permet de connaître et de résoudre les objections en cours dans la localité. Le directeur y apprendra beaucoup lui-même et trouvera parfois une indication précieuse dans une réponse émise spontanément par un jeune homme. Et comme il y a généralement dans tout groupe un garçon d'esprit, le « loustic » de la bande, un bon mot jaillira peut-être au cours de cet entretien, qu'il faudra faire remarquer et retenir pour en « boucher un coin », s'il y a lieu, aux contradicteurs du dehors. Ce bon mot, ou encore quelque trait d'esprit, une histoire, etc., rapportés par le directeur, serviront à fixer dans les esprits la réponse.

Voilà bien de quoi alimenter une réunion de Cercle d'Etudes, et, si l'on veut varier ces moyens, l'ennui et la monotonie ne sont pas à craindre. Il y a assurément d'autres procédés encore : ici, on explique au début de chaque séance une page d'un manuel; ailleurs, comme dans certains cercles du Nord, la partie sérieuse est suivie d'une partie récréative où on récite monologues et chansonnettes. A chacun de voir ce qui convient le mieux au temps et au milieu.

VII. — *Les sujets d'études. — Comment les préparer ?*

Le but de cette œuvre montre bien qu'il ne peut s'y agir de faire parcourir aux membres la synthèse des sciences. Il faut seulement ouvrir leur esprit, affermir leurs convictions, les armer, pour la défense et la conquête apostolique là où ils sont et vivent. Et pour cela, il semble que les sujets d'études doivent avoir un double caractère : *positif* et *pratique*.

Il serait regrettable que l'on dépensât le meilleur de son temps à réfuter les objections contre la vérité religieuse et sociale. C'est là un travail tout négatif qui ne se suffit pas à lui-même, risque d'engendrer des doutes, et n'a aucune action éducatrice. Accomplissons plutôt un travail positif d'étude et de formation.

La grande règle semble ici d'aller du connu à l'inconnu, de ce qui est plus proche et plus intéressant à ce qui est plus lointain et d'un intérêt moins immédiat.

« Ce qui arrête l'élan de beaucoup de cercles, écrivait récemment M. François Veuillot, ce qui les paralyse, c'est que l'on s'y perd en études théoriques et spéculatives. On demeure à perpétuité dans le domaine des idées, sans descendre jamais dans celui des faits. On choisit des sujets qui n'intéressent personne parce qu'ils sont trop généraux, trop vagues, trop en dehors de la vie.

Il est certain qu'il faut des études spéculatives même dans un cercle ; mais elles ne peuvent y être utiles que si l'on sait les situer dans le temps et dans l'espace, les faire sortir du domaine intellectuel et les placer dans le domaine réel. Suffit-il, dans un cercle d'études, d'examiner la question de la propriété en elle-même, sans tenir compte du milieu social de ceux à qui on pose le problème? Evidemment non, car les principes une fois établis, il restera à descendre dans les faits et à rechercher quel est l'état de la propriété dans la région, comment la question se pose, réellement, dans tel village ou dans tel pays.

Multiplions donc les enquêtes, les travaux pratiques, allons aux choses vécues et vivantes. Quoi de plus éducatif que de faire faire à des jeunes gens le budget d'une famille ouvrière, que de leur demander de s'intéresser sur place au repos dominical, à l'antialcoolisme et de tirer toujours des conclusions pratiques de tout ce qui se dit au cercle d'études ?

Aucun cercle d'études ne devrait être embarrassé pour fixer son programme de travail. Ce qu'il faut choisir, ce sont des questions tout à la fois pratiques pour le milieu où elles sont posées et adaptées à l'état intellectuel des membres du Cercle. Quelles sont les questions qui répondent à cette double condition? C'est à chacun de répondre après avoir vu étudié son milieu.

Que veulent les jeunes gens qui fréquentent les cercles d'études et que voulons-nous avec eux ? Une formation sociale qui permette à ceux qui l'auront reçue d'exercer une bienfaisante influence dans leur milieu. Tout le travail doit donc se faire pour ce milieu et en fonction de ce milieu. Il ne faut à aucun prix et sous aucun prétexte se laisser distraire de cette idée; il faut tenir ferme à ce principe.

Il ne faut donc pas dire, lorsqu'on élabore le programme d'un cercle : Cette question est intéressante, nous allons l'étudier; ce livre doit-être curieux, nous allons le lire... Il vaut mieux dire : Nous allons choisir ce que nous jugerons le plus immédiatement utile pour nous, le plus nécessaire à nos besoins à nous. Livres et revues n'auront de valeur à nos yeux que dans la mesure où ils nous aideront à éclaircir les problèmes dont il nous est spécialement important de savoir la solution (1)... »

(1) *Le Mouvement d'éducation populaire*, cité par *Les Conférences*, 1er février 1906.

Ces principes posés et ces conditions bien entendues, quelles sont les espèces de sujets qu'on peut proposer aux cercles d'études ?

Les *questions religieuses* sont à mettre au premier rang, car ce sont elles surtout qui inquiètent les esprits. L'existence de Dieu et l'action de la Providence ; l'homme, sa nature et son origine ; la vérité du christianisme et de la religion catholique ; l'Eglise et l'Etat ; la morale indépendante, etc., sont des sujets que peut aborder n'importe quel Cercle d'Etudes.

Toutefois il ne faut pas réduire le Cercle d'Etudes à un catéchisme de persévérance. Un cercle qui ne ferait que de la religion ne remplirait pas plus son but que celui qui n'en ferait pas du tout. Qu'on donne aux questions de dogme la première place dans un programme d'études, rien de mieux ; mais vouloir borner l'horizon intellectuel des jeunes gens à ce seul ordre d'idées, c'est avoir du Cercle d'Etudes une notion incomplète.

Les *questions sociales* se posent partout. Sans avoir la prétention de les résoudre à fond avec des intelligences de dix-huit à vingt ans, il est possible de les éclairer à la lumière de l'Evangile, des Encycliques, de saint Thomas, et de mettre ainsi les jeunes catholiques à l'abri des fausses doctrines du libéralisme.

On étudiera dans les Cercles d'Etudes les causes des maux dont souffrent les familles : divorce, abdication de l'autorité paternelle, travail trop prolongé, travail de nuit, travail des femmes, sans parler de ces remèdes qui sont eux-mêmes funestes, quand on les multiplie sans nécessité : crèches, hôpitaux, orphelinats.

On y cherchera les vrais remèdes. Les habitations ouvrières, les jardins ouvriers, la petite propriété insaisissable, le repos dominical, le salaire familial sont autant de sujets qui offrent un grand intérêt pour les jeunes gens des cercles.

Ils trouveront également intérêt et profit dans l'étude de l'organisation professionnelle, de son rôle et de son objet. Ils auront, pour les guider, les lumières de la morale catholique concernant le travail, la propriété, l'autorité, la liberté, les lois, etc.

Enfin ils pourront se rendre compte de l'organisation de l'Eglise et des sociétés civiles, du pouvoir social, de ses formes et de ses fonctions.

Quelques timides appelleront peut-être brûlantes certaines questions de ce programme. L'important n'est pas de savoir si elles sont brûlantes, mais si elles sont nécessaires. Tous les jours elles se posent, surtout dans le monde ouvrier.

Les sujets *historiques* bien choisis sont pleins d'enseignements précieux. Il y aura par exemple grand profit à étudier les corporations, leur esprit, leurs avantages, pour ceux qui entreront dans les syndicats professionnels ; ils verraient comment nos pères ont pratiqué cette fraternité, cette abnégation, base de toute vie corporative. Galilée, l'Inquisition, la Saint-Barthélemy, les faux grands hommes qu'on statue chaque jour, sont des questions toujours actuelles.

Toutefois, en abordant ces sujets, il faut se garder de divers dangers. Il ne faut pas en abuser, car leur intérêt s'épuise vite : le passé est passé, ce qui importe, c'est de rendre le présent meilleur. Puis, les questions historiques sont délicates et il faut se défier des solutions hâtives ou simplistes données souvent par des brochures ou livres aux intentions d'ailleurs excellentes. Rien de plus difficile et en même temps de plus nécessaire que d'être mpartial, que de reconnaître les fautes et les défaillances partout où elles sont, et en somme, de bien poser les questions.

Les *sujets littéraires, artistiques, scientifiques* ont leur grande action éducatrice. Rendre les jeunes gens aptes à goûter les joies délicates de l'art ou de la science, c'est vraiment les élever comme hommes et les préparer à mieux recevoir la formation du chrétien.

Les sujets *professionnels* sont très utiles, surtout si les membres du cercle appartiennent à la même profession. Conditions où elle s'exerce, étude technique des machines, grèves en cours ou passées, etc., sont autant de sujets intéressants. En les travaillant, qui sait si un Cercle d'Etudes n'arriverait pas à prévenir bien des conflits ? Là où diverses professions sont représentées, on pourrait demander à chacun d'apporter l'état et les *desiderata* de sa profession (1).

Encore une fois tous ces sujets ne sauraient être proposés indifféremment à tous les cercles. Si les membres du cercle sont encore très jeunes, — de quatorze à quinze ans, — et n'ont donc pas de préoccupations pratiques immédiates, il serait utile d'étudier d'abord des sujets faciles d'histoire, de voyages, d'industrie, etc. Puis, quand ils ont seize ou dix-huit ans, on peut diriger leur étude vers les besoins sociaux du pays, les remèdes qui pourraient changer la situation, etc. Parallèlement, on proposerait aux plus jeunes des sujets élémentaires

(1) De la sorte pourraient s'organiser des enquêtes extrêmement intéressantes, comme celles qu'ont faites les Cercles d'Etudes de Picardie, sur le *Repos du dimanche* (*A la Voile!* novembre 1904), et l'Association catholique de la Jeunesse française, sur l'*Apprentissage et le Travail des enfants* (*Revue de la Jeunesse catholique*, novembre 1904).

d'apologétique, aux aînés la réponse aux principaux sophismes en cours dans la région ou émis par les mauvais journaux.

Dans les petites villes où se posent beaucoup moins les questions ouvrières et agricoles, les sujets religieux seront naturellement les plus importants. On y joindra des questions modernes, comme le mouvement catholique en Angleterre ou en Allemagne, des questions commerciales comme celles des grands et petits magasins, du libre-échange, des octrois, etc.

Il semble nécessaire d'établir dès le début d'une année la série des études à faire. Les membres pourront ainsi par avance choisir leur sujet et le préparer. On s'engage plus aisément à parler dans trois mois que dans huit jours. Ce sera aussi le moyen de mettre de l'ordre dans le programme, ce qui semble requis pour que les membres acquièrent des idées nettes et suivies, et ce qui n'empêche pas d'ailleurs qu'on admette une certaine variété, en entremêlant par exemple une série de sujets religieux et une série de sujets sociaux et en admettant toujours qu'un sujet actuel vienne interrompre l'ordre établi.

Pour préparer leurs études, les membres des Cercles ont maintenant à leur disposition des sources excellentes en si grande quantité qu'il serait bien téméraire d'en essayer ici une recension (1). Sans compter les livres qui

(1) On nous permettra seulement quelques titres. Parmi les livres, l'*Evangile* doit être entre les mains de tous ceux que nous appelons à une vie chrétienne, réfléchie et active, et la *Clef des Evangiles* de M. Lesêtre (Lethielleux) servira bien à l'expliquer. Pour les cercles de jeunes gens instruits, deux ouvrages d'indiscutable valeur sont à signaler, le *Manuel d'économie sociale* du P. Antoine (Guillaumin) et le *Précis de la Doctrine catholique* du P. Wilmers (Mame). Le *Catéchisme social* (Bloud) et le *Manuel social chrétien* (Bonne Presse) du P. Dehon, ainsi que le *Catéchisme social* du *Sillon* sont plus aisés à employer. Pour tous, les excellents *Guides sociaux*

ne cessent de paraître sur les sujets indiqués plus haut, il y a une multitude de brochures, de tracts, de revues de jeunesse, de journaux qui fourniront d'abondants matériaux.

Il y a d'ailleurs pour les choisir de bons guides dont l'un au moins devrait être la première acquisition de tout Cercle d'Etudes. C'est par exemple le *Répertoire des Cercles d'Etudes* (à la revue *A la Voile*, 11, parvis Saint-Maurice, Lille, 0 fr. 40 franco), récemment refondu, et dont l'auteur n'a rien épargné pour en faire un instrument de première valeur. On y trouve tous les sujets qui peuvent servir de matière de conférence ou de discussion. Après chaque sujet, sont indiquées les sources à consulter : livres, revues, brochures, avec le titre précis, l'éditeur, etc. Par une disposition jugée à l'épreuve, très utile, on a distribué, pour chaque sujet, ces documents en trois classes : sources élémentaires et faciles, sources de moyenne difficulté, sources scientifiques. Très abondant et mis au courant des publications les plus récentes, tenu du reste à jour par des tirages successifs, ce répertoire rendra les plus grands services et dispensera de longues recherches. On peut y joindre le *Guide des Groupes d'Etudes*, 2 francs, poste 2 fr. 30 (à la *Chronique du Sud-Est*, 10, quai Tilsitt, Lyon), *Notice et programme pour les Groupes d'Etudes*, 1 vol. in-12, 0,60, franco 0,70, et le *Programme d'Etudes pour Groupes ruraux*, de l'abbé Quillet, même prix (au

de l'Action Populaire sont nécessaires. Parmi les tracts, comment ne pas citer la collection *Science et Religion* (Blond et Barral) et celle de l'*Action populaire?* Il y a aussi de fort utiles brochures au siège des diverses revues sociales : *Association catholique, Démocratie chrétienne, Annales de la Jeunesse catholique, Sillon*. Enfin, il faut recommander très particulièrement aux directeurs de Cercles d'Etudes l'indispensable *Revue pratique d'Apologétique* (Beauchesne, 10 fr.), dirigée par MM. Baudrillart, Guibert et Lesêtre.

secrétariat de l'A. C. J. F., 76, rue des Saints-Pères, Paris).

Un texte imprimé sera parfois lettre morte pour certains membres, et ils ne sauront où trouver dans la bibliothèque du Cercle les sources dont ils ont besoin. Le *Sillon* a créé à Paris des *salles de travail* où des *conseillers* dévoués se chargent de renseigner et de guider les jeunes gens des Cercles d'Etudes. En province, certains Cercles ont aussi une *permanence* où, à certains soirs, les membres peuvent aller consulter le directeur ou quelques amis compétents de l'œuvre. Ce sont là des *instruments vivants* de la plus grande utilité.

VIII. — *Fondation.*

A qui veut fonder un Cercle d'Etudes, un premier devoir s'impose : faire un choix parmi les éléments qu'il a sous la main ; discerner parmi les jeunes gens qui l'entourent ceux qui, par leur valeur morale, par leur intelligence, par leur esprit d'initiative, lui semblent capables de devenir, des apôtres et des dirigeants dans leur milieu.

Les jeunes gens du Cercle d'Etudes ne peuvent être en effet qu'une *élite*. Mais que ce mot n'effraie pas. Car il n'est pas de localité, de paroisse où, à notre avis, on ne trouve des esprits capables d'être amenés à cette œuvre et d'y être formés.

Souvent même le prêtre qui veut la fonder trouvera dans une œuvre antérieure un noyau déjà existant et par une transition insensible il en fera un Cercle d'Etudes.

Combien de curés zélés ont déjà l'habitude, ou en tout

cas, ont la possibilité, de réunir parfois, durant la veillée, deux ou trois jeunes gens pour commenter ensemble le journal ou quelque brochure et discuter les questions actuelles ? Un peu de régularité suffirait à transformer ces causeries de veillée en un petit cercle d'études.

Le cercle d'études existe en germe partout où il y a une petite maîtrise ou chorale et on peut commencer par là. L'exercice terminé, on cause de choses et d'autres ; chacun parle, émet son avis ; faute de préparation et de méthode, cela n'a pas encore de résultat. Mais organisez cette causerie ; rendez-la régulière tous les quinze jours pour ceux qui le voudront : voilà le cercle d'études fondé.

Ailleurs se trouve déjà un patronage. Le prêtre qui le dirige y fait bien de temps en temps une conférence ou causerie intéressante : il y invite même un conférencier de passage. Mais comme il n'y a pas choc d'idées, il n'y a que peu de profit. Même des jeunes gens s'en absentent ou s'y endorment, et le dévoué directeur se décourage. C'est que « des conférences, si bien faites soient-elles, finissent toujours par engendrer l'ennui de l'auditoire, quand cet auditoire n'a pas un motif intéressé de les écouter ou quand il n'a pas le droit d'intervenir (1). » Pourquoi ne pas choisir les meilleurs de ces jeunes gens pour constituer par leur moyen un vivant cercle d'études ?

Est-ce à dire que cette œuvre soit facile, qu'il n'y aura pas de désertions, de déconvenues ? Assurément non, et nulle part il ne faut plus de persévérance. Il est un moyen d'ailleurs de prévenir bien des déceptions, c'est de travailler à la formation des futurs membres des Cercles d'Etudes, la génération de douze à quinze ans.

(1) Voir dans la *Revue des Jeunes du Jura* (septembre 1901 à juin 1903) des articles très pratiques sur les Cercles d'études ruraux.

On pourrait, par exemple, profitant des récréations, des réunions ou promenades de Patronage, même des catéchismes de persévérance, attirer l'attention des enfants sur la nécessité où ils sont de s'instruire de leurs devoirs sociaux, les intéresser aux choses sérieuses, leur parler de questions pratiques, de leur apprentissage qui va commencer, du salaire, des difficultés de la vie pour la famille ouvrière, etc.

Il est même très possible de faire des petits cercles élémentaires composés d'enfants de cet âge. L'abbé Garnier en a depuis longtemps donné le conseil.

Le cercle élémentaire, dit M. Jacques Debout, paraîtra à certains une risible utopie, il n'en est rien ; pour ma part, j'ai pu en fonder deux, l'un à Paris, l'autre à la campagne ; je faisais résumer à ces enfants une des *Objections de l'abbé Garnier*, ou telle leçon de catéchisme ; ils s'en tiraient fort bien et la discussion s'attisait facilement ; loin de leur être pénibles, ces séances les amusaient en les instruisant, et tel sujet qui, sous forme d'une leçon à apprendre, les eût rebutés, arrivait à les passionner et à leur faire donner une véritable somme de travail. J'ai vu un petit paysan — on ne peut plus paisible, on ne peut plus étranger d'abord à toute idée philosophique ou historique — se battre avec un camarade au sujet de la Saint-Barthélemy !

Rien n'empêche du reste que dans ces petits cercles, le directeur prenne lui-même la parole pour expliquer le sujet et ne laisse à ses dirigés que le soin de résumer, d'exposer leurs objections et de les discuter (1).

Il est évident qu'ainsi préparés les enfants seront bientôt d'excellentes recrues pour le Cercle d'Études.

(1) C'est ainsi que nous avons vu fonctionner plusieurs petits cercles de patronages. Des Cercles d'Études ont aussi fondé des sections de pupilles où cette méthode est employée par les membres du grand cercle.

IX. — *Les diverses espèces de Cercles d'Etudes.*

Les Cercles les plus nombreux, ceux qui ont eu le plus de succès, sont les *Cercles de jeunes gens*. Les uns existent en dehors de toute autre œuvre, d'autres font partie d'organisations qui font à leur gravité un cadre joyeux et attirant, comme la chorale, la société de gymnastique, le patronage, etc. Ceux-ci groupent généralement de jeunes ouvriers et employés. Pour une jeunesse plus instruite, sont constitués des cercles d'études d'*étudiants,* par exemple près de nos diverses Universités catholiques, et aussi des *cercles d'études de collège*, dont le nombre augmente chaque année et qui donnent les meilleurs fruits (1). En 1904, le Congrès de « l'Alliance des Maisons d'éducation chrétienne » à Nantes a approuvé ces conclusions d'un rapport de M. l'abbé Lemoine : « 1° Que des cercles d'études se fondent dans les collèges où il n'en existe pas ; 2° Que dans ces œuvres on laisse le plus d'initiative possible aux élèves ; 3° Que sans exclure les questions de principe, on choisisse de préférence des sujets pratiques et d'un intérêt actuel. »

Mais les cercles de jeunes gens préparent des *cercles d'hommes*. Les cercles d'études *ouvriers* sont déjà nombreux ; il serait facile de les multiplier. Les questions religieuses et sociales préoccupent les travailleurs dans tous les milieux. D'autre part, il y a parmi eux des ressources insoupçonnées d'esprit, de cœur de parole, et n'est-ce pas par une élite ouvrière seule que les ouvriers

(1) Voir à ce sujet : *les Cercles d'Etudes de collège*, par l'abbé A. Leleu. (*Revue de Lille*, juin 1903.)

peuvent être atteints aujourd'hui ? Certaines paroisses ont été transformées en peu de temps par un cercle d'études bien dirigé.

Les jeunes gens et les travailleurs de nos campagnes peuvent-ils être groupés en cercles ? — Oui, certainement, pourvu qu'on tienne compte de leur tendance très pratique et qu'on mette au premier rang des sujets à connaître, *les choses de leur profession*.

C'est ce qu'attestent tous ceux qui ont contribué à fonder des cercles d'études dans les villages. Dans le Nord et l'Est, on étudie les machines et les engrais, dans l'Orléanais les divers systèmes de baux, dans le Midi l'apiculture et la maladie de la vigne, partout les associations agricoles. Le grand mal du cultivateur français est l'individualisme et il n'est pas de commune rurale, si petite soit-elle, où quelque œuvre agricole ne réponde à un besoin. Ce sont les syndicats agricoles dont les services matériels et moraux ne se comptent plus, les assurances mutuelles en cas de mortalité du bétail, les caisses de secours mutuels agricoles, les caisses de retraites agricoles, les mutuelles locales contre l'incendie, les caisses rurales, etc. Que ceux qui sont désireux de s'occuper des jeunes gens des campagnes, en réunissent quelques-uns à l'esprit ouvert, pour causer de temps en temps le soir de ces questions, les leur exposant simplement, sans phrases, leur montrant les résultats acquis ailleurs, leur faisant toucher du doigt les avantages de ces groupements. Ils auront ainsi peu à peu jeté les bases d'un modeste mais véritable cercle d'études, d'où sortiront les plus précieuses initiatives (1).

(1) A consulter, dans les Cercles d'études ruraux, les *Questions rurales*, de Moustier, le *Manuel pratique des Syndicats agricoles*,

Ces questions pratiques conduisent à d'autres questions, en développant dans les esprits le goût du savoir. Et ainsi il n'est pas de milieu où l'étude et le cercle d'études ne soit possible. C'est ce que confirme du reste l'expérience et aussi le succès des œuvres postscolaires officielles. Il résulte en effet des rapports annuels de M. E. Petit que partout où un homme l'a essayé avec la ferme volonté de réussir, il a su grouper autour de lui de grands écoliers de seize à trente ans, les intéresser, non pas seulement aux notions pratiques de l'arpentage ou de la chimie agricole, mais à l'organisation du pouvoir, à l'étude des régimes politiques en France pendant le XIXe siècle, à l'histoire économique de la classe ouvrière, aux grands problèmes que soulève la crise agricole, etc. (1).

X. — *Compléments des Cercles d'Etudes.*

Aux moyens d'action et de progrès qu'il trouve en lui-même, le Cercle peut en joindre d'autres qu'il trouve ou crée autour de lui.

de M. de Gailhard-Bancel, celui de M. Dedé sur les *Sociétés de Secours mutuels*, les brochures de l'*Union du Sud-Est* à Lyon, et les *Guides sociaux et Tracts de l'Action Populaire*.

(1) Un inspecteur d'Académie racontait naguère avec quelle surprise il avait entendu un jour, sur le quai d'une gare, un brave paysan demander à la venderesse de la bibliothèque « un livre où l'on pourrait lire ce qui s'est passé autrefois dans le pays. » — « Que voulait ce pauvre homme ? Il voulait savoir ce qu'avaient fait ses ancêtres, et comment, avant lui, sur le sol natal, ils avaient travaillé, souffert, aimé, toute leur vie. Il voulait connaître leur histoire. Qui donc a bâti avec la pierre sombre et rougeâtre du pays, feuilletée comme une ardoise, les maisons du village, et l'église, et là-haut, sur le rocher qui domine la rivière, la vieille tour dont le ciment est si dur ? Qui a planté la vigne centenaire dont le cep monte jusque dans les hautes branches du grand verger ?... » (*Revue pédagogique*, février 1900, p. 137.)

Ce sont d'abord les rapports avec les Cercles qui entretiennent l'émulation. Dans certaines villes du Nord, à Douai et à Roubaix, par exemple, il y a une commission permanente des Cercles qui se réunit tous les mois, choisit les sujets d'études et organise des réunions trimestrielles de tous les Cercles sur un sujet préparé simultanément par tous. Ailleurs, on a institué des concours entre les Cercles d'une même région, des visites de Cercle à Cercle, des enquêtes communes, etc. (1).

Puis, c'est l'action par la parole, si attrayante pour les jeunes gens. Quand une question plus importante ou plus générale a été étudiée et qu'on en possède une vue d'ensemble, un membre est chargé d'en faire une conférence devant un auditoire plus nombreux, dans un Cercle catholique, un patronage, une société des environs... Ainsi des Cercles sortiront de jeunes orateurs.

Enfin ce sont les œuvres sociales qui peuvent offrir aux jeunes membres des cercles l'occasion de dépenser leurs ardeurs apostoliques et de réaliser leurs idées. Il est bon de greffer sur le cercle, pour ne pas laisser au groupement qu'il constitue un caractère trop théorique, une œuvre économique, syndicat, mutualité, coopérative, où les jeunes gens, que lasserait l'étude indéfinie, peuvent

(1) Voici une liste d'enquêtes communes organisées par la Jeunesse catholique de l'Orléanais :

1903. — *Janvier*, le travail des enfants au-dessous de seize ans, la liberté d'enseignement, l'industrie locale. *Avril*, les syndicats professionnels, la culture, la liberté d'enseignement (suite). *Juillet*, l'apprentissage, le tail dans votre commune, le travail. *Octobre*, l'hygiène, l'apprentissage (suite), les animaux de la ferme.

1904. — *Janvier*, la famille, risques professionnels, la vigne et le vin. *Avril*, la famille (suite), risques professionnels (suite), la grande culture. *Août*, la famille (suite), risques professionnels (suite), la vigne et le vin (suite). *Octobre*, la famille (fin), risques agricoles, les logements ouvriers.

s'exercer à l'action et faire passer à l'acte leur bonne volonté. Ainsi encore les Cercles deviennent peu à peu des centres d'influence et ils prouvent par le fait l'excellence et la bienveillance de la vérité que l'on y étudie. Citons comme exemple de ce développement social les Cercles d'Etudes de Brest, qui ont créé des coopératives, et le groupe ouvrier d'Etudes sociales d'Orléans, qui a mis sur pied une coopérative comptant plus de 150 adhérents.

Mais, en dehors de la fondation des œuvres économiques, un vaste champ d'action s'ouvre aux membres des Cercles d'Études par la création des *Instituts populaires*. L'Institut populaire a pour but de répandre, par des conférences suivies de discussions libres, les idées catholiques et sociales dans le peuple. C'est un lieu de libre discussion dont l'accès n'est interdit à aucun homme sincère, où l'on s'efforce de conquérir les âmes en éclairant les intelligences. Des cours et des consultations juridiques, voire même des auditions musicales ou des lectures populaires, y peuvent avoir lieu. Nous citerons comme exemple les Instituts populaires fondés par les Cercles d'Etudes à Roubaix et à Limoges.

Telle est, envisagée dans ses humbles débuts comme dans son plus brillant épanouissement, l'œuvre admirablement féconde que les temps actuels rendent si nécessaire. Puisse-t-elle, sous les formes infiniment variées comme la vie même, que déjà elle a revêtues, germer et éclore dans les plus humbles villages comme au sein des grandes villes! Par elle, c'est la grande cause de l'éducation populaire, seule capable de sauver la démocratie, qui progresse et marche au succès. Par elle se formeront partout des éclairés, donc des convaincus, des résolus, donc des conquérants, et la vérité religieuse et sociale reprendra possession d'âmes pour lesquelles elle est faite et qui, en dehors d'elle, n'ont trouvé qu'incertitude, amertume et dégoût.

A. Leleu.

Max TURMANN.

L'IDÉE SOCIALE EN MARCHE

A travers les Congrès de « Jeunes »

Les catholiques de France traversent une des heures les plus graves de leur histoire. Néanmoins, il serait impossible, même au plus pessimiste d'entre eux, de ne pas convenir des progrès réalisés en ces dix ou douze dernières années. Nous étions, il y a quinze ans, une poignée de « jeunes » affirmant notre foi religieuse et nos convictions sociales ; aujourd'hui, l'*Association Catholique de la Jeunesse Française*, le *Sillon* et diverses fédérations régionales comme celle du Sud-Est ou bien encore la Fédération des Alpes et de Provence, groupent des centaines de sociétés, de cercles d'études et d'œuvres juvéniles de toutes sortes, encadrant, disciplinant, incitant à l'apostolat, des milliers et des milliers de jeunes catholiques.

Et les « jeunes » de maintenant n'ont pas seulement l'ardent mais vague désir de se dévouer pour la cause du Christ, ils ont encore étudié et généralement appris comment il convient de se dévouer. Leurs efforts ont trouvé une orientation, ils ont également trouvé une méthode précise et pratique : pour défendre l'Eglise, rien ne vaut — ils l'ont reconnu — que de montrer par des faits ce que veulent être ses enfants, les plus serviables et les mieux faisants de tous les hommes. Les bienfaits sociaux du christianisme, voilà, en effet, l'un des arguments les plus persuasifs que l'on puisse invoquer auprès des masses : nos « jeunes » s'appliquent de plus en plus à le faire entendre autour d'eux. Dans leurs congrès qui se multiplient de telle sorte qu'il serait à peu près impossible d'en dresser une liste complète et qui varient en importance depuis les retentissantes assemblées générales jusqu'aux simples réunions cantonales, ils recherchent en commun comment ils peuvent, suivant le conseil de M. le vicaire général Birot (1), *aller à leurs contemporains le cœur grand ouvert et les mains pleines de services.*

En ces quelques pages, nous voudrions montrer comment ils se sont laissé gagner aux doctrines et aux œuvres du catholicisme social.

I

Au premier rang de ces « jeunes » se placent les membres de l'*Association Catholique de la Jeunesse Française* ou, comme on la désigne par abréviation, de l'A. C. J. F.

Nous n'avons point à retracer ici l'historique détaillé de cette fédération — la plus ancienne de toutes — qui

(1) *La Jeunesse Catholique et la Société moderne.* (Compte-rendu du Congrès de la Jeunesse Catholique Tarnaise, Albi, 1903), cf. p. 150.

compte plus de 60,000 adhérents, répartis en plus de 1,500 groupes. Mais nous tenons à mettre en lumière un de ses caractères qui n'a peut-être point toujours apparu évident à tous les yeux et qu'il est utile de dégager de tout ce qui aurait pu l'obscurcir : nous voulons dire son caractère éminemment social.

L'A. C. J. F. atteint aujourd'hui l'âge de la majorité. Or, dès les premiers articles de ses premiers statuts, qui remontent au mois de mai 1886, on trouve mention de ses tendances sociales : « L'Association Catholique de la Jeunesse Française, y est-il dit, a pour but de *coopérer au rétablissement de l'ordre social chrétien*. Elle a pour principes la soumission à l'autorité de l'Eglise et la pleine adhésion à ses enseignements, *spécialement en tout ce qui se rattache aux vérités de l'ordre social et économique*, et, pour moyens, le dévouement chrétien, l'étude, et l'appui mutuel entre ses membres. »

Dans le progamme d'études et de discussions alors proposé à ses membres, l'Association indiquait « la théorie libérale du travail, la théorie socialiste du travail, les sociétés coopératives de production et de consommation, les syndicats ouvriers socialistes, le travail des femmes et des enfants dans les manufactures, la limitation des heures de travail pour les hommes, le repos légal du dimanche, l'assurance contre les accidents, etc... » — On était en 1886 — et ces questions, à cette époque, ne figuraient généralement pas à l'ordre du jour des préoccupations catholiques comme elles y figurent aujourd'hui.

Cette orientation ne saurait surprendre de la part d'un groupement de « jeunes » qui est né à l'instigation de l'Œuvre des Cercles catholiques d'ouvriers ; M. de Mun en a peut-être été le principal promoteur ; en tout cas, il en fut solennellement le parrain lors de la première assemblée qui se tint à Angers, en 1887, sous la présidence de Mgr Freppel.

Depuis cette assemblée d'Angers, l'Association a grandi, prospéré ; elle a suscité des groupes dans toute la France, unissant dans une commune pensée des milliers de jeunes hommes. Mais, toujours, elle est restée fidèle à son but premier : l'action sociale. « Nous sommes catholiques, déclarait son président actuel, M. Jean Lerolle, dans le premier Almanach de l'A. C. J. F. et *parce que nous sommes catholiques, nous sommes sociaux.* » Quelques mois plus tôt, au Congrès de l'Union régionale de Franche-Comté, le prédécesseur de M. Jean Lerolle à la présidence générale de l'Association, M. Henri Bazire, résumait en ces termes expressifs le programme d'action de la Fédération : « Nous ne devons plus nous contenter de la défensive catholique : nous devons maintenant prendre *l'offensive sociale* (1). » Programme opportun qui, s'il est suivi, pourra largement contribuer à dissiper les malentendus populaires et modifiera heureusement la mentalité catholique.

Voyons d'un peu plus près comment les préoccupations sociales furent toujours au premier plan des préoccupations de l'Association Catholique de la Jeunesse Française.

II

Le jeune et très compétent historien de l'A. C. J. F., M. Georges Piot, distingue deux phases dans ces dix-huit

(1) Cf. *Compte-rendu du Congrès de l'Union régionale de Franche-Comté.* Besançon, 1903, p. 15.

années de son action (1) : la première, où l'Association *s'organise ;* la seconde, où elle *se démocratise.*

« L'organisation initiale de l'Association Catholique de la Jeunesse Française était provisoire et peu étudiée. Avec sagesse, on n'avait point voulu construire *a priori*. Un comité d'initiative, sans avoir reçu mandat de personne, s'était constitué à Paris, et s'efforçait tout d'abord d'établir des communications entre différents groupes d'étudiants catholiques existant par toute la France. On faisait connaissance, on s'écrivait, on se rendait visite, on s'assemblait parfois, mais d'organisation proprement dite, d'entente précise et permanente en vue d'une action commune, peu ou point. Pour le comité, aucune garantie d'autorité ; pour les groupes entre eux, aucun lien durable, en dehors de quelques amitiés personnelles qui commençaient à se nouer. Vint une divergence de vues entre quelques individus, une rivalité d'influence entre quelques groupements, et l'association naissante pouvait se morceler en fractions ennemies : au lieu de se constituer un patrimoine commun d'idées sociales, on aurait accentué les divisions intellectuelles... Aussi, sous l'influence de l'idée originaire, sentait-on de toutes parts le besoin d'étendre et de fortifier l'association, de lui donner un caractère permanent et vraiment national. »

La nécessité d'une organisation s'imposait donc, le Congrès de Lyon (avril 1891) la proclamait, mais quelle serait cette organisation ?

A Lyon, puis l'année suivante à Grenoble, on discuta la

(1) Les conséquences d'une idée fixe. (*Association Catholique*, 15 mars 1903, p. 207).

question et l'on finit par adopter le principe fédératif. Le Congrès de Paris (1893), s'inspirant de cette idée directrice, rédigea les nouveaux statuts dans lesquels étaient nettement définies les attributions des premiers directeurs de l'Association, le conseil fédéral et le comité général. En 1897, à l'assemblée de Tours, des dispositions relatives aux Œuvres régionales vinrent compléter cette constitution qui continue à régir aujourd'hui l'Association Catholique de la Jeunesse Française.

La phase d'organisation terminée, allait s'ouvrir pour l'Association Catholique de la Jeunesse Francaise ce que M. Piot appelle la « phase démocratique » et qui est proprement la phase sociale.

Jusqu'alors la très grande majorité, la presque unanimité des groupes affiliés étaient composés d'étudiants ou de collégiens — c'est-à-dire, pour exprimer carrément les choses, de fils de bourgeois.

Sans doute, en 1891, à Rome, le pèlerinage des ouvriers s'était rencontré avec celui de la Jeunesse Catholique. Mais de cette rencontre, malgré l'éloquence des paroles qui furent prononcées, n'était pas sortie, il faut bien le reconnaître, une intimité très grande. Chacun était resté chez soi et dans ses groupements respectifs.

Il fallait cependant une pénétration réciproque, une collaboration cordiale. Et c'est là chose fort difficile à obtenir, même entre chrétiens, car elle exige, du côté populaire, l'abandon de certaines défiances innées, et de l'autre côté, l'abandon du ton et des manières de la protection. De part et d'autre, on mit de la bonne volonté. En 1896, le Conseil fédéral lança un pressant appel à la jeunesse populaire.

Peu à peu, il fut répondu à cet appel (1). Il est certain que l'arrivée de ces recrues plébéiennes ne fut pas sans modifier l'aspect extérieur de l'Association, mais non point ses tendances qui étaient et resteront éminemment sociales.

Le fait est d'ailleurs reconnu par les dirigeants de l'Association, et ceux-ci se félicitent de ces modifications. « Aujourd'hui plus que jamais, écrit en effet M. Piot, largement ouverte à tous, notre Association devient démocratique. Les éléments intellectuels lui sont fidèles : groupes d'étudiants, de lycéens, de collégiens, voire de séminaristes ; mais les éléments populaires s'y pressent en foule. Certaines unions, celle de l'Orléanais, celle de la Vendée, de la Savoie, sont en majorité composées de groupes ruraux ; de même, certaines fédérations d'arrondissement du Nord et du Pas-de-Calais. Certaines autres comprennent presque exclusivement des ouvriers mineurs ; d'autres encore, des ouvriers métallurgistes... A quoi bon d'ailleurs, ajoute M. Piot, toute une énumération qui serait fastidieuse en restant incomplète ? Ce sont nos réunions, régionales ou générales, qu'il faut voir, pour constater le caractère de plus en plus démocratique de *l'Association Catholique de la Jeunesse Française.* »

Et si nous consultons un document officiel — la brochure éditée par le Comité général de l'A. C. J. F. et retraçant l'historique de la Fédération, — nous y verrons qu'un des caractères essentiels de l'Association est d'être démocratique. « Elle est démocratique, lisons-nous

(1) En l'étude très documentée qu'il a donnée dans la collection de *l'Action Populaire* sur *l'Association Catholique de la Jeunesse Française*, M. François Veuillot déclare « que les groupes ruraux représentent 43 0/0, les groupes ouvriers 33 0/0 et les autres (employés, étudiants, mixtes) 20 0/0. » (Cf. *op. cit.*, p. 32.)

dans ce tract (1), par le principe d'égalité sur lequel elle est fondée. Les différences d'origine, de profession, de fortune, n'y constituent point des causes de mérite ou de démérite. Tous, ouvriers, étudiants, employés, cultivateurs, collégiens, s'y rencontrent dans une amitié cordiale, qui réalise ce qu'on a justement appelé « l'équivalence fraternelle des hommes. » Tous possèdent dans l'Association les mêmes droits : tous peuvent prendre à sa direction une part égale. »

Présentant un tel caractère, ayant pris naissance à l'ombre même de l'Œuvre des Cercles catholiques d'ouvriers, il était quasi impossible que l'A. C. J. F. ne fût pas amenée, par les circonstances et par les conditions mêmes de son développement, à marquer de plus en plus fortement ses tendances sociales. Aussi, surtout depuis sept ou huit ans, voyons-nous la plupart de ses groupements se préoccuper des questions économiques. Un très grand nombre d'entre eux, les plus récemment fondés en particulier, prennent la forme de cercles d'études où l'on examine et discute les problèmes d'actualité. Ils le font avec un entrain et dans un esprit auxquels il serait difficile de ne pas applaudir.

Dans les assemblées régionales ou générales de l'Association, on fait une place de plus en plus large aux doctrines et à l'action sociales. C'est ce que nous voudrions montrer, autrement que par de vagues affirmations.

(1) Cf. *L'Association Catholique de la Jeunesse Française : Historique, organisation, résultat.* (Publications du Comité général. Brochure n° 1, p. 11.)

III

Ce mouvement se dessine nettement à partir du Congrès général qui se tint à Besançon en novembre 1898 : cette assemblée que vinrent illustrer les éloquentes et décisives déclarations de M. Brunetière sur « le besoin de croire », marque une date dans l'histoire de l'Association catholique, car ces réunions ont définitivement orienté les « jeunes » dans la voie sociale.

Si nous parcourons le compte-rendu (1), nous voyons qu'une journée tout entière fut exclusivement consacrée à « la participation de la jeunesse catholique aux œuvres sociales et ouvrières. » Et, les autres jours, on touche encore à cet ordre de problèmes. C'est la première fois, croyons-nous, qu'une aussi grande part était faite à semblables questions dans les délibérations des jeunes gens catholiques.

Tout d'abord, en un lumineux rapport, M. Georges Goyau rechercha comment la jeunesse pouvait et devait être initiée aux études sociales. Cette initiation commencera dès le collège, avec la classe de philosophie, dans les petites conférences d'œuvres et aux cours d'instruction religieuse. Elle se poursuivra pour l'étudiant avec les conférences et les cercles d'études. Mais que le jeune homme soit encore sur les bancs de l'école ou qu'il ait déjà pris place sur ceux de la Faculté, ce qu'il devra trouver dans cette initiation, c'est, avant toutes choses, l'éveil du *sens social.*

On nous permettra de citer ici cette page dont la lec-

(1) *Compte-rendu du Congrès de Besançon* (17, 18, 19 et 20 novembre 1898). (H. Bossanne, imprimeur-éditeur, Besançon, 1899.)

ture produisit sur l'auditoire bizontin une profonde impression et dont les idées maîtresses inspirent encore aujourd'hui nombre d'éducateurs et de directeurs d'œuvres de jeunesse :

Qu'on ne l'oublie point, disait donc M. Georges Goyau, les études sociales, telles que nous les concevons, ne sont point une occupation de luxe, exclusivement destinée à meubler la mémoire ou à mûrir l'intelligence ; elles doivent avoir une répercussion immédiate et durable sur la vie intérieure de ceux qui s'y livrent ; elles doivent communiquer non pas seulement à leur pensée, mais à tout leur être, une formation chrétienne sociale. Une conférence qui ne serait qu'une parlotte, même très brillante, ou une petite société d'apprentis économistes, même très savants, n'épuiserait pas, par là, tous les bienfaits qu'on doit attendre d'une réunion sociale de jeunes gens chrétiens. Durant les années de transition entre le collège et la vie libre, ce que la plupart doivent chercher et désirer, n'est point le renom d'orateurs ou la réputation d'économistes, mais quelque chose de plus général, de plus imprécis, de plus intime aussi, et de plus précieux : l'affinement de leur conscience par la culture du sens social. Le sens social, qu'est-ce à dire ? Il est plus aisé d'en constater les exigences que d'en donner une définition précise. C'est en vertu du sens social que le chef de famille catholique, chaque dimanche, remet au lendemain les commandes qu'il pourrait faire le jour même, de crainte d'immobiliser, par ces commandes, les bras ou les cerveaux dont Dieu a voulu l'émancipation hebdomadaire. C'est en vertu du sens social que l'industriel catholique étudiera les moyens de fixer la paye au vendredi, pour permettre à la famille ouvrière de faire, le samedi, les achats urgents que la solde tardive du samedi soir contraint de reporter au dimanche. C'est en vertu du sens social que l'officier, à la caserne, peut calculer et organiser les congés dont il est le maître, afin qu'ils soient réglés de la façon la plus conforme à l'emploi honnête et moral de ces loisirs...

Et M. Goyau concluait en ces termes :

... A cette époque où beaucoup souffrent d'être des déracinés, le sens social est un enracinement si l'on peut ainsi dire : il est la conscience nette, assidue, parfois exigeante et impérieuse, du lien qui rattache l'homme à la société humaine, le chrétien à la société chrétienne, et des obligations qu'entraîne ce double lien. C'est aux conférences d'études sociales qu'il appartient de développer au fond de l'âme des jeunes, cette sorte d'atmosphère dans laquelle la foi chrétienne elle-même vient naturellement se baigner ; ainsi comprises, elles peuvent et doivent contribuer au perfectionnement individuel de leurs membres ; et lorsque, saisissant un jeune intellectuel, elles l'entraînent dans l'irrésistible engrenage des préoccupations sociales, il faut bien que l'on sache que par là tout ensemble et d'un même coup, elles le font descendre vers les hommes et monter vers Dieu.

M. Georges Goyau avait posé les principes. Divers rapporteurs se chargèrent de préciser les applications.

Les uns, passant tout ou partie de leur vie au milieu des paysans, attirèrent l'attention des jeunes congressistes vers les œuvres et les questions agricoles. Tour à tour, MM. Louis Durand, Milcent, de Borde, de Truchi, René Caron, Henri de Menthon, les abbés Quillet et Monniot, et plusieurs autres encore, exposèrent à la jeunesse catholique tout le bien qu'elle pouvait faire dans les syndicats agricoles, dans les caisses rurales et dans les diverses mutuelles.

Puis ce fut le tour des institutions urbaines. Le P. Volpette retraça les origines et indiqua les résultats de sa belle œuvre des jardins ouvriers de Saint-Etienne. Le P. Tournade rappela la participation des membres de l'A. C. J. F. à l'institution stéphanoise et fit adopter un vœu invitant tous les groupes de « jeunes » à essayer cette forme d'assistance par le travail. L'abbé Cetty, le très apostolique curé de Saint-Joseph de Mulhouse auquel le public français fit une émouvante ovation, parla des habitations ouvrières. M. Déglin, avocat à Nancy, revenant sur le même sujet, montra par des exemples précis comment les catholiques pouvaient rendre les plus grands services à la classe laborieuse.

Enfin M. Jean Lerolle présenta un rapport sur la participation des catholiques aux organisations professionnelles ; aux camarades qui l'écoutaient et qui quelques années plus tard devaient le choisir pour président, il indiqua, de façon pressante, leur devoir vis-à-vis des syndicats :

« Un syndicat, déclara-t-il, *n'est pas une œuvre*. Ce n'est pas un organisme créé de toutes pièces par quelqu'âme généreuse pour le salut ou l'agrément de ceux qui voudront en user. *C'est une association*.

C'est dire qu'on n'en décrète pas du jour au lendemain la création : on ne le fonde point, il se fonde lui-même quand le besoin s'en fait sentir.

Et voilà du coup, notre action strictement délimitée !

Nous n'avons pas à faire œuvre de fondateur, mais œuvre d'initiateur, de conseil, d'ami, laissant aux intéressés le soin de créer et de diriger eux-mêmes leur association. Nous avons à préparer les voies à ceux qui voudraient créer ces unions, à écarter de leur chemin les difficultés, à leur rendre favorables ceux, trop nombreux encore, qu'effraie le seul mot de syndicat ; puis, l'association formée, à leur venir en aide chaque fois qu'ils auront besoin de nous.

Là doit se borner notre action, si elle veut être féconde : aller plus loin, et nous substituer en quelque sorte aux travailleurs eux-mêmes, faire des syndicats professionnels chrétiens des succursales de nos patronages, ce serait vouer notre effort à l'impuissance. Ce serait même, en débilitant les énergies, faire œuvre mauvaise.

Donc, nous devons être d'abord les initiateurs, les « lanceurs » du mouvement.

Le syndicat une fois formé, les « jeunes » peuvent rendre des services, nombreux et variés, à l'association ouvrière. M. Jean Lerolle les indiquait à ses amis de l'A. C. J. F :

Nous pouvons être des initiateurs; quelle sera notre action, le syndicat une fois formé ?

Là surtout il faut de la prudence et du tact. Il faut éviter avec soin de sortir du rôle de conseil et d'ami qui est le nôtre. Les ouvriers ne sont pas d'éternels mineurs, ils ont droit à leur indépendance et, en voulant les diriger, nous écarterions de nous les plus fiers, les plus actifs, — les meilleurs par conséquent.

Mais si l'association naissante doit se diriger elle-même, vivre de sa vie propre, elle a besoin de défenseurs et de conseils.

C'est à nous à les lui fournir.

Elle a besoin de professeurs pour ses cours professionnels ; c'est à nous à les lui procurer.

Il est un service surtout que nous pouvons facilement lui rendre.

Aux termes de la loi de 1884, les syndicats professionnels ont pour but l'*étude* et la *défense* des intérêts économiques de leurs membres. Tout syndicat bien organisé a donc une commission chargée d'étudier les questions économiques pouvant intéresser le syndicat. Là encore est marquée notre place.

Puisque, grâce à Dieu, nous avons pu acquérir des connaissances que nos frères moins heureux n'ont pu acquérir, c'est un devoir strict pour nous de les faire participer à ce fruit de nos études. Toute richesse, même intellectuelle, a ses devoirs !

Et puis, en mille circonstances, nous pouvons apporter aux associations ouvrières un concours efficace.

C'est une juste revendication qu'il faut préparer l'opinion à accepter.

C'est une grève qui éclate et dans laquelle, par notre influence, par nos relations, nous pouvons faire aboutir un arbitrage.

Ce sont des emplois qu'il faut trouver pour les ouvriers sans travail.

Et que d'autres occasions encore d'affirmer notre sympathie et de donner notre appui aux travailleurs !

Et M. Jean Lerolle résumait ce programme d'action dans cette formule énergique : « Ne pas laisser à nos adversaires le monopole de défendre les revendications ouvrières ; mais *affirmer hautement, et par nos paroles, et par nos actes, notre sympathie pour tout ce qui est juste et généreux dans le mouvement ouvrier contemporain.* »

Ainsi se trouvait énoncé le principe que nous allons voir inspirer désormais l'action sociale des groupes de l'A. C. J. F. : nous pourrons le constater dans les congrès régionaux, aussi bien que dans les congrès spécialement consacrés aux questions économiques.

IV

Et d'abord dans les congrès régionaux.

Nous ne pouvons, on le comprend, donner ici un résumé des discussions qui se produisirent et des résolutions qui furent votées dans les deux cents et quelques réunions de ce genre (1) tenues par les membres de l'A. C. J. F. aux quatre coins de la France.

(1) Si ce chiffre étonnait quelque lecteur, il nous suffirait, pour dissiper son étonnement de faire remarquer que dans les trois premiers mois de 1903, l'A. C. J. F. a tenu plus de 30 congrès cantonaux ou régionaux.

Mais nous prendrons comme type deux assemblées régionales dont les comptes-rendus détaillés ont été publiés en brochure : le Congrès de la Jeunesse Catholique Tarnaise et celui de l'Union régionale de Franche-Comté.

Le premier a eu lieu à Abi, les 28 et 29 novembre 1903, sous le patronage de l'éminent archevêque de ce diocèse, Mgr Mignot (1) : il a eu dans tout le Sud-Ouest un très grand retentissement.

Rien n'indiquera mieux les tendances qui se manifestèrent dans ces réunions que l'appel même par lequel le Comité d'organisation convoquait les jeunes gens catholiques. Voici cet appel qui fut affiché sur les murs d'Albi et de la plupart des villes du département :

CAMARADES,

Les Associations Tarnaises de jeunes Catholiques ont organisé un Congrès départemental qui se tiendra à Albi le 28 et 29 novembre courant.

Tous les jeunes gens qui ont consacré leur foi au Christ et *qui puisent dans leurs convictions religieuses un ardent amour pour les hommes*, auront à cœur de s'intéresser à notre œuvre.

Nous nous groupons, non pour nous livrer à des discussions stériles, mais pour travailler loyalement à l'étude des *problèmes religieux et sociaux* qui préoccupent à juste titre notre siècle. Nous croyons avoir le droit, nous aussi, de leur apporter nos solutions.

Le Christ a révélé au monde les idées de justice, d'égalité et de liberté auxquelles aspirent nos démocraties naissantes. Il a révélé aux hommes la fraternité universelle. *Nous, qui sommes ses disciples, nous voudrions traduire en réalités*

(1) Le compte-rendu détaillé en a été publié sous ce titre significatif : *La Jeunesse catholique et la Société moderne.* (Albi, Imprimerie Coopérative du Sud-Ouest.)

sociales l'idéal de justice et d'amour que nous puisons dans la doctrine du Maître.

Nous n'aimons que la vérité et nous ne détestons que la haine. Nous ne connaissons pas d'ennemis, et nous considérons que *notre premier devoir social est de remplacer la haine, qui divise et qui tue, par l'amour réparateur.*

Venez assister nombreux à nos réunions fraternelles. Il en sortira, nous en avons le ferme espoir, une organisation sérieuse de la Jeunesse Catholique éclairée et studieuse, qui préparera des générations dévouées au bien du peuple et à la gloire du Christ.

Le Comité d'organisation.

Cet appel, où domine la note sociale chrétienne, fut entendu et près d'un millier de jeunes gens se firent inscrire comme congressistes ; sur ce nombre, neuf cents assistèrent effectivement aux réunions.

Dans le programme, on fit aussi, très large, la place aux problèmes sociaux. Parmi les rapports présentés, nous signalerons tout spécialement les pages remarquables d'élévation et de documentation dans lesquelles M. l'abbé de Lagger, directeur du Grand Séminaire d'Albi, attira l'attention de son juvénile auditoire sur *la nécessité pour les catholiques d'étudier les questions sociales et sur les qualités qu'ils doivent apporter à ces études.* Mentionnons encore la communication de M. Gaston Lacoin sur *l'action et ses diverses formes* et celle de M. Léon Bonnevialle, administrateur ouvrier de l'Imprimerie Coopérative sur cette même imprimerie. Enfin le discours de clôture fut prononcé par M. l'abbé Lemire et il est dès lors presque inutile d'ajouter qu'il y fut parlé de l'obligation pour les chrétiens de s'intéresser pratiquement au sort des travailleurs.

Au moment même où s'assemblaient les Méridionaux, les membres de l'A. C. J. F. tenaient une autre importante réunion dans l'est de la France, à Besançon : c'était le Congrès de l'Union régionale de Franche-Comté (1).

A ce Congrès, plus encore peut-être qu'à l'assemblée d'Albi, on entendit la note sociale. Presque tous les rapports furent consacrés aux questions de cet ordre. Ce sont, par exemple, ceux de M. F. Cocar sur les *études dans les groupes urbains et ruraux,* de M. Dubarle et de M. l'abbé Turlin sur *les mutualités,* de M. l'abbé Quillet sur *les mutuelles agricoles,* enfin et surtout celui de M. l'abbé Mury sur *le programme social :*

Laissez-moi, concluait M. l'abbé Mury, finir par un fait personnel, et qui montre bien l'attention qu'on donne à nos idées et à nos Congrès, même dans le monde socialiste. Ces jours derniers, avec quelques amis, je me rendis à une conférence contradictoire. Le conférencier, secrétaire de la fédération des Comités socialistes de Saône-et-Loire, plus de quinze fois en deux heures, est revenu sur notre Congrès de Chalon et, à la fin, il s'est écrié : « Si, il y a vingt ans, vous, catholiques, vous aviez exposé, lancé de telles idées, vous seriez maintenant indéracinables. Mais, croyez-moi, aujourd'hui, c'est trop tard ! »

La réponse que je fis, mes chers amis, redisons-la tous ensemble : « Non, ce n'est pas trop tard ! car nous saurons retrouver le temps perdu. » Par notre ardeur à étudier ces questions vitales que sont les questions sociales, par le zèle que nous apportons à les bien résoudre, par notre désintéressement à servir la cause des humbles, nous montrerons au peuple où se trouve l'espérance du salut. Nous le désabuserons des utopies collectivistes ; nous lui ferons désirer la

(1) Cf. *Congrès de l'Union régionale de Franche Comté,* tenu à Besançon les 28 et 29 novembre 1903. (Besançon, Imprimerie Henri Bossanne, 1904.)

réalisation de notre beau programme démocratique chrétien. Non ! pour bien faire, il n'est jamais trop tard.

Aux séances générales, qui se tinrent dans la vaste salle du Kursaal de Besançon, ce sont les mêmes affirmations que nous entendons. M. Henri Bazire, qui était alors le président général de l'A. C. J. F., proclame la ferme volonté de ses camarades de continuer leur action populaire : « Résolument sociaux, s'écrie-t-il dans un beau mouvement d'éloquence. Oui ! plus que jamais, à la suite de l'Eglise qui charme notre jeunesse en lui ouvrant largement les horizons d'avenir : rien ne nous commande d'étayer la structure individualiste de la maison en ruines : posons les bases de l'organisation sociale future. » M. Ferdinand Brunetière, en une page merveilleuse de clarté et de force dialectique, expose *l'Action sociale du christianisme* ; enfin le comte Albert de Mun convie tous les « jeunes » qui l'acclament « à l'action hardiment sociale qui préparera la revanche nécessaire du droit méconnu et le triomphe de la Liberté chrétienne définitivement reconquise. »

Ainsi donc, dans les assemblées régionales, départementales ou cantonales, tout comme dans ses assemblées générales, l'A. C. J. F. a fait, en ces dernières années, une part considérable aux préoccupations plus particulièrement sociales. Néanmoins le Conseil fédéral de l'Association a jugé que cette part n'était pas encore suffisante : il a estimé opportun de réunir, chaque année, un Congrès qui s'occuperait *exclusivement* de questions économiques.

V

Trois *congrès sociaux* ont déjà été tenus par l'A. C. J. F. Je viens de relire d'affilée les comptes-rendus des réunions, et cette lecture d'ensemble m'a laissé une impression de réconfort que les incertitudes et les tristesses du présent ne parviendront pas à effacer. Ces « jeunes » sont vraiment les constructeurs de la société de l'avenir : ils ont compris leur tâche et ne se laisseront pas distraire de leur rôle de rénovateurs.

Nous n'entreprendrons pas de résumer les discussions de ces trois assemblées : cette analyse sortirait du cadre de cette étude et ne saurait donner d'ailleurs une connaissance suffisante des travaux de nos jeunes Congressistes. A qui voudrait en avoir une idée exacte, nous ne pouvons que conseiller de lire les brochures éditées par l'Association et qui contiennent le texte des rapports présentés, des discours prononcés et des conclusions votées (1). Quant à nous, nous essaierons seulement d'indiquer l'excellente méthode de travail adoptée et les premiers résultats obtenus.

Le Comité général a pris d'abord une résolution qu'on

(1) Voici d'ailleurs la bibliographie de ces trois congrès sociaux :
Premier Congrès social national de l'A. C. J. F. : les Syndicats (1903) : 1° *Compte-rendu* ; 2° *la Question syndicale* ; texte des rapports présentés et conclusions adoptées.
Deuxième Congrès social national de l'A. C. J. F. : la Mutualité (1904) : 1° *Compte-rendu* ; 2° *La Question mutualiste* ; texte des rapports présentés et conclusions adoptées.
Troisième Congrès social national de l'A. C. J. F. : les Conditions de travail de la Jeunesse ouvrière : 1° *Compte-rendu* ; 2° *L'Orientation sociale de la Jeunesse catholique* ; discours de H. Bazire, à la séance de clôture du congrès ; 3° *Les Conditions de travail de la Jeunesse ouvrière*. Texte des rapports présentés et des conclusions adoptées.

ne saurait trop louer : il décida de consacrer chaque congrès, qui devait durer trois jours entiers, à l'examen d'une *seule* question. En 1903, à Chalon, on étudia les *Syndicats* ; en 1904, aux réunions d'Arras, on s'occupa de la *Mutualité*, et l'an dernier, à l'assemblée d'Albi, on traita des *Conditions du travail de la Jeunesse ouvrière.* Ainsi, on peut se livrer à un examen détaillé et arriver à des conclusions mûries. A la fin de la troisième journée, nos jeunes gens avaient tourné et retourné sous toutes ses faces l'unique question soumise à leurs délibérations : ils la possédaient vraiment, et, revenus dans leur œuvre, ils pouvaient à leur tour apporter lumière et conviction à leurs camarades.

Seconde mesure des plus louables : durant les huit ou dix mois qui précèdent chaque congrès, tous les groupes de l'A. C. J. F. sont expressément invités par le Comité fédéral à ouvrir une enquête sur le sujet mis à l'étude et à rédiger un rapport qui, en temps utile, doit être envoyé à Paris. L'ensemble de tous ces documents servent aux divers rapporteurs qui présentent au Congrès les textes sur lesquels on discutera.

De plus en plus, les « jeunes » répondent à cette invitation au travail. Le dernier congrès, celui d'Albi, a été particulièrement significatif à ce point de vue. La Commission d'études avait envoyé trois questionnaires aux 1,200 groupes que l'A. C. J. F. comptait alors. 413 questionnaires sont revenus, représentant la collaboration d'un millier de sociétés environ, car plusieurs de ces réponses sont le résultat des recherches, non pas d'un seul groupe, mais de tout un groupement régional.

Ces réponses ont une grande qualité : c'est la sincérité. « Point de recherches ni de la forme, ni de l'effet, ni trace d'un parti pris quelconque, déclare à bon droit M. Georges Piot : partout et avant tout, le désir d'être exact et d'être juste. »

Voulez-vous une preuve de cette hardie sincérité ? Nous vous citerons, d'après la brochure officielle de l'A. C. J. F. (1), les quelques lignes suivantes qui émanent d'un groupe de Marseille et qui sont signées de fils d'industriels et de gros négociants :

« ... Le travail urgent, nécessaire dans notre ville, c'est l'éducation du patron. Il ne s'occupe pas de ses ouvriers et laisse toutes les questions de travail se débattre d'ouvrier à contre-maître sans se préoccuper des injustices. Il déteste les syndicats, et fait tout ce qu'il peut pour leur casser les reins quand ils existent, même peu remuants. Enfin, beaucoup de patrons marseillais (mal renseignés par leurs contre-maîtres) sont d'une déloyauté absolue vis-à-vis de leurs ouvriers, soit dans les questions de salaires, soit dans le règlement des accidents et indemnités. Il démoralise l'ouvrier par son manque de parole ou sa conduite injuste...

Tout cela se paye, et, pour nous qui comprenons ces hontes, nous avons l'explication de bien des grèves et de beaucoup de haines. Sur les patrons, nous pourrions agir, sur leurs fils surtout qui fréquentent les collèges religieux, mais c'est un travail de longue haleine, car si le sens moral et social manque aux ouvriers, il manque au moins autant à l'industriel. »

Je ne discute pas les termes de cette note où il ne serait peut-être pas impossible de découvrir trace d'exagération toute... marseillaise, mais, après avoir lu cet extrait, on conviendra que, dans les rapports envoyés aux congrès sociaux de l'A. C. J. F., toutes les opinions et revendica-

(1) Cf. *Les Conditions de travail de la Jeunesse ouvrière*, p. 27.

tions s'expriment librement et franchement. Ces « jeunes » n'ont point encore appris l'art stérile des atténuations et des déguisements : ils osent penser par eux-mêmes et écrire ce qu'ils pensent.

Cette même franchise, ils l'apportent dans la discussion : leurs congrès sociaux sont des réunions d'études, où chacun présente ses objections et soutient son opinion. Souvent une ardente controverse se termine par le vote unanime d'une conclusion doctrinale ; parfois aussi, aucun des deux ou trois partis en contradiction ne se déclare convaincu et, dans ce cas, on renvoie la solution à un congrès ultérieur : la chose s'est notamment produite au Congrès de Chalon pour le droit de faire du commerce qui, selon les uns, devrait être accordé aux syndicats, tandis que, suivant les autres, il doit continuer à leur être refusé. Aussi l'on comprend qu'un juge éminemment competent, M. Savatier, pouvait formuler sur ces assemblées l'application suivante que nous faisons nôtre entièrement : « Nous tenons à dire combien les réunions d'études auxquelles il nous a été donné d'assister ont été sérieusement préparées et profitables par l'ampleur de la discussion. A la tête de l'Association catholique de la Jeunesse française, il y a une élite de jeunes hommes qui, par le talent, la science, la conception exacte des conditions nouvelles de la société, nous donnent la conviction qu'ils sont les ouvriers d'un avenir de relèvement (1). »

Enfin, il est un dernier caractère de ces réunions que je tiens à noter. Ces « jeunes » ne délibèrent pas pour le plaisir de pérorer : l'étude en commun, voilà leur premier but, mais ils veulent que leur étude, menée en

(1) Cf. *Association catholique*, 16 mai 1903.

dehors de toute préoccupation politique ou confessionnelle (2), soit une utile collaboration à l'œuvre de progrès social. Ils ne se considèrent pas comme des émigrés à l'intérieur, mais bien comme de libres et responsables citoyens dans une société démocratique. Ecoutez-les, si vous croyez que je travestis leurs pensées : vous pourrez lire en tête de la brochure officielle consacrée au Congrès de Châlons, une déclaration, signée du Comité, et dont voici quelques lignes significatives : « ...On a reproché aux catholiques, tantôt de rester enfermés dans la contemplation stérile du passé, tantôt d'être les tenants de je ne sais quelle « démagogie cléricale ». Il apparaîtra au lecteur que parmi les catholiques une génération nouvelle se lève, profondément consciente des besoins de l'heure présente, attentive à toutes les manifestations de la vie, fidèle aux traditions de notre race, mais aussi passionnée de progrès. Les mots pas plus que les réalités ne l'effraient, et c'est sincèrement qu'elle a accepté le fait démocratique... » C'est parler net.

Pour affirmer leur volonté de collaborer à l'œuvre de progrès social, les congressistes d'Albi ont communiqué aux pouvoirs publics, au Ministre du Commerce et aux représentants du peuple, les rapports présentés et les vœux adoptés à leur dernier Congrès.

Voici notamment la lettre par laquelle M. Jean Lerolle,

(2) Voir sur ce point la très nette déclaration de M. Jean Lerolle au Congrès de Châlons (Cf. *La question syndicale*, p 8) : « .. C'est en dehors de toute idée d'apostolat religieux, comme en dehors de toute préoccupation de domination politique, que nous avons décidé ce congrès. Persuadés de la nécessité de l'organisation du travail, convaincus que le syndicat est le fondement nécessaire de cette organisation, nous avons voulu — et c'est là, je le dis en toute loyauté, la seule pensée de ce congrès — nous avons voulu apporter notre concours désintéressé à la cause de l'organisation professionnelle. »

président de l'A. C. J. F., annonçait au Ministre du Commerce l'envoi de ces documents :

Paris, 19 octobre 1905.

MONSIEUR LE MINISTRE,

J'ai l'honneur de vous adresser les rapports lus et les vœux adoptés au IIIe Congrès social de l'Association Catholique de la Jeunesse Française.

De ces vœux, les uns s'adressent au Parlement, les autres au Gouvernement.

Je me permets d'attirer spécialement votre attention sur ceux qui concernent la situation des employés du commerce et de l'alimentation.

Nos camarades employés sont unanimes à réclamer une limitation légale de la journée de travail, le repos hebdomadaire, une inspection sérieuse au point de vue de l'hygiène des locaux commerciaux, notamment de ceux affectés au couchage.

De l'enquête, qui a précédé le congrès, il résulte, en effet, que l'absence de réglementation du travail commercial est la source d'abus que rien ne saurait justifier. On ne voit pas, d'ailleurs, pour quelles raisons la protection bienfaisante de la loi ne s'étendrait pas des ouvriers aux employés. Il y a parité de situation et tous ont droit à une égale sollicitude de la part des pouvoirs publics.

En attendant une organisation professionnelle du travail que nous appelons de nos vœux, il appartient au Gouvernement et au Parlement de donner satisfaction à ces doléances.

Nous osons espérer qu'ils voudront bien, au moins, y prêter attention.

Pour nous, en vous transmettant ces vœux du Congrès, nous n'avons d'autre ambition que de collaborer pour notre part aux réformes qu'attend impatiemment notre démocratie.

Veuillez, Monsieur le Ministre, agréer, etc...

Jean LEROLLE,
Président de la Jeunesse Catholique Française.

Cette lettre est la manifestation des préoccupations civiques des membres de l'A. C. J. F. : ces jeunes catholiques sont décidés à prendre leur part dans les responsabilités sociales et à ne pas laisser aux adversaires du christianisme le monopole des revendications populaires.

VI

A côté de l'Association catholique, il est d'autres sociétés et fédérations, de date plus récente, qui groupent un grand nombre de jeunes chrétiens. Toutes, on peut l'affirmer, dirigent, en partie, l'activité de leurs membres vers les œuvres et les problèmes sociaux ; c'est ainsi que la Fédération des Alpes et de Provence, l'Association catholique de la Jeunesse Picarde et les groupes de jeunesse du Dauphiné ont tenu des *Journées sociales* (1) ; c'est ainsi surtout que les « jeunes », si nombreux, au dévouement vraiment apostolique, dont la *Chronique du Sud-Est* est le centre, ont eu l'idée et ont assumé la lourde tâche des *Semaines sociales*.

Parmi ces émules, *le Sillon*, qui étend son action à toute la France, tient assurément la première place, et, sans exagération aucune, on peut dire qu'en ces trois ou quatre dernières années, il a joué un rôle public des plus importants. Il présente, en effet, une merveilleuse force de pénétration dans les milieux hostiles aux idées religieuses : l'âme populaire se laisse conquérir par l'émouvante éloquence de M. Marc Sangnier, par la chaleur et la

(1) Sur les *Journées sociales d'Amiens*, on trouvera des détails dans *Activités sociales* (chap. III de la 1re partie) par Max Turmann (Lecoffre, éditeur, Paris, 1906).

sincérité des convictions chrétiennes et démocratiques des *Sillonistes*. En plusieurs meetings, nous avons été témoin de cette conquête ; de cette vue, nous avons conservé un réconfortant souvenir. Ces « jeunes » vont à la Vérité avec toute leur âme, et à leur suite, ils entraînent les masses.

Nous venons de parler des convictions démocratiques des *Sillonistes*. Les membres du *Sillon* sont, en effet, très nettement démocrates. Ils ne le sont pas seulement en théorie ; ils le sont aussi — ce qui est peut-être plus rare — en pratique.

Dans tous les groupes, riches et pauvres, fils de patrons et jeunes ouvriers, intellectuels et travailleurs manuels, sont traités et se traitent réciproquement avec des sentiments de sincère égalité chrétienne : ils se considèrent comme des « camarades », se dévouant à la même grande Cause, chacun devant payer de sa personne dans la mesure où Dieu lui a dispensé ses dons. Je ne sais, pour ma part, rien de plus touchant que cette simple, mais forte affection, unissant des jeunes gens, sans considération pour les différences sociales qui les séparent aux yeux du monde. On a bien raison de le proclamer, *le Sillon* est vraiment « une amitié » et tous s'efforcent de s'y faire « une âme commune », s'enthousiasmant pour le même idéal et s'indignant aux mêmes laideurs morales.

Autre note dominante chez les *Sillonistes :* leur volonté formelle de faire œuvre d'apostolat chrétien. Aussi M. le chanoine de la Villerabel qui, au Congrès régional de Saint-Brieuc, représentait officiellement Mgr Fallières, pouvait-il déclarer (1) : « Ce qu'il y a de bien caractéris-

(1) *Compte rendu du troisième Congrès régional du « Sillon de Bretagne »*, tenu à Saint-Brieuc. Avril 1903, cf. p. 96.

tique dans *le Sillon*, c'est que *le Sillon* appelle à l'apostolat actif tous les chrétiens. »

Leurs convictions catholiques, les *Sillonistes* ne les ont jamais cachées. Bien au contraire. Sans réticences, mais d'autre part aussi sans provocation, ils se sont toujours affirmés fils soumis et aimants de l'Eglise, n'hésitant point à condamner ce qu'elle a condamné, revendiquant toutefois leur liberté de pensée et d'action en toute matière laissée à la libre appréciation des fidèles.

Cette franchise d'allures suffirait à expliquer l'accueil plein de sympathie que les orateurs du *Sillon* reçoivent d'auditoires très mêlés, où dominent fréquemment les éléments non religieux : « ... Malgré les défiances, les railleries ou les haines, écrivait M Marc Sangnier (1), nous prendrons part au travail social nécessaire : *nous ferons œuvre positive;* nous montrerons à tous l'usage que nous entendons faire de cette liberté que nous réclamons ; nous essaierons d'affranchir le travail des exigences du capital et de la tyrannie des politiciens ; nous ne cacherons ni ce que nous pensons, ni qui nous sommes, et peut-être notre opiniâtre loyauté sera-t-elle la plus habile des politiques. » L'opiniâtre loyauté, voilà bien, en effet, une des vertus principales du *Sillon,* une de celles qui imposent le respect et inspirent la sympathie à tous ceux qui prennent part à ces réunions.

Dans la citation que nous venons de donner, le lecteur a sans doute remarqué une phrase que nous avons cru bon de souligner : c'est celle où il est déclaré que *le Sillon* entend faire *œuvre positive.* Ces quelques mots résument tout un programme d'action qui sépare profondément ces

(1) Cf. *Le Sillon*, 25 novembre 1902, p. 366.

« jeunes » de certains politiciens, prôneurs d'une opposition aveuglément négative, n'espérant que de la chute dans le pire un retour vers le mieux.

Résolus à faire œuvre positive, les *Sillonistes* forcément devaient faire œuvre sociale. Aussi pouvons-nous lire dans un *Appel aux bonnes volontés,* publié en 1903 : « ... *Le Sillon* fait appel à tous. L'œuvre qui s'impose est immense. Le travail de l'éducation populaire doit avoir un lendemain : *l'organisation démocratique, l'épanouissement du mouvement syndical, la législation du travail.* Il importe que les catholiques ne s'épuisent pas en vaines disputes, ni ne s'attardent en de timides piétinements : il faut qu'une *avant-garde* jeune marche hardiment sans jamais reculer et sans essayer de couvrir toujours les traînards, au risque d'abandonner le terrain favorable et de perdre tout à fait la bataille... »

Tout naturellement, par la logique même de leur attitude, les membres du *Sillon* devaient être amenés à s'occuper des questions et des institutions économiques. Avec leur revue bi-mensuelle, leur première publication est un *Catéchisme d'économie sociale et politique ;* une de leurs premières œuvres à Paris fut l'organisation d'une coopérative de consommation, l'*Effort démocratique.*

Mais notre rôle n'est pas de relater, en ce chapitre, ces diverses tentatives de réalisation pratique : nous devons — et la tâche est certes assez vaste — montrer les idées sociales en marche à travers les Congrès des « jeunes ».

VII

Dans les Congrès généraux des Cercles d'études, comme dans les assemblées régionales des divers *Sillons,* une très large place fut faite aux préoccupations sociales. Ici encore, nous ne pourrons parler de toutes les réunions (1), ni analyser tous les débats. Mais, nous illustrerons notre affirmation de quelques exemples.

Voici, entre autres, *le quatrième Congrès national des Cercles d'Etudes* qui s'est tenu à Paris, en février 1905 : une séance de travail fut consacrée à la question des coopératives de consommation. Après un débat, préparé par une minutieuse enquête auprès des Cercles dont bon nombre avaient envoyé des rapports, on émit un double vœu, exprimant d'une part le désir « que les Cercles d'études et les Instituts populaires travaillent activement au développement de la coopération », et, d'autre part, « que les coopératives, aussi bien dans leur intérêt propre que dans l'intérêt supérieur de la démocratie, soutiennent énergiquement les groupements d'action et de propagande démocratiques. »

Pour permettre d'apprécier la portée de ce double vœu, nous ne pouvons mieux faire que de reproduire l'appréciation générale formulée par le narrateur officiel du Congrès, M. Georges Hoog, sur la discussion qui s'est déroulée et les résolutions qui ont été adoptées à la séance du travail où fut spécialement traitée la question des coopératives.

La voici :

En votant à l'unanimité les conclusions du rapport présenté au Congrès par Marcel Lecoq, nos camarades ont affirmé nettement leur volonté d'orienter l'effort coopératif

(1) Il ne se passe point de mois où il n'y ait plusieurs congrès de ce genre : qui en douterait n'aurait qu'à consulter un quelconque des numéros du *Sillon* et il trouverait l'annonce de nombreuses réunions de ce genre.

du *Sillon* dans la voie de l'organisation démocratique véritable. Ils ont voulu, dans le domaine de l'action sociale, manifester la force transformatrice de l'esprit qui les anime.

L'esprit importe avant tout. Les organismes économiques n'ont de signification sociale que par lui. Nos amis savent qu'une coopérative ou qu'un syndicat peuvent devenir, dans la main des capitalistes ou des révolutionnaires, des instruments de réaction ou de révolution sociales — suivant le cas — et non de transformation démocratique. Et voilà pourquoi, avant de travailler sur le terrain des réalités, ils ont voulu acquérir patiemment, dans les Cercles d'études, le véritable et sûr esprit démocratique.

Esprit démocratique ! Esprit coopératif ! Les congressistes ont compris que celui-ci n'était, en somme, que la forme économique de celui-là. Ils ont approuvé le régime de la coopération parce que surtout, développant chez les individus les précieuses qualités de conscience et de responsabilité et contribuant, par le boni, à la constitution d'un capital commun au prix d'un effort collectif, il tendait à rapprocher insensiblement les masses populaires de cette démocratie à laquelle elles aspirent de toute leur âme.

Comme les Congrès nationaux, la plupart des Congrès régionaux des divers *Sillons* mettent à leur ordre du jour des questions sociales.

Ainsi, *le Sillon de l'Est* s'est activement occupé de deux points fort importants : le repos du dimanche et les retraites ouvrières. En particulier au magnifique Congrès qu'ils ont tenu, en juin 1904, à Epinal, les *Sillonistes* étudièrent en détail le problème si actuel des retraites, qu'ils avaient déjà commencé à examiner à leur précédent Congrès de Belfort ; après une discussion qui se prolongea durant deux séances, on vota à l'unanimité le texte suivant :

Le Congrès du *Sillon* d'Epinal, persuadé que la solution

véritable des problèmes sociaux, suppose *la réorganisation du travail sur les bases professionnelles,* à laquelle doit aboutir le mouvement d'éducation populaire du *Sillon*,

Engage vivement les camarades du *Sillon* à aider de toute leur influence au mouvement syndical et mutualiste,

Mais se déclare, en même temps, résolu à contribuer de toutes ses forces au succès d'un système de lois comportant l'assurance obligatoire, garantissant une pension de retraite *minimum* à tous les travailleurs, en ayant confiance que ce système déterminera l'ouvrier à se constituer librement un supplément d'assurance.

Préoccupations analogues, mais non identiques, chez les *Sillonistes* de l'Ouest : c'est la question du *foyer* qui a occupé deux séances de travail, lors du troisième Congrès régional du *Sillon de Bretagne*, tenu à Saint-Brieuc en avril 1905. On y a, en effet, examiné la création de sociétés d'habitations à bon marché et on y a discuté, par le menu, tout ce qui pouvait être essayé pour faire disparaître les logements insalubres. Quiconque lira le compte rendu de la discussion (1), sera frappé, comme nous l'avons été, de l'esprit pratique et réaliste (dans le bon sens du mot) qui a présidé au débat.

VIII

Mais, alors même qu'ils entrent dans le détail des institutions économiques, les membres du *Sillon* n'oublient point l'idée générale qui les inspire : les œuvres et les groupements économiques ne sont pour eux que des

(1) Cf. *Compte rendu sténographié du troisième Congrès régional du « Sillon de Bretagne »*, tenu les 23, 24 et 25 avril 1905 à Saint-Brieuc, — Au *Sillon Rennais*, Rennes, 1905.

moyens et jamais des buts. Ecoutons, par exemple, ce que M. Marc Sangnier déclarait dans le discours qu'il prononçait au manège Saint-Paul (1) :

... Ayons la force de penser avant d'avoir la force d'agir. On a très peu la force de penser. Nous l'avons vu ce matin dans la discussion de notre Congrès. Il s'agissait des coopératives. Peu de nos camarades avaient le courage d'aller jusqu'au bout de leur pensée et de se demander si les coopératives ne pouvaient pas devenir de véritables instruments de transformation sociale. Je ne veux pas reprendre cette discussion. Je ne veux pas apporter les raisons qui militent pour ou contre, mais ce que je ne puis ne pas remarquer, c'est que nous ne ferons pas œuvre utile si nous nous contentons de fonder des syndicats, des mutualités, des coopératives parce que c'est nécessaire pour être bien vu dans des milieux populaires, parce que, comme certains députés que je connais, il faut bien mettre quelque chose sur ses affiches, et que les mots de syndical, de mutualité, de coopérative, de fraternité font très bien sur des affiches rouges *(Rires)*. Nous n'agirons pas ainsi et nous prendrons garde d'oublier que les œuvres économiques n'ont de valeur que si elles sont animées d'un véritable esprit démocratique.

Dans un tout récent congrès, spécialement réservé aux groupes du *Sillon* de la région de Paris (1), ces tendances se sont encore précisées : on y a, en effet, discuté du « rôle des œuvres sociales dans l'action du *Sillon*. » De ce débat, je ne veux retenir que les lignes suivantes extraites du suggestif rapport de M. Léonard Constant :

... C'est parce que nous animerons nos œuvres d'un esprit qui nous est propre, c'est parce que nous les ferons converger par la notion d'un même intérêt général, que nous pourrons en quelque mesure préparer et élaborer une société

(1) Lors du quatrième Congrès national des Cercles d'études, le 20 février 1903.

neuve au milieu de la société vieillie dont nous souffrons. Une œuvre neutre, c'est une œuvre qui est satisfaite de l'orientation générale de l'Etat actuel ; une œuvre qui a un esprit original comme en ont les nôtres, une *œuvre à thèse*, c'est une œuvre qui n'est pas satisfaite de l'organisation actuelle de l'Etat, et qui s'oriente déjà vers un ordre social nouveau.

Cet ordre social nouveau, il existe déjà, dans la société présente, dans la mesure où il y a en dehors de l'Etat des forces sociales convergentes.

C'est en partant de ce point de vue qu'il faut envisager la possibilité d'une révolution violente. Qu'est-ce qu'une révolution ? C'est la décomposition brusque d'un ordre social déterminé, c'est le moment où le pouvoir central n'a plus la force de vouloir ou de faire exécuter ses volontés, c'est le moment où il n'y a plus de police d'Etat. Si *le Sillon* est arrivé à constituer en France une série de groupements, forts par la convergence de leurs volontés et par leur discipline, et plus forts, dans leur unité, que tous les groupements contraires, alors il peut servir de centre à un ordre social nouveau — mais il ne le pourra, remarquez-le bien, que parce qu'il s'y sera préparé en édifiant cet ordre en lui-même par sa vie dans la société actuelle. Or, dès à présent, la convergence de nos œuvres à nous peut non pas constituer cet ordre, mais l'aider puissamment à naître.

Bref, il faut que les œuvres sociales auxquelles se dévouent les membres du *Sillon* soient avant tout des œuvres qui contribueront « à diffuser l'esprit démocratique » et à préparer cette « élite nettement orientée », qui est appelée à servir d'éducatrice à la masse et qui, suivant l'observation maintes fois exprimée par M. Marc Sangnier, est plus nécessaire dans une démocratie que dans toute autre organisation.

(1) Cf. *Congrès régional de Paris* (28-29 octobre 1905). Au *Sillon*, boulevard Raspail, Paris.

Nous en avons assez dit, croyons-nous, pour établir que les *Sillonistes* sont loin de se désintéresser des problèmes sociaux, mais que, dans la recherche des solutions, ils appliquent une méthode et font preuve d'un esprit qui leur sont propres.

Il est temps de conclure.

Pour le faire, nous dirons avec le président du *Sillon*, « qu'une génération neuve et hardie monte à l'assaut, et qu'elle ne se laissera arrêter ni par les timidités de droite, ni par les violences de gauche, et que rien ne l'empêchera d'être hardiment démocrate et passionnément catholique. » Puis, avec l'un des présidents de l'A. C. J. F., pour compléter le portrait des « jeunes », nous ajouterons que cette génération chrétienne, plus particulièrement orientée vers les questions économiques, est résolue « à prendre l'offensive sociale ». Depuis trop longtemps, nous restions sur la défensive, nous obstinant à soutenir, aveuglément, un ordre social chancelant où les injustices sont nombreuses et criantes.

Et de l'attitude courageusement et intelligemment novatrice que les « jeunes » prennent aujourd'hui, nous augurons pour le catholicisme de glorieuses conquêtes.

Max Turmann.

LE
Rayonnement de l'Idée Sociale

HENRI-GEORGES

A l'œuvre pour le peuple

Extrait d'une correspondance

« X..., le 2 février 1906.

« Mon cher Henri,

« Tu t'en souviens. Nous étions sortis ensemble.

« Placide et Bernard n'avaient pas refusé de nous accompagner, malgré l'état des chemins terreux après ce rapide dégel. La nuit de Noël avait été pleine de tempête, mais l'après-midi était dégagée, fraîche et calme. Sur la grand'route, quand nous eûmes suffisamment assoupli nos jarrets, nous sommes revenus doucement, mis en verve par le grand air, et devisant allègrement. Au-dessus du lointain, où les usines minières, jalons gigantesques, dressent leurs scories et allument leurs fourneaux, entre la ville brumeuse et les villages, une longue nuée sombre était restée en permanence toute la soirée, toujours nimbée, quelquefois entr'ouverte et pénétrée par les rayons fusants du soleil. A ce retour tardif, nous la contemplions tous quatre, attendant que la chute graduelle de l'astre la transformât, et mît un dernier mouvement dans le vaste horizon. Il parut enfin, à son heure, sans hâte comme sans regret, sans empressement naturel, disait Bernard, encore brillant dans sa teinte de fer rouge, tellement que nous ne le pouvions fixer, empourprant tout, clochers et cheminées, bois et ciel, voilant d'un dehors violet la sombre nuée, reculant encore la perspective déjà si profonde puis, et rapidement, devenant moins ardent, plus rouge, et s'abîmant dans un grand espace limpide, de ce vert clair qu'on voit seulement aux matins et aux soirs.

« Et comme j'admirais naïvement, en enfant qui contemplerait du nouveau, battu par le vent, qui, dans les derniers envois du soleil disparu, avait repris toute sa violence, Placide, trouvant le temps long, et le vent froid, et mon enthousiasme gênant, rompit ce grand silence, et, en quelques mots bien sentis, me fit ressouvenir que la vie est plus en banal qu'en idéal. Je l'excusai de bon cœur, il n'était sur pied que depuis neuf heures, et n'aimait l'idéal qu'en rêve.

« Mais, tu le sais bien, à moi, passant d'un jour dans ce pays étrange, que rien encore n'avait blasé sur les misères humaines, et qui sentais si fort quand le cœur se mettait à battre, ce beau soir, cette ravissante lumière, ces lueurs toutes de puissance et de charme, dans ce cadre charbonneux, sur ces terres éventrées, avec ces respirations lourdes de sueur, d'alcool et de colère, sortant des mines béantes, cela me semblait d'une ironie poignante.

« Or, l'ironie n'était pas seulement dans le contraste physique. Cette nuit-là, ce matin même, avait apparu au monde Celui que nos prières sacrées nomment le divin Soleil : *Ortus est sol justitiæ, Christus,* et nous avions vu sa gloire pleine de grâce : *Et vidimus gloriam ejus plenam gratiæ.*

« Mais pour ces âmes de travailleurs, aveuglées par des ténèbres plus tristes que celles de la mine, l'avènement de l'éternelle splendeur était chose ignorée, grâce inconnue, merveille inutile.

« Je te disais : Ils remonteront ce soir de la fosse, comme chaque soir ; ils vont aller prendre un repos chèrement gagné, trop écourté par les heures d'estaminet. Rien ne leur dira que ce jour est privilégié. Nul ne leur annoncera la grande joie qui naît au monde, et, plus misérables que la terre qu'ils foulent, ils n'auront même pas sur eux le reflet du Soleil qui passe.

« Excuse-moi de te rappeler nos émotions communes : tu vois du moins que je les sens encore.

« Or, ce soir-là, tu m'as parlé au cœur. Tu me connaissais bien. Au fond, j'étais honteux d'avoir jusque-là si mal profité de mes heures libres ; mais sous ce rapport je n'avais pas été éduqué. Jadis au collège on nous faisait un sérieux catéchisme : c'était beaucoup, je m'en suis aperçu depuis ; les plus grands et les meilleurs faisaient visite aux pauvres : c'était utile, car on comparait, et le cœur et la bourse se dilataient. Mais on ne faisait pas encore ce qu'on a fait depuis : une initiation aux débouchés multiples de notre activité juvénile. C'eût été si facile d'écourter une promenade ennuyeuse ou de prendre une demi-heure sur nos journées de campagne en été ou sur une veillée libre, pour nous dire un mot pratique sur les initiatives existantes et sur les œuvres d'avenir.

« Tu souris, tu vas dire : *Contemptor temporis acti...* Au fond, tu es de mon avis. La preuve, c'est que, ce soir de Noël, tu as fait ce dont je parle, tu m'as orienté vers l'activité sociale.

« Tu as pu croire que j'oubliais. Non. J'ai réfléchi depuis.

« J'ai bien compris qu'il fallait m'instruire, et je travaille.

« J'ai compris aussi qu'il fallait développer en moi les énergies surnaturelles, et je lutte vigoureusement contre moi-même pour vivre ma foi, toute ma foi.

« Mais... cela fait déjà beaucoup. Et j'ai peur de faire plus. Mon état d'âme est complexe. J'ai déjà tant à faire : j'ai peur de compliquer ma vie. Je me sens isolé : j'ai peur de perdre mon temps et de n'aboutir à rien. D'autre part, à quoi bon étudier, si ce n'est pour agir ? A quoi bon fortifier l'âme, si ce n'est pour la donner ? Mais la donner à quoi ? Au progrès des autres âmes, et non aux progrès plus ou moins problématiques des intérêts matériels. Les œuvres sociales ne donnent-elles pas au corps la place prépondérante ? Bref, c'est un hésitant qui t'écrit. Tu lui diras ce que tu penses de lui : tu compléteras ainsi le bien que tu m'as fait à Noël dernier et dont te reste profondément reconnaissant

« Ton GEORGES. »

« 5 février 1906.

« MON BIEN CHER GEORGES,

« De bonnes lettres comme la tienne sont rares. Je t'ai lu et relu, te revoyant près de moi dans cette douce fête de Noël, dont je me souviens, oui, autant que toi.

« Que te dire, très cher ? Ta lettre soulève bien des problèmes. Je te donnerai aujourd'hui une première réponse, qui ne te dispensera pas d'une seconde visite : rien ne remplace la conversation fraternelle.

« Je ne sais plus quel diplomate, Metternich, je crois, disait un jour avec esprit : Quand la France s'enrhume, toute l'Europe éternue. Mon Georges, je crois bien que la France est en train de faire un gros rhume : elle pourrait bien éternuer elle-même avant de faire éternuer l'Europe, que t'en semble? Je me méfie, moi, de ses éternûments, j'aimerais mieux, s'il en est temps encore, concourir avec les expérimentés qui connaissent son tempérament, à la saigner, à lui remettre le cerveau en bon état.

« Tu me diras : Tout le mal vient du paganisme renaissant. Rechristianisons les âmes.

« Fort bien. Commençons par les nôtres : enrichissons en nous la sève surnaturelle, donnons-lui sa pleine force. Alors, comme l'anémié dont on a refait le sang, et qui jouit des multiples efforts de ses muscles, nous serons étonnés, ravis, de notre puissance d'action.

« Par là, j'ai conscience de répondre à l'une de tes inquiétudes : je vais compliquer ma vie ! Non, certes. Georges Goyau, dont nous avons lu ensemble de bien jolies pages, dit, à propos des jeunes :

« Tout au contraire, c'est par la pratique continue du « bien qu'on garde l'habitude de la vie simple ou qu'on en « ressaisit le secret si on a le malheur de l'avoir perdu. »

« Souvent, en effet (je ne dis pas cela pour toi), ceux qui ont peur de compliquer leur vie sont ceux qui déjà la compliquent par une foule de satisfactions égoïstes, dont une vie surnaturelle sérieuse les débarrasserait. Ils seraient les premiers heureux de se donner, si seulement ils essayaient.

« Pour toi, c'est une crainte vague, qui n'est pas justifiée. Va de l'avant.

« Ne reste pas isolé. Dans notre vie moderne, rien ne se fera plus de puissant que par l'association. Les mots nouveaux des rapports sociaux ne sont plus égoïstes : sociétés *mutuelles*, *co*opération, *con*fédérations, ligues *inter*nationales, etc... Donne-toi à un groupe existant. S'il n'y en a qu'un, va loyalement à lui ; s'il y en a deux ou plusieurs, vois quel est celui où tu agirais le plus volontiers et le plus vigoureusement : tu y trouveras de quoi t'occuper surabondamment.

« Tu as du style : collabore à la revue du groupe, aux affiches, aux tracts. — Comme tu sens vivement, fais quelques essais de parole publique. *Pectus est quod disertos facit :* l'âme et l'étude préalable te permettront d'affronter peu à peu des auditoires de conquête.

« Si toutefois tu préfères concourir à la fondation et au développement des organismes sociaux : caisses de crédit, sociétés d'habitations ouvrières, coopératives de consommation, tu es libre. Consulte ton talent et tes forces.

L'essentiel, vois-tu, c'est, lorsqu'on a choisi, d'être persévérant. Les obstacles ne manqueront pas, les déboires non plus. Marche quand même. Si tu regardes et si tu interroges autour de toi, l'expérience t'apprendra vite que ceux-là seuls réussissent qui sont tenaces. Quand la fourmi porte au nid son fardeau, tu peux jeter sur sa route étroite le roc énorme d'un caillou, ou la montagne d'un tas de sable, ou la forêt vierge d'une poignée d'herbes : persévérante, elle contournera le roc, fera l'ascension de la montagne, explorera la forêt et en sortira... sans avoir lâché son butin. Soyons tenaces : si l'œuvre branle, serrons-la bien ; si elle tombe, reprenons là.

« Œuvre matérielle, dis-tu ?

« D'abord, pourquoi pas ? Le Christ, aux foules conquises par sa voix, a multiplié le pain du corps. Les premiers apôtres ont institué les diacres pour le temporel des premiers chrétiens. Donc l'œuvre de mieux-être matériel fait partie de l'action apostolique.

« Et puis comment faisaient donc les missionnaires des anciens temps ? Ils groupaient les individus, les familles : ils leur apprenaient à mieux vivre, à se procurer en commun les avantages matériels des instruments de culture, des approvisionnements, du secours mutuel. Et, ce faisant, l'apôtre allait du corps à l'âme. C'est la route normale : ventre affamé n'a pas d'oreilles, le foyer sale, sans place et sans air, n'a pas de moralité, l'homme qui lutte contre la misère n'a pas le temps, ni l'habit voulu pour entrer dans l'église, l'isolé, laissé aux prises, sans point d'appui, avec les tentations socialistes, cèdera...

« Tu comprends bien d'ailleurs que si, dans l'œuvre matérielle, nous faisons passer toute notre âme, toute la charité divine dont nous voulons qu'elle soit embrasée ; si, dans l'établissement, dans le gouvernement de l'œuvre matérielle, nous faisons intervenir l'influence des principes chrétiens de justice, de charité, de mutualité ; si, à nous dévouer à fond, nous faisons estimer et aimer dans le soldat le Chef, dans l'apôtre le Christ, peu à peu, sans que l'on puisse dire quand cela a commencé, ni quelle en a été la mesure quotidenne, nous constaterons que les âmes se sont ouvertes, se sont offertes, se sont attachées, et ne font plus qu'un dans la foi et dans l'amour avec ceux qui leur ont appris à s'assurer la propriété d'un foyer, l'air pur d'un jardin familial et la joie d'un lendemain stable.

« Mais je m'emballe. Assez pour aujourd'hui. Mon Georges, bon courage. Réfléchis encore, regarde autour de toi, choisis, et puis donne-toi à fond, temps et cœur.

« Je t'embrasse fraternellement.

« HENRI. »

Georges MARY.

UN GROUPE RURAL

CLAIRVAL (1)

Clairval est un chef-lieu de canton de 2,500 âmes que rien ne signale à l'attention du voyageur. Assis dans une plaine monotone, il s'occupe de culture et surtout de tissage. De ses petites maisonnettes, groupées autour du clocher, on entend sortir au long du jour, comme le frémissement ou la chanson de la navette. C'est que la majorité des habitants tisse à domicile les articles nouveautés en soie, en laine, en coton qui ne se font bien qu'à la main. Clairval compte 1,200 métiers qu'on appelle « armures ». Le pays ne possède guère que des ouvriers, les patrons habitent à une distance qui varie entre une heure et trois heures de chemin. Ce détail a son importance, comme le montrera la suite de ce récit.

Pour le tisserand, la vie est dure à gagner; le salaire moyen ne dépasse pas 1 fr. 75 par jour, déduction faite des dépenses rendues nécessaires par le métier. En effet tous les instruments du travail sont à la charge de l'ouvrier; il doit fournir pitons, vis, cordes... De plus il faut attendre quelquefois plusieurs jours, que les matières premières soient préparées, les chercher au domicile du

(1) Clairval est un nom de guerre, mais tous les faits rapportés sous ce titre sont d'une exactitude absolue L'Action Populaire mettra volontiers ses correspondants en relations avec Clairval.

patron. En outre, le commerce de nouveautés est capricieux, la mode change souvent, la mise en train d'un article nouveau demande une moyenne de six jours d'essai ou d'apprentissage, quinze jours même, en certaines circonstances, ont été nécessaires. Il faut travailler longtemps pour obtenir ce salaire médiocre ; la journée commence au lever du soleil pour se prolonger souvent jusqu'à 9 heures et 10 heures du soir. Cependant si les tisserands ne sont pas riches, ils ne sont pas non plus réduits à une misère extrême. Chacun d'eux possède sa maison, son jardinet, il a donc ses légumes, s'il le veut, une chèvre, un porc, quelques poules et quelques lapins.

En dehors des tisserands, Clairval possède trois grandes fermes, quelques exploitations de médiocre importance, bon nombre de petits ménagers qui vivent ou vivotent sur leur lopin de terre.

La religion, au moment où ces récits commencent, était faible et elle s'affaiblissait. La majorité estimait M. Combes un peu mou dans sa guerre contre l'Eglise, elle aurait voulu moins d'égards pour ce qui restait de libertés aux catholiques. Depuis 1883, M. Jacques Amiel était maire ; pour trois raisons principales, — M. Amiel père avait ceint l'écharpe municipale. — M. Amiel fils avait hérité de la fonction comme de la grosse fortune personnelle. M. Amiel se disait voltairien, peut-être parce qu'il croyait, par ouï-dire, de l'esprit à ce philosophe, et il espérait en se disant son disciple en acquérir quelque relief. Le parti conservateur était représenté par quelques notabilités, gens honorables qui se consolaient des malheurs publics dans l'espérance que le bien naîtrait un beau matin de l'excès du mal. A ce compte, ils devaient être heureux.

Le socialisme s'implantait à Clairval, il trouvait le pays admirablement disposé à le recevoir, aussi ses progrès furent-ils soudains et prodigieux; tout les favorisait : la gêne des ouvriers accrue par la baisse des salaires et par des chômages de plus en plus fréquents, l'éloignement des patrons, les commissions onéreuses prélevées par les intermédiaires. On dira : N'avait-on point prévu l'invasion du socialisme? N'avait-on point organisé des syndicats professionnels? La réponse est très simple. On n'avait rien prévu, rien organisé, les braves gens attendant toujours que César étranglât la gueuse.

Aussi les socialistes eurent-ils vite fait de créer le parti ouvrier, à la tête duquel ils placèrent un nommé Delsart, faisant métier de tisseur, et tenant boutique de cabaretier. Ils se comptèrent aux élections municipales, auxquelles ils ne présentèrent d'ailleurs que dix candidats, mais les dix furent élus, laissant sur le carreau Amiel, avec onze des siens, en ballottage. Amiel sollicita l'alliance du parti socialiste, au nom du parti radical. L'entente se fit comme d'ordinaire, mais les ouvriers stipulèrent que leur chef serait le premier adjoint de la municipalité.

Clairval n'était pas irréligieux, il était plutôt indifférent. L'église se remplissait les jours de grandes fêtes. Cent soixante hommes, le quart de la population masculine, faisaient leurs pâques. Diverses tentatives pour ramener plus d'âmes à la religion avaient échoué. Le curé, homme charitable et dévoué, versait ses maigres ressources, dans le sein des indigents, qui le payaient d'une médiocre reconnaissance. Il essaya, grâce à une bienfaitrice insigne, d'ouvrir, après le départ des sœurs, une école chrétiennement dirigée. L'école solennellement inaugurée par un vicaire général, offrait des salles spacieuses, mais pas une enfant n'y entra. Le curé découragé offrit sa démission.

Les choses en étaient là, lorsqu'un jeune homme, Jules Derfla, rentré du service militaire depuis peu de temps, apprit qu'un congrès de la Jeunesse Catholique aurait lieu dans les environs.

Il résolut de s'y rendre avec trois de ses camarades. Leur impression fut profonde, la parole de Bazire les électrisa. Quelque temps après, ils écoutaient Marc Sangnier avec le même plaisir et le même profit. Et pourquoi, se disaient-ils, n'aurions-nous pas à Clairval notre groupe de jeunesse? Chose étonnante, ce projet souleva la plus vive opposition chez les meilleurs. Les radicaux et les socialistes ne manquaient pas, on le pense bien, au concert de critiques et de moqueries, quelques-uns cédèrent devant l'orage, mais Jules Derfla et deux ou trois de ses camarades persévéraient, malgré ces premières défections. En somme, elles étaient utiles. Le jeune groupe, moins nombreux, était plus solide. Au commencement de l'année 1902, le premier dimanche, huit étaient réunis, grâce en partie à l'influence et au zèle d'un vicaire, très désireux de susciter une élite dans le petit pays. Le cercle fut constitué, avec président, vice-président, secrétaire, trésorier et placé sous la protection de saint Martin, patron de l'église.

C'est cette poignée, qui en moins de deux ans va transformer la paroisse, conquérir une influence inespérée, rayonnant même au dehors. Comment firent-ils? C'est ce qu'il importe de voir en étudiant de près l'attitude très loyale, très franche et aussi très habile de nos jeunes gens.

Cette attitude peut se résumer en trois mots :

Nos jeunes gens se montrèrent *chrétiens* et affirmèrent leur foi.

Nos jeunes gens se montrèrent *citoyens* et réclamèrent leurs droits.

Nos jeunes gens ouvriers demeuraient *ouvriers* et cherchèrent pour leur profession des conditions meilleures.

Telle fut la triple cause de leurs succès.

Ils se montrèrent chrétiens. Tout d'abord, ils résolurent d'apprendre leur religion ; ils le firent dans une suite de soirées studieuses et silencieuses, puisque le gros public n'était pas initié à leurs travaux. A mesure qu'ils comprenaient mieux leur foi, ils l'aimaient davantage et, comme ils disaient, s'attachaient à la vivre. Ils se réformaient eux-mêmes avant d'aborder d'autres réformes et tous voyaient le progrès d'une piété qui n'était ni timide, ni ostentatrice. Convaincus que sans la prière, ils ne seraient point victorieux de leurs ennemis intérieurs, ils allaient prier dans la maison de la prière, à l'église. Même ceux qui en avaient oublié le chemin, étaient assidus aux offices.

Un jour, ils frappaient à la porte du presbytère et demandaient à M. le Curé de donner un salut à leur intention. Cette prière renouvelée souvent donna lieu à une sorte de fondation, celle du salut de la jeunesse, le troisième dimanche de chaque mois. Ce fut l'occasion d'instituer une chorale. La paroisse venait en foule assister à ce salut, entendre la voix mâle de cette jeunesse, sa parure et son honneur, célébrer les gloires de la foi catholique et les bienfaits de l'Eucharistie.

Un progrès amenait un progrès. Une année, le dimanche de la Passion, premier dimanche du temps pascal, ils demandèrent à se placer dans le chœur, près des enfants du catéchisme de persévérance, pour communier ensemble. Une communion générale fut encore proposée pour la fête de l'Assomption, puis pour la solennité de l'Adoration, enfin pour la fête de Noël. Les plus fervents prirent la coutume de communier tous les mois et cet usage fut reçu par tous. D'ailleurs ce que l'un proposait, les autres l'acceptaient aisément, souvent à l'unanimité. Ainsi fut adoptée la résolution de passer en adoration devant le Saint-Sacrement la nuit du Jeudi au Vendredi-Saint. L'influence du groupe rayonnait sur toute la paroisse. J'en citerai deux exemples à l'appui. Après quelques mois d'une hésitation bien naturelle, M. le Doyen avait donné franchement son adhésion et toute sa sympathie au mouvement nouveau, il ne devait pas les reprendre. Il indiqua pendant la retraite de Pâques, un jour de communion générale pour les hommes. Etait-ce témérité? non point.

Quarante retours, parmi eux, quelques superbes brochets de trente ou quarante ans, consolèrent l'âme du pêcheur. Les deux premiers, qui s'avancèrent vers la table sainte, étaient les deux adjoints, jadis socialistes ardents, mais non pas irréductibles.

On dit qu'un malheur n'arrive jamais seul, un miracle non plus. Déterminés par les affectueuses paroles de leurs camarades, douze conscrits de Clairval firent une retraite fermée avant leur entrée au régiment et comme le bon exemple est contagieux, dix-neuf jeunes gens des paroisses voisines se réunirent à leur groupe.

Seconde cause.

Citoyens de leur pays, nos jeunes gens réclamèrent

intrépidement la liberté du sol natal et leur place au soleil, agissant ainsi au rebours de certains catholiques. Tandis que ceux-ci s'imaginent que la profession de leur foi les astreint à des ménagements infinis, qu'ils ne sont plus que des exilés à l'intérieur, obligés de se tenir à l'écart de toute vie publique et nationale, eux ne manquaient pas de s'afficher. Recevaient-ils des amis du dehors? Au lieu de s'enfermer dans la grande salle de leur cercle, si vaste fut-elle, ils se répandaient à travers la commune, trinquaient avec leurs hôtes, dans les cabarets, heureux de discuter leurs convictions et leur programme, avec les buveurs qu'ils y rencontraient. S'agissait-il d'organiser un congrès, ils choisissaient une salle où se réunissait pour danser la jeunesse du pays. Un vicaire général ne croyait pas que ce fut chose scandaleuse puisque, pour présider la réunion, il s'asseyait sur une estrade que décorait à droite le buste du Souverain Pontife, à gauche le buste du Président de la République, les deux dominés par une statue de Notre-Seigneur, avec cette acclamation : Vive Jésus-Christ! Le soir, après les félicitations de Monseigneur l'Evêque transmises par son vicaire général, après la bénédiction du Très Saint-Sacrement, un feu d'artifice et des illuminations associaient généreusement tout le pays à la fête de ses jeunes catholiques. Ainsi l'union se faisait entre tous, à l'exception de quelques blocards contraints, après quelques tentatives infructueuses et misérables, de digérer leur confusion.

La troisième cause du succès, la plus décisive, fut la résolution que prirent nos jeunes gens de se dire ouvriers de nom comme ils l'étaient de fait et de se rallier au parti ouvrier. Malgré les apparences, ils avaient raison, cette décision était de leur part modeste, fière, hardie peut-être, mais certainement prudente et sage. Tout autre terrain leur était mauvais, sur le terrain politique ils eussent divisé l'opinion, sur le terrain religieux on ne les eût pas suivis, sur le terrain économique ils étaient certains de rencontrer d'ardentes sympathies, des sympathies presque unanimes. On l'a dit, les patrons n'habitaient pas à Clairval, ils n'étaient point connus de leurs ouvriers, ceux-ci se débattaient sans grand espoir d'aboutir contre les difficultés de leur situation toujours plus précaire. Il est vrai qu'une objection, formidable au premier abord, se dressait contre l'attitude que voulaient prendre nos jeunes gens Le parti ouvrier et le parti socialiste ne formaient qu'un seul parti. Adhérer à l'un n'était-ce point adhérer à l'autre? Cette objection fut écartée par une vision nette de la réalité des choses. Que sont, se dirent nos jeunes amis, ces prétendus socialistes que le socialisme a enrôlés sous sa bannière? Sont-ce des communards, des partageux, des hommes qui ne reculeraient ni devant l'incendie, ni devant l'assassinat? Pas le moins du monde. A leurs yeux les socialistes ne sont que des ouvriers, qui plus dévoués, plus intelligents, ou plus audacieux, cherchent la meilleure solution des questions ouvrières... Et donc, concluaient les jeunes gens, dans les soirées consacrées à leurs études et à leurs causeries, à bien prendre les choses, nous sommes les vrais socialistes.

Le vicaire n'y contredisait pas; au contraire, il disait souvent :

— Ces hommes sont moins éloignés de la religion qu'ils ne le pensent; leurs oreilles sont ouvertes et leurs cœurs plus encore aux paroles d'apaisement, de justice et d'amour qui leur viendraient de l'Evangile et de Jésus-Christ.

Ces sentiments ne devaient pas se confiner dans la théorie. Un jour, Jules Derfla, le président du Cercle Saint-Martin, rencontrant le père Delsart, le premier adjoint, lui dit : « Depuis le temps que vous promettez des réformes sociales, les ouvriers restent toujours aussi malheureux. Le parti socialiste a beaucoup parlé, il n'a rien fait. »

Le père Delsart ne fut pas trop surpris de cette ouverture ; son fils, Jules, faisait partie du Cercle d'Etudes, et ses camarades, après leurs séances, s'étaient quelquefois arrêtés à son cabaret. Il répondit donc sans témoigner aucun mécontentement : « Nous sommes seuls, aucun bourgeois, aucun patron ne vient avec nous. — Mais, reprit Jules Derfla, pourquoi compter sur les autres et ne pas compter sur nous. Nos affaires ne seront vraiment faites que lorsque nous les ferons nous-mêmes. — Je ne dis pas, répondait encore le premier adjoint, je ne dis pas, mais comment faire, l'instruction nous manque. — Elle s'acquiert, l'instruction, insista encore le jeune président. Nous n'étions pas savants lorsque nous sommes entrés au Cercle, nous nous sommes mis courageusement à l'étude, entre camarades, l'un aidant l'autre, on apprend vite ; nous sommes maintenant au courant de la question de la mutualité, de celle des syndicats, bientôt nous mettrons sur le métier celle des coopératives. Pourquoi ne faites-vous pas ce que nous faisons ? Si, comme vous le dites, le parti ouvrier est organisé à Clairval depuis plusieurs années, comment n'a-t-il pas encore fondé une caisse de secours mutuels ? Pour notre part, nous sommes tout disposés à vous aider. Travaillons de concert ; ce sera un premier pas, après nous ferons autre chose. — Moi, je voudrais bien, mais la chose ne dépend pas de moi, elle dépend du Comité. — Réunissez le Comité. Nous sommes aujourd'hui dimanche, convoquez-le pour mercredi. Si vous le voulez, j'irai moi-même porter les convocations. — Nous aurons la réunion, mais que dirai-je à cette réunion ? Je ne suis pas un conférencier. — Qu'à cela ne tienne, je prendrai votre place, vous saurez toujours assez bien parler pour me donner la parole. »

Ainsi fut fait. Jules Derfla et le vice-président du cercle portèrent les convocations. Tous furent exacts au rendez-vous et le mercredi soir, Jules Derfla commença sa harangue. Elle fut remarquable par beaucoup de clarté, par beaucoup de chaleur, en outre, par le mépris absolu des règles de la grammaire. L'auditoire n'en fut pas choqué, il réclama seulement une grande discrétion, afin que le projet des ouvriers ne fut pas entravé par le maire et ses acolytes. Le lendemain et le surlendemain, on se réunit au Cercle d'Etudes où seuls étaient admis les membres du bureau du Cercle et les membres du Comité socialiste, les deux jours, les deux soirs plutôt, la discussion se prolongea jusqu'à minuit. Une commission fut élue, les deux adjoints étaient président et vice-président, Derfla secrétaire, les conseillers choisis dans le Cercle d'Etudes. Les statuts revinrent après une attente de deux mois avec l'approbation et la signature de M. Combes, qui scellait ainsi l'union entre les catholiques et les ouvriers de Clairval.

Fureur du maire. « Ainsi donc, disait-il à ses adjoints, vous vous unissez à la calotte, vous rompez le faisceau des forces républicaines. — Monsieur le Maire, lui répondirent les adjoints, vous demandez vos conseils à qui vous semble bon, généralement aux fonctionnaires, vous

vous moquez de nous, eh bien ! notre tour est venu, et nous irons où nous voulons aller. »

A partir de ce moment les choses changèrent de face à Clairval. Les libres-penseurs, les sectaires, les orateurs de cabaret, les politiciens perdirent tout prestige ; l'opinion publique fut complètement retournée. On le vit bien en 1902, au moment des élections législatives. Trois candidats sollicitaient les suffrages : un blocard, un collectiviste, un anti-ministériel. Leurs titres furent sérieusement examinés et discutés. A quoi bon recourir aux socialistes ? disait-on, ces gens font toutes les promesses pour n'en tenir aucune. D'autre part, le gouvernement et son bloc sont trop occupés de leur guerre religieuse pour songer aux réformes ouvrières. Reste le candidat anti-ministériel, son programme est le nôtre ; nous voterons pour lui. La veille du scrutin l'adjoint Delsart et Derfla, le président du Cercle, portèrent le mot d'ordre à leurs amis. Le résultat dépassa certainement leur attente. Le blocard obtint 98 suffrages, le collectiviste, 12, l'anti-ministériel 512. Détail à remarquer : ce candidat collectiviste était le même qui, aux précédentes élections, avait obtenu 495 voix.

Les femmes à leur tour et à leur rang, sont entrées dans le mouvement. Une femme chrétienne convaincue que l'ignorance est la première cause de beaucoup de souffrances réunit chez elle une élite de jeunes filles. On y apprend la religion et les premiers éléments des questions sociales. L'exemple de Clairval a été imité par le voisinage. Dans plusieurs communes les suppôts de la loge ont été battus par l'alliance des catholiques et des socialistes.

Nos jeunes gens prétendent bien n'en pas rester à ces premiers résultats. Ils étudient, au moment où ces récits se terminent, la fondation d'un syndicat qui s'étendrait sur quarante communes. Les difficultés sont grandes, les articles de tissage sont très diversifiés et par conséquent les conditions du travail très différentes. Enfin, il faut bien le constater, la sagesse de nos amis, les preuves éclatantes qu'ils ont données de leur attachement à la foi catholique, n'ont pas encore triomphé de toutes les objections. Et cependant que faudrait-il pour ouvrir les yeux?

Voici une paroisse où la grande majorité s'éloignait insensiblement de la religion ; elle devenait indifférente et même hostile. On trouvait M. Combes trop modéré dans sa lutte contre la réaction cléricale. La piété et le dévouement du clergé restaient sans influence sur la masse de la population. Tout au plus le curé pouvait-il cultiver une élite, l'accroître quelquefois d'une unité et conserver encore à l'Église par ses aumônes le prestige de la charité. Ces aumônes allaient aux plus pauvres et ne prévenaient pas la misère générale.

Et voici que quelques jeunes gens, d'une condition très médiocre, sans fortune, sans instruction, se réunissent et en quelques mois, par l'étude, par la piété, par leur bonne humeur, par la franchise de leur attitude, par l'intérêt vrai, sincère à la classe ouvrière, à laquelle tous appartiennent et dont ils ne veulent point sortir, leur petit pays se transforme. Beaucoup reviennent à la pratique de la religion, les ennemis de l'Eglise sont réduits au silence, les sectaires sont balayés par la colère et le mépris du suffrage universel, les ouvriers s'occupent de leurs affaires, ils le font avec modération, avec prudence, avec succès, en respectant tous les droits.

Pourquoi ne pas faire ailleurs ce qui s'est fait à Clairval ? L'exemple est bon et l'essai au moins est à tenter.

René LEMAIRE.

Formation et Action sociales

de la Jeunesse dans une moyenne ville de province

A ÉPERNAY

Le milieu.

Etre catholique uniquement *pour soi,* ce n'est pas être catholique, puisque c'est manquer au précepte fondamental du catholicisme, qui est : aimer Dieu, donc vouloir « le bien » de Dieu, sa gloire et sa justice, son règne sur la terre dans les hommes et dans les sociétés. Le catholicisme *rayonnant en action sociale* est donc, non sans doute tout l'accomplissement pratique du grand précepte, mais une partie capitale de son accomplissement. L'action sociale — toute l'histoire du christianisme en déborde — doit donc apparaître à notre génération actuelle, non comme une nouveauté, ni comme une mode, ni comme une pratique surérogatoire de zèle devant laquelle on puisse rester indifférent, mais comme une obligation absolue, qui ne doit pas connaître d'autres limites que celles de nos facultés personnelles ou locales. — Tel est le raisonnement très simple, dont a procédé à Epernay toute l'action sociale que nous allons raconter.

Si on ne faisait rien à Epernay, où ferait-on quelque chose ?

Ceci n'est pas une vanité de clocher, c'est exactement tout le contraire. En effet :

Epernay a 20,000 habitants, c'est-à-dire ni trop ni trop peu, — assez pour qu'on y trouve des ressources matérielles et morales, pas assez pour que les efforts y soient noyés.

Il y a des pauvres à Epernay, sans doute, et encore trop. Cependant Epernay ignore ces masses effroyables de misères, qui pèsent en certaines villes parfois sur toute une partie de la population ouvrière. Les industries et les commerces de la ville assurent, *dans l'ensemble*, aux travailleurs Sparnaciens des salaires réguliers et moyens, par suite une existence matérielle qui, pour très modeste qu'elle soit — et nous voudrons de tous nos efforts la rendre meilleure — suffit pour la majorité aux exigences minima de la vie morale.

Au point de vue religieux et social, Epernay subit, bien entendu, une propagande permanente du radicalisme anticlérical et du collectivisme : toute la région en est trop profondément atteinte pour que notre ville y échappe. Mais cette propagande n'a jamais pu triompher complètement de traditions religieuses et libérales, qui se sont toujours employées énergiquement à la tenir en échec.

Epernay enfin compte beaucoup de familles riches, dont quelques-unes ont une générosité très large et très éclairée. Et si, parmi les catholiques, toutes les couleurs politiques et sociales trouvent leurs représentants, il n'existe entr'eux ni les coteries religieuses, ni la division profonde et l'esprit de parti militant qui souvent en d'autres lieux affaiblissent les efforts sous les méfiances et les dénigrements.

— Enfin votre Epernay est le pays de Cocagne de l'action sociale ?

— Non, c'est simplement une ville où nous devons nous excuser de n'avoir pas encore fait plus que les modestes entreprises qui vont être sommairement décrites.

Avertissement qui n'est peut-être pas inutile : nous n'entendons donner de leçons à personne, nous ne proposons point un modèle, nous traçons un portrait, sans plus ; et si nous n'atténuons rien des traits particuliers où l'on voit s'accuser nos préférences en fait de méthodes et d'idées sociales, c'est uniquement parce qu'il faut que le portrait soit véridique et ressemblant.

Les débuts.

A l'heure où nous écrivons ceci, le centre d'action sociale dont nous faisons la monographie est, sous le nom de *Cercle d'Instruction populaire*, un Groupe du *Sillon* : au centre, un *Cercle d'Etudes* pour la formation individuelle de nos jeunes camarades ; pour le rayonnement, des séries de conférences publiques, qui pendant une saison de six à sept mois de chaque année font de notre C. I. P. l'*Institut populaire* propagateur et agitateur d'idées ; en annexe pratique, une *Caisse de Crédit*, qui a un mouvement d'affaires très actif, aide à l'établissement de *Jardins ouvriers*, bâtit des *Maisons ouvrières*, fait de nombreux petits prêts de production ou de consommation ; — le tout logé en un immeuble commode, en plein centre de la ville.

N'allez point croire maintenant que tout cela naquit un jour tout d'un coup sous la baguette magique d'un professionnel de fondations, telle Minerve sortant tout armée du cerveau de Jupiter. On a dit — et ce n'est peut-être pas une méchanceté — que sous les plus brillants épanouissements de la politique on trouvait presque toujours de sales histoires : on pourrait dire qu'il y a dans le passé de toute action sociale, sinon des histoires qui d'ailleurs n'auraient rien de sale, à tout le moins une histoire, dont les péripéties sont généralement instructives. C'est parce que je crois que notre passé est tel, suggestif en tous cas pour les hommes d'œuvres, que nous y devons faire une petite incursion.

Il faut remonter à l'hiver de 1899 pour trouver l'embryon de notre C. I. P. — A cette époque M. l'abbé Courjan, aujourd'hui directeur au Grand Séminaire de Châlons, nous demanda de faire à un groupe d'hommes et de jeunes gens, dans une modeste salle du vicariat, une série de conférences sur le *Rôle social de l'Eglise.* Le petit auditoire auquel elles s'adressaient y fit un accueil bienveillant et intelligent, et comme par ailleurs elles nous demandaient un certain travail, nous nous dîmes : « Pourquoi ne pas faire profiter de ce travail un public plus nombreux ? Si notre société contemporaine est aussi malade, c'est parce que l'ignorance et l'indifférence sur les plus graves questions religieuses et sociales y sont générales dans toutes les classes. Pour y remédier, c'est toute une réforme intellectuelle et morale à opérer fondamentalement dans les esprits : mettons-nous donc au travail. » C'était l'idée que nous développions dans la déclaration-programme qui annonçait au public la fondation de notre Cercle d'Instruction populaire, et dont on pourrait résumer tout le contenu en cette formule : refaire des hommes de jugement et des hommes d'action pour refaire la société, — sur la base du christianisme et par la collaboration fraternelle de tous.

Or ceci se passait en 1901, juste au moment où *le Sillon*, que nous ne connaissions jusque-là que vaguement et plutôt par son côté littéraire, commençait lui aussi à extérioriser son action par la fondation des Instituts populaires. Nous nous étions rencontrés d'une façon étonnante, — à ce point que, sans que nous l'ayons fait à dessein, notre affiche d'ouverture ressemblait paragraphe par paragraphe à l'affiche de l'Institut Populaire du Ve arrondissement (le premier I. P. du *Sillon*). C'est ce qui décida Marc Sangnier à venir avec Louis Meyer, au mois de novembre 1901, inaugurer le premier domicile personnel de notre C. I. P.

Ce domicile était l'ancien Cercle « chic » d'Epernay, abandonné par ses membres parce qu'ils le trouvaient trop malpropre et trop cher, un premier étage d'une grande maison située près de la gare, et dont le rez-de-chaussée était occupé par un café paisible. Nous ne voyions pas d'autre salle convenable dans la ville, et le propriétaire avait bien voulu nous consentir un petit bail à un prix exorbitant.

La première saison, tout alla bien. A la seconde, tout se gâta. Le café paisible du dessous était devenu très turbulent. Nous avions beau faire valoir notre incontestable droit au calme, conformément à notre bail ; le propriétaire, que la recette seule intéressait, se montrait plein d'indulgence pour les agissements, rien moins que « bourgeois », de notre colocataire. Bref, un petit clan d'anticléricaux aidant, — nous n'étions pourtant pas bien terribles à cette époque-là, — nous nous trouvâmes un beau jour en plein « beuglant ». La situation n'était pas tenable, d'autant que — un comble ! — la tenancière de l'établissement nous reprochait de lui faire une concurrence déloyale ! Avouez que fonder un Institut Populaire pour se faire accuser de détournement de clientèle par une caissière de café-concert, c'est tout de même un peu fort : ce fut pourtant tel que je le raconte...

La tempête finale éclata le mercredi 14 janvier 1903 : le matin, scène effroyable avec la susdite dame : cris, injures et menaces ; je rentre déjeuner, rêvant vitriol. Le dénouement eut lieu le soir même, moins corrosif, mais plus bruyant. Notre camarade André Colin, vice-président du C. I. P., faisait une conférence sur les Congrégations religieuses. Cependant qu'avec une fine psychologie il réfute la thèse spécieuse qui voit dans les vœux monastiques un amoindrissement de la personnalité humaine, tout à coup au-dessus, au-dessous, à côté même éclate un accompagnement qui n'est rien moins que de circonstance : chants, rires et applaudissements, *la Marseillaise* et *l'Internationale*, sonorités de seaux de toilette et grondements sourds de meubles qu'on roule au-dessus de nos têtes... Plutôt mal que bien, André Colin achève sa conférence, et le président lève la séance en annonçant que dorénavant les réunions du C. I. P. ne se tiendront plus « ici », mais... « ailleurs » !

Ailleurs ! Mais où ? Une société de la ville voulut bien

nous offrir un abri provisoire. L'hospitalité était aimable, mais elle n'était pas commode pour notre C. I. P. : difficulté d'accès dans une voie nouvelle, que la moindre pluie transformait en marécage ; inconvénients de l'usage commun avec d'autres sociétés ; humidité telle des plâtres tout frais faits, que nous dûmes enlever au bout de huit jours notre bibliothèque et nos papiers qui moisissaient... Les quatre mois que nous passâmes là mirent à l'épreuve la fidélité de nos auditeurs, et il faut bien avouer que les rangs s'éclaircirent un peu. Il était urgent de trouver une installation qui répondît vraiment aux besoins de notre œuvre et pût être définitive : autrement nous risquions de voir notre effort s'épuiser dans l'isolement. Comme consolation intérimaire, nous avions intenté à notre ex-propriétaire un procès en résiliation pour trouble à notre jouissance : un procès, c'est un ennui, ce n'est pas un domicile...

Nous rions aujourd'hui, lorsque nous rappelons entre nous ces souvenirs ; mais à ce moment nous aurions eu plutôt envie de pleurer, à voir nos ardeurs de jeunes catholiques paralysées, tous nos desseins d'action et de rayonnement entravés ainsi par toutes sortes de bêtes incidents matériels. La Providence ne voudrait-elle point nous tirer de là ?

Des amis généreux avaient aidé nos débuts ; aux malices qui voulaient nous étouffer, ils répondirent par une générosité plus grande. Nous avions avisé, sur une place bien centrale de la ville, une maison à louer, qui n'aurait pu telle quelle nous recevoir, mais qui pouvait une fois transformée faire un Institut Populaire parfait. La dépense fut donc couverte par les souscriptions d'amis fortunés, avec une bonté toute chrétienne, affectueuse, qui au moins autant que l'argent nous fut en aide. Au mois d'octobre 1903, le C. I. P. d'Epernay, né rue du Collège, ayant débuté à la vie publique rue Gambetta, emmené en exil rue Tarlier, entrait dans la Terre Promise de la place des Archers. C'est là qu'il a déjà fourni, à l'heure où nous écrivons ceci, trois nouvelles années d'études, trois saisons de conférences, et développé toute une vie sociale. dont il nous reste à dessiner la physionomie actuelle (1). Les épreuves ne nous avaient pas été inutiles : notre action avait pu être entravée, parfois ralentie ; pas un instant elle n'avait été interrompue. Notre président, un peu malmené par tous ces ennuis, avait été quinze mois malade et absent d'Epernay ; pendant ce temps le C. I. P. avait continué droit son chemin, et cette circonstance, banale en elle-même, avait eu cet intérêt de faire encore mieux voir aux yeux de tous, que le Cercle était bien, non pas l'œuvre d'un homme, mais l'œuvre commune qui répondait aux aspirations de tout un groupe de jeunes catholiques. Ce pouvait être encore, par bien des côtés, la « nébuleuse », comme disait récemment Marc Sangnier en rappelant les premiers Congrès du *Sillon*, mais cette « nébuleuse » d'actions et d'efforts contenait tout le genre de notre développement futur.

(1) « Physionomie actuelle », disons-nous. Tout, en effet, jusqu'aux moindres détails, dans cette organisme assez complet et assez vivant, que constitue actuellement notre C. I. P., s'est fait et s'est perfectionné par étapes. On trouvera de ci de là, dans notre description, seulement la trace de quelques-unes de ces étapes, de quelques-unes de nos expériences. Ceux donc qui voudraient juger la valeur de l'instrument avec lequel nous travaillons ne devront pas perdre de vue que cet instrument fut longtemps très rudimentaire, qu'il n'a atteint qu'à la longue et depuis peu son fonctionnement plus satisfaisant d'aujourd'hui. Et nous, de notre côté, nous ne regardons nullement notre œuvre d'un œil « conservateur », nous concevons très bien que de nouveaux progrès laisseront sans doute loin derrière eux ce qui après tout ne représente que les capacités actuelles de notre effort.

Les Conférences. — L'organisation.

Par le petit historique qui précède, on a pu voir que nous avons débuté dans l'action sociale en faisant œuvre de rayonnement par des conférences. Habituellement ce n'est pas ainsi qu'on procède : on constitue d'abord fortement un petit Cercle d'Etudes qui est le foyer du mouvement, on rayonne ensuite par les conférences de l'Institut populaire. Au lieu de suivre cette méthode, qui est reconnue aujourd'hui comme la plus rationnelle et la meilleure, nous avons, par le fait des circonstances, fait exactement le contraire : cela s'appelle vulgairement mettre la charrue devant les bœufs. Nous en avons été quittes pour constater, à l'expérience, qu'il vaut décidément mieux mettre les bœufs devant pour tirer la charrue, — surtout quand il s'agit de creuser un sillon ; et nous avons donc maintenant au centre de notre action un petit Cercle d'Etudes, dont le travail religieux et social constitue le solide point d'appui de la propagande d'idées faite par les conférences.

A la vérité d'ailleurs, notre C. I. P. a débuté avec un caractère mixte, qui tenait à la fois du Cercle d'Études et de l'Institut Populaire : il est inutile de retracer en détail cette organisation aujourd'hui abandonnée (qu'on peut retrouver dans notre premier règlement) ; disons seulement que, en admettant à nos petites réunions du lundi le même public qu'aux conférences du mercredi, nous nous étions complètement trompés, puisque d'une part nous faisions un double emploi évident, et d'autre part nous rendions impossible, dans un milieu aussi peu homogène, une formation personnelle sérieuse des jeunes.

C'est donc moins l'ordre logique que l'ordre historique que nous suivons en parlant d'abord de nos conférences.

Notre saison de conférences dure six mois pleins, du commencement de novembre à la fin d'avril, avec deux ou trois conférences par mois, au total une moyenne de quinze conférences pour la saison. Les premières années, nous fîmes sept mois (jusqu'à fin mai), en nous astreignant à donner une conférence par semaine : c'était beaucoup trop. Nous avons reconnu que le mois de mai, avec ses longs jours, où beaucoup d'ouvriers commencent le travail de bon matin et veulent se coucher tôt, devait être à peu près abandonné, et que par ailleurs il valait mieux un moindre nombre de conférences, mais s'efforcer qu'elles aient, par les sujets choisis, la plus grande portée religieuse et sociale possible, — s'efforcer aussi d'en soigner la publicité pour en augmenter le retentissement.

Depuis deux ans, toutes les conférences sont publiques; toutes celles dont le sujet le comporte sont contradictoires; amis et adversaires sont maintenant habitués à observer le calme dans les discussions. Les membres du C. I. P. entrent sur la présentation de leur carte; ceux qui ne sont pas membres ou n'ont pas une carte d'invitation payent leur entrée : 25 centimes.

A chaque conférence un certain nombre d'invitations gratuites est lancé, à titre de propagande. Ces invitations ne sont point faites sur des listes de noms triés, mais tout simplement sur la liste électorale, afin précisément qu'elles aillent un peu partout. Cette propagande, qui ressemble un peu à celle du commerçant qui lance des prospectus au hasard, comporte un « déchet » énorme, puisque nos cartes vont aussi bien, sans que nous le sachions, chez les vieux paralytiques que chez les jeunes ouvriers pleins d'ardeur, aussi bien aux socialistes et anticléricaux de bonne foi qu'aux énergumènes et aux vieux francs-maçons abrutis inaccessibles à toute discussion. Mais, malgré toutes ces pertes, cette propagande s'est montrée très utile et efficace, et nous lui devons la révélation de beaucoup de sympathies et de beaucoup d'intérêts, qui sans cela seraient peut-être restés à jamais endormis ou inconnus.

Les conférences sont aussi annoncées par une affiche ; dans une ville comme Epernay, 40 affiches de format 12 centimes suffisent. Toutes les fois que cela est utile, le titre de la conférence est accompagné d'une petite explication, de quelques lignes suggestives, qui font connaître les principales de nos idées et leur enchaînement.

L'auditoire, à chaque conférence, qui les premières années oscillait aux environs de la centaine, atteint de 200 à 400 hommes et jeunes gens, en très grande majorité ouvriers et employés : les « bourgeois » viennent très peu au C. I. P., bien qu'ils soient pour la plupart fort ignorants des questions qui y sont traitées, — ceci dit sauf quelques très honorables exceptions, qui se comportent avec nous en véritables « amis », d'une fidélité constante.

Nous n'admettons pas les dames ; mais nous leur donnons de temps en temps des conférences spéciales ; peut-être un jour se formera-t-il à Epernay un groupe féminin du *Sillon* ? En tous cas beaucoup de dames connaissent maintenant très bien notre esprit et notre action : le P. Etienne et M. l'abbé Lamy se sont chargés de les leur faire connaître, au cours de cette dernière saison, dans une série de réunions qui ont été très suivies.

Les Enseignements.

Mais si l'organisation matérielle a son importance, combien importent plus, dans des campagnes de conférences, la méthode, les enseignements, l'orientation.

Si les sujets littéraires, géographiques, scientifiques, ont leur utilité dans un Institut Populaire, soit par leur contribution sainement instructive, soit par leur caractère attractif, il ne faut pas oublier que le but que nous nous sommes donné, qui est notre raison d'être originale, est une véritable mission *d'éducation sociale.* C'est donc aux sujets de haute portée religieuse et sociale que nous faisons la plus grande place dans nos programmes. Et comme la première condition d'une action éducatrice est qu'elle soit conduite avec ordre et avec suite, nous nous sommes toujours attachés à traiter ces sujets, non au hasard, mais selon un enchaînement logique. Pendant nos premières saisons même, toute la série était annoncée sous un seul titre générique. C'était un tort ; car il importe, quand on entreprend une propagande d'idées, de lui donner son plus fort rendement en éveillant suffisamment l'attention du public par des titres précis et spéciaux. Donc, maintenant, si nous voulons, par exemple, étudier les différentes institutions ou initiatives susceptibles d'améliorer le bien-être matériel de l'ouvrier, nous annoncerons successivement : *Le Crédit ouvrier*, *Retraites ouvrières*, *Syndicats ouvriers*, *Habitations ouvrières*, *Jardins*, *Repos hebdomadaire*, etc. — Une autre série vise à dissiper les préjugés de l'irréligion et de l'anticléricalisme : *Comment raisonne un catholique*, *com-*

ment raisonne un libre-penseur ? — Les mystères du catholicisme, les mystères de la libre-pensée. — L'origine de l'Idée de Dieu. — Religion et prêtres. — L'Eglise et la démocratie. — Une autre série encore étudiera *les Orientations sociales de l'avenir* sous les divers numéros : *L'évolution des doctrines socialistes, Le Sillon est-il du « socialisme chrétien » ? Salariat et coopération*, etc.

Voilà pour la méthode.

Mais ce serait peu de chose qu'une éducation sociale soit méthodique si elle n'était orientée. Qu'est-ce à dire ? Oh ! simplement ceci, qu'il nous paraît tout à fait déroutant, pour un auditoire populaire surtout, de lui vanter, par exemple, dans une conférence les beautés du libéralisme ou les bienfaits de la sollicitude paternaliste, et huit jours après de réclamer devant lui la protection légale des travailleurs ou l'indépendance économique des ouvriers. L'éclectisme en matière sociale ne vaut guère mieux que la neutralité en matière religieuse. Qu'on nous entende bien : nous ne voulons point dire que nous attachons la même valeur absolue aux exigences impérieuses de la vérité religieuse et aux préférences que nous pouvons avoir, par raison ou par tempérament, pour telles doctrines sociales. Ce que nous voulons simplement dire, parce que cela nous semble théoriquement et pratiquement incontestable, c'est que tout enseignement populaire qui vise, non pas seulement à distraire, ni même à instruire, mais à faire une éducation sociale, doit de toute nécessité se fixer dans une orientation de doctrines déterminée.

Notre Groupe du C. I. P. d'Epernay est, nous l'avons indiqué dès le début, un groupe du *Sillon* ; c'est assez dire de quel esprit il est ; nous n'avons pas à faire ici l'exposé des idées du *Sillon*, et nous nous contenterons de rappeler, en nous l'appliquant, la meilleure définition qui ait été donnée du puissant mouvement de jeunes dont Marc Sangnier est le chef : l'effort d'une génération pour faire la véritable démocratie française, avec l'aide des forces sociales du catholicisme.

Notre action à Epernay ne saurait être mieux définie.

Ajoutons seulement, pour ne pas fausser l'histoire et la physionomie de notre C. I. P., que cette orientation ne s'est précisée que progressivement, selon un développement qui fut à peu près parallèle à celui du *Sillon* central. On sait que *le Sillon*, depuis les débuts de ce qu'on pourrait appeler sa vie publique, a été se développant comme un germe vivant, grandissant en forces et en idées, et que, au fur et à mesure que se faisait cette croissance, les Cercles groupés autour de lui prenaient le parti soit de se séparer pour ne plus conserver avec *le Sillon* que des relations amicales, soit au contraire de s'en rapprocher dans une intimité de vues et d'action chaque jour plus complète : c'est en ce dernier sens que notre tempérament a incliné la marche en avant du C. I. P. d'Epernay, et l'activité croissante de nos camarades témoigne clairement que c'est bien là notre voie.

Cercle d'Etudes.

La vie sociale et religieuse qui rayonne par les conférences du C. I. P. s'élabore et s'alimente surtout au Cercle d'Etudes. De ces deux cercles, l'un plus large et l'autre plus petit, le même idéal est le centre, le même idéal qu'on veut faire vivre et dont on vit. Mais comme le milieu restreint et choisi du petit groupe d'études permet une assimilation plus intense et concentrée de cette vie, c'est là qu'on en voit aussi des effets plus profonds.

Si l'on veut analyser les transformations d'âmes que nous devons au *Sillon*, on y trouve un double phénomène :

A des jeunes gens qui s'engourdissent dans une religion routinière et passive, il faut un stimulant. Leur sera-t-il donné par les « occupations » classiques qui constituèrent longtemps tout l'arsenal des œuvres de jeunesse ? Répondons hardiment : non. Les récréations théâtrales, musicales, sportives, etc., peuvent avoir une certaine utilité réclamière et budgétaire, une certaine utilité aussi à la campagne pour prendre contact, à la ville pour occuper ceux qu'il faut... « occuper » ; on voit des directeurs, des camarades dépenser pour en tirer quelque parti moral une somme d'ingéniosité, d'efforts et de temps, qui serait digne d'un meilleur sort, mais qui ne saurait faire illusion sur la pauvreté des résultats obtenus. La valeur fondamentale de ces récréations est toute négative, quand elle n'est pas pernicieuse ; elles gaspillent dans la vanité et dans l'insignifiance intellectuelle plus de loisirs et plus d'énergies qu'elles n'en enlèvent à l'inconduite ; elles peuvent se concilier facilement, chez beaucoup de jeunes gens, avec une complète insuffisance morale et religieuse, le vrai esprit chrétien de sacrifice étant trop souvent, sauf exception pour quelques réels dévouements, tout à fait étranger à l'empressement avec lequel on accepte de se faire entendre ou de s'exhiber dans les rôles les plus avantageux. On ne tire finalement rien de sérieux de ceux qu'on ne prend ou qu'on ne garde que « pour l'amour de l'art », et on annihile ou on néglige pendant ce temps ceux qui sont capables de travailler « pour l'amour de Dieu ». C'est parce que ces tristes constatations ont été faites maintenant trop souvent et d'une façon trop certaine, que l'on tend de plus en plus à réduire aujourd'hui au minimum l'emploi de ces procédés *préservateurs*, dont il faudrait proclamer la « faillite », pour adopter les méthodes qu'on pourrait appeler *apostoliques,* avec tout ce qu'elles comportent de sérieuse formation religieuse, intellectuelle et sociale. Quand, en effet, on a fait comprendre à de jeunes hommes l'intérêt des grands et douloureux problèmes présents, quand on leur a fait sentir les beautés et les joies de l'apostolat, quand les *bonnes passions* ont pris dans leurs âmes la place des mauvaises, la conciliation lamentable entre un extérieur frotté de religion et un intérieur vide d'action n'est plus possible : on a des catholiques vivant leur catholicisme, et non plus de ces faux vivants aux âmes inertes, de ces jeunes pharisiens, qui se croient « l'élite » parce qu'ils vont à la messe, fréquentent un peu les sacrements, « faisant leur salut » au meilleur marché possible et en quelque sorte *au rabais*.

De cette nouvelle orientation apostolique des jeunes, il existe déjà de nombreux exemples variés et intéressants. Les groupes de « Bonne Presse » en sont un, que je me reprocherais de ne pas signaler (1). Nos Cercles d'Etudes

(1) Voir la brochure *Histoire d'une résurrection*, par un MISSIONNAIRE APOSTOLIQUE, publiée par la *Maison de la Bonne Presse*. — La « résurrection » en question est celle d'un patronage, dont le directeur s'effraie d'avoir perdu ses « trois meilleurs acteurs », qui jouaient avec tant de « verve » et tant de « finesse » ! — mais répare cette perte avantageusement en faisant des « apôtres ». Que les

du *Sillon* en sont un autre. A la vie religieuse il faut un stimulant, disions-nous. Un magnifique idéal démocratique, la passion de réaliser le maximum de justice ici-bas pour avoir droit de jouir de la justice dans l'autre vie, les difficultés et les joies des conquêtes qu'on entreprendra pour faire passer dans la pratique sociale, et non plus seulement dans la pratique individuelle, le plus possible de christianisme appliqué, par suite la nécessité, en vue d'une telle tâche, de vivre intégralement le catholicisme, voilà l'action sociale excitante : mais alors une action religieuse corrélative répond tout de suite à celle-là; plus ces jeunes âmes se rapprochent de ce Dieu dont elles sentent davantage le besoin, plus elles trouvent dans cette intimité des forces qui les poussent au sacrifice, au dévouement, au don de soi. Et c'est ainsi qu'on voit, par ce jeu d'influences réciproques, monter à un niveau de vie chrétienne et sociale chaque jour plus grand la jeunesse d'un Cercle d'Etudes.

Du moins est-ce là ce que nous observons déjà nettement à Epernay; je dis à Epernay, non pas que je ne sache que je pourrais généraliser sans crainte, et même trouver ailleurs des exemples *très supérieurs,* mais parce qu'il s'agit ici d'apporter moins des théories que des faits personnellement constatés : je tiens donc à spécifier que les lignes, par lesquelles nous venons de présenter une courte analyse psychologique de nos jeunes camarades du Cercle d'Etudes, ne sont que la traduction, en langage de livre — ou à peu près, — de confidences touchantes; et

drames ou les comédies soient un peu plus ou un peu moins médiocrement jouées dans son patronage, cela n'aura pas d'importance : ce qui en aura, c'est que son œuvre, « imprégnée d'esprit apostolique » et d' « esprit surnaturel » soit devenue un « *foyer* de vie chrétienne qui *rayonne* sur la cité. »

si je ne les ai point reproduites ici textuellement, c'est dans la seule crainte de les voir en quelque sorte profaner par le sourire de gens graves, peu familiarisés avec un style, où l'enthousiasme s'accompagne parfois d'une naïve gaucherie.

« Voilà bien, dira-t-on, l'appréciation satisfaite d'un optimiste incorrigible : que d'illusions vous vous faites et sur les choses et sur les hommes, sur vous-même et sur vos camarades en particulier ! »

— Nous n'avons aucune espèce d'illusions; nous ne sommes pas assez fats pour exagérer aux proportions d'une révolution le peu de bien conquis en quelques âmes sur les puissances du mal, et nous ne sommes pas tellement novices que nous ne connaissions, par l'expérience du passé, la possibilité de grosses déceptions dans l'avenir : enthousiasmes qui tombent, lassitudes et découragements, ardeurs subitement effondrées, nous avons vu tout cela, nous en verrons encore ! Mais force nous est bien d'affirmer, puisque nous en sommes témoins, que la méthode de vie religieuse et sociale, dont nous venons de dire l'application à notre C. I. P., et spécialement au Cercle d'Etudes, est tout de même capable, si nous le voulons énergiquement, de renouveler cette jeune génération; force nous est bien de constater que ces ouvriers et ces employés, dont nous voyons grandir ainsi peu à peu les capacités chrétiennes de travail et de sacrifice, justifient tout de même des espérances plus consolantes que les prédictions découragées des pessimistes : et où donc faudrait-il écrire notre témoignage, si ce n'est en ce livre qui, pour *faire faire*, raconte aux indécis les satisfactions de *faire* ?

Quant à la technique même d'un Cercle d'Etudes, il

faut en dire peu de chose, car aucune, je crois, ne doit être considérée comme exemplaire, rien ne doit être plus souple et plus variable.

Nous ne pratiquons pas ici la méthode presque classique du rapport fait à tour de rôle par chaque camarade sur une question déterminée ; le rapporteur est obligé en effet de se donner beaucoup de mal pour arriver à faire un travail souvent très médiocre et peu intéressant. Mieux vaut, à notre avis, poser la question soit par une conférence, soit par un article de revue ; et les généralités du sujet une fois établies ainsi, plus vite et plus sûrement qu'elles ne l'auraient été par le résumé ou la compilation d'un camarade peu compétent, on peut tout de suite ouvrir la discussion sur les points qui y prêtent. Cette discussion aura d'ailleurs son premier aliment dans les notes ou travaux écrits que les membres du Cercle d'Etudes, au moins un bon nombre d'entre eux, auront remis au président...

Des exemples feront mieux comprendre comment nous travaillons.

Une question religieuse comme l'*Existence de Dieu*, une question sociale comme le *Repos hebdomadaire*, sont de celles qui viennent un jour ou l'autre au programme de tout cercle d'études. Chez nous donc, au lieu qu'un camarade soit chargé de faire sur ce sujet un « rapport », autrement dit une sorte de petite conférence qu'il taillerait surtout à coups de ciseaux et qui n'aurait de personnel que les apparences, nous préférons entendre le sujet traité à fond par un véritable conférencier, plus ou moins spécialiste. (Là où il n'y a pas les conférences d'un Institut Populaire, la lecture bien faite et commentée d'un bon article de revue ou d'un bon chapitre de livre en tiendrait lieu.)

Dans la huitaine ou dans la quinzaine qui suit, les membres du Cercle d'Etudes remettent au président un petit travail écrit, dans lequel ils répondent aux questions les plus délicates que soulevait la conférence, dans lequel aussi ils peuvent exposer leurs propres difficultés : là s'affirme le travail personnel, d'autant plus aisément qu'il ne s'est pas épuisé dans les considérations générales. Là dessus donc, quand on arrive à la réunion du Cercle d'Etudes, la discussion se trouve de plain-pied lancée : point de temps perdu en vagues rapports et en généralités. Le président fait en quelque sorte la critique des travaux qu'il a reçus, et chacun intervient pour soutenir oralement les idées qu'il a consignées dans son travail ou pour combattre celles qu'il n'approuve pas.

Nous procédons encore d'une façon tout à fait analogue quand il s'agit d'étudier un des questionnaires trimestriels du *Sillon*. Ces questionnaires, ou encore la préparation des congrès, sont d'excellents aliments pour un cercle d'études. Nous remettons au préalable à chaque membre du Cercle un exemplaire du questionnaire ; quand donc on en aborde l'examen en réunion, les notes écrites remises au président et les observations orales permettent d'aboutir assez rapidement à des conclusions qui soient bien le travail de tous et l'expression de la pensée commune.

Comme on le voit, notre méthode ici peut se caractériser par quelques traits, savoir : beaucoup écrire (rien ne force à préciser ses idées comme de les écrire), beaucoup de discussion, mais rien qui ressemble au grand « rapport », et encore moins à ce que l'argot des étudiants transporté dans les Cercles d'Etudes appelle le « laïus » ;

et s'il faut donner très franchement les raisons de cette pratique, qui nous est peut-être un peu spéciale, les voici sans détours : nous croyons que pour porter la parole publiquement d'une façon utile, même devant un petit groupe de camarades, il faut plus que de la bonne volonté ; il faut une certaine aptitude spéciale qui est assez rare. Si nous voyons cette aptitude se révéler en quelque camarade, il faudra lui donner une culture particulière, tout à fait appropriée, et ce n'est pas à la réunion du cercle d'études que ce travail doit se faire. Si au contraire on fait de la « parlotte » une méthode générale et habituelle, il peut arriver que des jeunes gens, aussi inexperts et gauches pour parler que vaillants et héroïques pour agir, deviennent d'insupportables discoureurs : or le jeune camarade du *Sillon* agit efficacement sur son milieu, sur ses amis, non pas en les assommant de sermons, mais en les charmant par une chaude et cordiale causerie, aussi bonne, aussi simple, aussi humble que sa vie...

Bibliothèque.

Notre C. I. P. a une petite bibliothèque, qui s'est formée peu à peu par des achats et des dons. Elle compte aujourd'hui 400 volumes, presque tous ouvrages modernes et des meilleurs, constituant par conséquent un fond déjà assez substantiel. Les ouvrages sont prêtés aux membres du C. I. P., qui les emportent à domicile. Pour les engager à user le plus possible de la bibliothèque, nous avons édité de petites brochures bibliographiques, qui indiquent d'une façon très précise les lectures à faire pour revoir commodément les questions étudiées dans les conférences du Cercle. Beaucoup d'auditeurs en effet nous disaient : « C'est ennuyeux, après des conférences aussi intéressantes, que le souvenir des enseignements reçus soit aussi fugitif, et qu'il en reste finalement si peu de chose dans l'esprit. Il y a bien la bibliothèque. Mais comment voulez-vous que nous sachions dans quels livres, dans quels tomes d'une collection de revue, en quels chapitres de certains gros ouvrages, retrouver les éléments de la conférence entendue ? »

C'est donc pour répondre à ce désir que nous avons fait, avec beaucoup de soin, ces petites bibliographies, et quand nos auditeurs les ont eues à leur disposition,... eh bien ! ils ne s'en sont pas servi !

Eh oui ! nous avouons tout franchement que nous n'avons pu réussir jusqu'ici à développer, comme nous l'aurions souhaité, le goût des lectures sérieuses, l'usage rationnel et régulier de la bibliothèque. Seuls, ou à peu près, nos jeunes camarades du Cercle d'Etudes lisent et lisent bien. Mais dans le champ plus large du C. I. P., dans ces masses populaires, qui usent, jusqu'à la corde de la reliure, les romans des bibliothèques communales, la nourriture saine et « substantifique » d'un bon livre apparaît sans doute encore d'une digestion trop lourde ou d'une saveur trop forte. *Da nobis... recta sapere!* C'est une affaire qu'il faut recommander au Saint-Esprit !

Il est une justice toutefois à rendre à notre clientèle : elle se laisse plus facilement tenter par le comptoir de librairie, qui offre en permanence brochures et journaux, tout à l'entrée de la salle des réunions, et qui d'ailleurs émigre périodiquement le dimanche dans les rues de la ville par les tournées de nos dévoués camarades « camelots du bon Dieu ». Ce n'est pas ici le lieu de redire ce que nous avons dit ailleurs sur l'intérêt de la propagande imprimée — la meilleure! — et particulièrement sur la nécessité d'une presse à la fois franchement démocratique et franchement catholique (1). Constatons seulement que, grâce à cette propagande continue par brochures et journaux, les idées sociales de notre C. I. P. — au moins dans leurs généralités, et à défaut des documentations plus précises qu'on délaisse trop à la bibliothèque — s'établissent peu à peu dans les esprits, les conquièrent insensiblement... Et quand les esprits des Français seront ainsi transformées, la France constatera qu'elle l'est aussi.

La Caisse ouvrière.

Avoir une caisse ouvrière du type Raiffeisen-Durand n'offre rien de spécialement original, puisqu'il y en a 1,200 comme cela dans le pays de France (2), — où d'ailleurs, pour bien faire, il devrait y en avoir au moins 12.000! Il est plus utile d'expliquer un peu ce que nous en faisons. Qu'on nous permette pour cela de reproduire d'abord ici quelques lignes extraites d'un article que nous avons publié il y a quelque temps sur les *Œuvres sociales au 5e Congrès du Sillon* :

(1) L'absence presque complète d'une telle presse en France, par suite le manque aussi complet de contact et de prise sur les masses populaires livrées aux journaux anticléricaux qui ont su comprendre les aspirations républicaines et démocratiques contemporaines et y correspondre : telle est, à notre avis, la principale cause du résultat malheureux des élections de 1906.

(2) Nous renvoyons sur ce point aux nombreuses publications qui traitent des Caisses rurales et ouvrières. — La collection de l'*Action populaire* leur a notamment consacré plusieurs tracts et monographies. Le n° 113, *Monographies d'une Caisse ouvrière à Reims*, par Gaston de Becquincourt, contient une bibliographie très complète des documents et références.

Les œuvres sociales ne valent que par l'esprit qui les anime et dans la mesure où elles répondent à de réelles aspirations. Quel intérêt social offrent, par exemple, des coopératives — (et le dernier Congrès des Coopératives a montré qu'il y en a beaucoup comme cela) — où on ne s'inquiète pas de constituer un fonds commun, où on ne vise qu'à faire de gros boni pour les toucher et les manger tout de suite? — ou bien des mutualités, où on pratique ce qu'on pourrait appeler le *malthusianisme mutualiste* : pas de propagande pour rester un petit nombre à se partager les grosses cotisations des membres honoraires?

Des œuvres sociales dans ce genre nos amis n'en ont cure, et ils ne voudraient pas perdre leur temps à s'en occuper. Il n'est intéressant de faire, comme on dit, « un socialiste de moins » que si on ne fait pas un égoïste de plus, car socialement l'un ne vaut pas mieux que l'autre. Donc nous conserverons bien la première place, dans notre programme, *à la propagande d'idées*. Nous nous attacherons à tuer le vieil esprit individualiste et égoïste et à développer l'esprit social et démocratique; et puis après, dans les milieux où les mentalités seront formées, où les besoins seront sentis et précisés, les œuvres naîtront d'elles-mêmes, non plus œuvres chétives, réclamant constamment le tuteur qui soutienne leur vie factice, efforts à contre-temps, perdus sans influence ni rayonnement, mais œuvres vigoureuses, voulues d'un désir raisonné par les bénéficiaires qui en seront en même temps unités actives, écoles d'éducation démocratique autant que moyens d'amélioration matérielle...

Nous croyons que le 5e Congrès du *Sillon* aura très utilement rappelé à nos amis cette priorité de « l'esprit qui vivifie ». La vie sociale contemporaine offre pour nous, en effet, un grand danger; cette vie exige une grosse dépense de travail et d'action; comme, par ailleurs, beaucoup de ceux qui ont des loisirs font de leur existence un emploi aussi peu chrétien que peu conforme à ce programme de travail et d'action, forcément la somme d'efforts à fournir demeure lourdement à la charge d'une minorité; nous risquons donc — prêtres et laïques le ressentent — de nous absorber, de nous noyer dans la foule d'occupations et de services que nous propose l'apostolat social.

Et alors il arriverait ceci, c'est qu'après avoir constaté que la tâche primordiale, fondamentale est de changer l'état des esprits, sous peine de voir nos œuvres être des corps sans âmes, nous nous laisserions si bien accaparer à soigner le corps, que l'âme, délaissée, ne se développerait jamais assez pour l'animer vraiment : cercle vicieux où trop d'hommes de bonne volonté déjà, avec une autre inspiration que la nôtre sans doute, se sont annihilés, sous prétexte de « faire du pratique » et de ne point paraître idéologues. Du « pratique », Dieu merci ! nous en avons déjà assez à notre actif : mais mieux vaudrait en avoir moins que de laisser dépérir *l'Idée,* qui doit en demeurer à jamais l'inspiratrice.

Les lignes qui précèdent mettent, je crois, bien en lumière, l'esprit selon lequel est conçue notre Caisse ouvrière. Est-ce à dire que son fonctionnement pratique répond absolument à cette conception idéale ? Ce serait trop beau ! Nous attachant à regarder l'œuvre d'un œil aussi exempt que possible de partialité paternelle, nous constaterons bien volontiers que si les affaires traitées sont pour les individus coparticipants d'excellents « exercices de conscience et de responsabilité », ces exercices seraient à eux seuls très insuffisants à opérer la puissante transformation éducative dont la société a besoin. Mais il n'en est pas moins vrai que ces affaires de la Caisse ouvrière présentent déjà de ce chef un réel intérêt. Ajoutez à cela qu'elles renforcent notre propagande d'idées d'un appoint considérable : elles témoignent d'une façon éclatante que notre esprit social et catholique, tel qu'il apparaît *en idées* dans nos conférences et nos journaux, est en même temps un esprit fécond *en actes ;* elles prouvent d'une façon irréfutable que si nous pouvons

11

penser, parler, nous pouvons aussi *faire*... Et nous savons pertinemment que ce témoignage et que cette preuve impressionnent même des hommes fort éloignés de nos idées.

A ces divers titres, nous croyons par expérience qu'une Caisse ouvrière est une des œuvres sociales les plus intéressantes à entreprendre dans une ville et qu'elle peut constituer notamment, comme à Epernay, la très utile annexe d'une œuvre d'éducation populaire.

Mais, pratiquement, comment la Caisse ouvrière fonctionne-t-elle selon l'esprit que nous venons de dire?

A cette question répondra le petit chapitre *La Caution* d'un tract, *Ce que nous avons déjà fait*, qui rendait compte, il y a peu de temps, des opérations de la Caisse :

La caution est une personne, qui, signant avec l'emprunteur l'acte d'engagement, garantit le remboursement pour le cas où celui-ci ferait défaut. La question de la caution est très importante, car c'est le mode normal de garantie pour les petites affaires.

Mais il faut la trouver, cette caution?

La première pensée qui vient à beaucoup d'emprunteurs, c'est de dire : « Je vais demander à M. X... ou à M. Y... — (quelque gros bonnet!) — de me servir de caution. » Eh bien, nous ne voulons pas de cela. Il faut recourir le moins possible aux grosses cautions. La Caisse ouvrière doit être *ouvrière*, non seulement en ce sens qu'elle rend service aux ouvriers, mais en ce sens que les ouvriers s'y rendront service entre eux. La Caisse ouvrière peut être et doit être une excellente *école d'éducation démocratique*. Qu'on ne s'étonne point de retrouver ici une idée qui revient si souvent dans les réunions du C. I. P. : c'est l'idée fondamentale de notre œuvre; c'est ainsi que nous concevons l'action populaire, très intimement et très franchement inspirée par un esprit qui soit d'accord, sans arrière-pensée, avec les aspirations populaires contemporaines. Or le régime républicain démocratique a cette exigence et ce mérite qu'il tend de plus en plus à développer chez les hommes la responsabilité personnelle et l'initiative, — tout au rebours du socialisme qui tend à étouffer l'une et l'autre. Or, si la France est une aussi pitoyable démocratie, conduite despotiquement par la franc-maçonnerie, c'est parce que, à de rares exceptions près, nous manquons de cet esprit de responsabilité et d'initiative en même temps que de sacrifice et de dévouement. Toute notre action en ce Cercle et en ses œuvres vise à développer cet esprit; la Caisse ouvrière s'y prête admirablement...

Est-ce qu'il n'y a pas à Épernay beaucoup d'ouvriers sérieux, établis depuis longtemps dans la ville ou dans la même maison, ayant fait leurs preuves de travail et de moralité? Est-ce que la signature comme caution d'un ouvrier de cette sorte ne vaut pas bien 100 ou 2[illegible] [illegible]ancs? C'est un service à se rendre : un jour vient où qui [illegible]ndu est heureux qu'on le lui rende à son tour.

Vous voyez quelle bonne école est la Caisse ouvrière ainsi comprise : on y apprend à faire des affaires, à peser le pour et le contre avant de s'embarquer dans une opération; on y apprend en même temps à s'entr'aider, à apprécier les hommes selon leur valeur morale, à se tirer d'affaire par une aide mutuelle honnête, ce qui vaut mieux que de se mettre dans les mains des usuriers ou des vendeurs à l'abonnement. N'avions-nous pas raison de dire que la Caisse ouvrière, ainsi pratiquée, sera ici non seulement une institution utile et appréciée pour ses services matériels, mais une œuvre d'éducation populaire capable de coopérer efficacement au relèvement moral de la classe ouvrière?...

Nos prêteurs :

Bien « ouvrière » encore est la *Caisse* par les ressources qui l'alimentent. Les centaines et même milliers de francs qu'elle a déjà prêtés, ce sont en grande partie des ouvriers, employés, petits déposants, qui les ont fournis. Notre *Caisse* ne doit-elle pas être la Caisse d'épargne tout indiquée des ouvriers? ils y trouveront une sécurité absolue (la garantie solidaire de tous les Membres représente à Epernay un chiffre énorme), un intérêt de 3,25 %, et la satisfaction de savoir leurs épargnes bien employées d'une façon utile à leurs camarades...

Sur la matérialité même des opérations de la Caisse, il suffira d'indiquer brièvement que ce sont, comme partout ailleurs : de petits prêts (50, 100, 200, 280, 300 francs, etc.), nombreux, pour achats de literie, de porcs, de bois de menuiserie, de jardins, clôtures, installations d'eau, etc. ; — de gros prêts (de 1,000, 1,500, 3,000 à 6,000 francs) pour achèvements ou constructions entières de maisons ouvrières : une dizaine de maisons s'élèvent déjà, dans les divers quartiers de la ville, bâties des deniers de la Caisse du C. I. P.

L'utilité du crédit ouvrier, la vertu morale du jardin et de l'habitation saine, du « coin de terre et du foyer » sont trop connues pour qu'il faille les dire à nouveau...

Une objection possible : Vous avez trouvé, nous dira-t-on, parmi les personnes notables ou fortunées de votre ville, des amis ayant un sens social et chrétien très éclairé, qui ont accepté d'être membres de la Caisse ouvrière ou de lui prêter des fonds. Si vous n'aviez pas eu ces ressources, que seriez-vous devenus ? — Mais tout simplement ce que sont devenues toutes les Caisses ouvrières et rurales qui ne les ont pas. Là où la Caisse manque de la surface nécessaire pour se lancer rapidement dans un gros chiffre d'affaires, on en est quitte pour aller lentement, plus modestement, en se limitant aux petites affaires, qui sont souvent d'ailleurs les plus intéressantes.

CONCLUSION

Il n'y en a pas.

Non, il n'y en a pas, au moins telle qu'on pourrait l'escompter. Voudrait-on nous faire dire impérieusement : Faites-en autant ! — ou triomphalement : Voyez les résultats ! — Une leçon ou un bulletin de victoire ?

Ni l'une ni l'autre.

Nous avons averti dès le début que nous ne voulions donner de leçon à personne. Outre que ce serait fatuité, ce serait une erreur. Ce livre agite des idées en narrant des faits. A chacun de faire pour le mieux en son milieu et selon son tempérament.

Encore moins voudrions-nous crier victoire. D'abord notre action n'a guère de critérium certain de ses résultats, au moins à courte échéance. L'action électorale, qui est appelée d'ailleurs à profiter plus tard de ce que l'action sociale aura semé, compte des voix ; les chiffres disent brutalement et promptement si on a réussi ou si on a échoué. L'action sociale est un travail de longue haleine, dont le produit, déjà très effectif, quoique souvent méconnu, ne s'imposera d'une façon incontestable, que lorsque le temps en aura en quelque sorte totalisé les annuités. La crise sociale et religieuse dont nous souffrons est l'aboutissant séculaire d'un lent retour au paganisme, d'un paganisme patiemment destructeur. Aussi patiemment reconstructeur doit être notre catholicisme : il est la raison de notre invincible confiance, l'intuition profonde qui nous fait sentir que, quoi qu'il arrive, nous n'aurons agi ni à tort, ni en vain. Dieu seul voit dans les esprits et dans les cœurs les résultats intimes dont nous ne pouvons avoir que l'impression confuse, par quelques entretiens, par quelques menus faits significatifs : au demeurant d'ailleurs, que Dieu seul juge, puisque c'est pour Lui seul que nous travaillons !

René LEMAIRE.

Nous nous ferons un plaisir d'adresser les programmes, documents, etc., du C. I. P. aux personnes qui trouveraient intérêt ou utilité à les connaître ; nous faire, s'il y a lieu, envoi réciproque. S'adresser : Cercle d'Instruction populaire du *Sillon*, 4, place des Archers, Epernay. (Timbre pour la réponse.)

Henri COUTURIER.

Un groupe diocésain de Jeunesse Catholique

L'Association catholique de la Jeunesse Française en Poitou.

Dans les premiers mois de l'année 1902, quelques jeunes gens de Poitiers avaient fondé un comité d'action pour s'occuper des élections législatives. Au cours de leurs travaux, ils comprirent très vite la nécessité d'une action plus profonde que celle des campagnes électorales, et ils résolurent de consacrer tous leurs loisirs à l'éducation religieuse et sociale des jeunes gens qui grandissent au milieu des dangers croissants du laïcisme.

Après réflexion, le programme de l'association catholique de la Jeunesse Française leur parut répondre à leur propre conception et ils résolurent de l'appliquer dans les limites du diocèse de Poitiers. Quelques conférences furent faites à la campagne par de timides débutants : quelques groupes ruraux et urbains se fondèrent au hasard des premières démarches. Une grande réunion fut organisée à Poitiers, le 8 février 1903, avec le concours de quelques membres de la Jeunesse Catholique d'Angers : ce jour-là les représentants de sept groupes fondèrent l'Union de la Jeunesse Catholique du Poitou.

Depuis cette date, la modeste semence a levé : 80 groupes bien compacts réunissent près de 3,000 jeunes gens dans le diocèse. Le programme du début s'est développé : les méthodes se sont précisées. Leur bref exposé encouragera peut-être des initiatives aussi heureuses.

I. — *Les Idées et les Méthodes.*

De la courte expérience que trois années de travaux pour la Jeunesse Catholique ont pu nous fournir, sont nés des principes et des méthodes qui donnent à l'application du programme général de l'Association catholique de la Jeunesse Française dans le diocèse de Poitiers, une physionomie particulière.

DÉBUTS ET ÉLÉMENTS D'UN GROUPE

En grande majorité, les groupes du Poitou doivent leur existence à des expériences couronnées de succès dans leur voisinage. Le plus difficile est de faire connaître et bien comprendre notre œuvre. Mais, quand un membre isolé, ecclésiastique ou laïque, a pu, dans une région, former un premier groupement, ce dernier n'a pas tardé à faire tache d'huile et l'exemple a été suivi dans plusieurs localités du canton et même de l'arrondissement.

La première fondation avait peut-être rencontré des difficultés considérables, soulevé des objections, ravivé des préjugés : la Jeunesse Catholique était l'inconnu pour les jeunes gens qui ne se livraient qu'avec défiance. Avec persévérance, le groupe a fini par briser les résistances ; il donne une fête pour s'affirmer : les jeunes sont accourus sur l'invitation de leurs camarades ; ils sont convaincus, entraînés, et de retour chez eux, ils renversent les rôles ; ce sont eux qui sollicitent la fondation d'un groupe et qui décident à les soutenir un curé ou un directeur d'école libre, jusque-là réfractaires à toute œuvre de ce genre.

Les adhérents ainsi recrutés sont des plus divers. Nos groupes urbains renferment, à la fois ou dans des sections distinctes suivant les cas, des étudiants, des employés de commerce, des ouvriers. Nos groupes ruraux réunissent le propriétaire, le médecin, l'instituteur libre et de nombreux cultivateurs. Tous sont d'ailleurs très unis, s'entr'aident dans de cordiales relations, et donnent véritablement dans leurs réunions générales, l'impression de l'unité e le la bonne camaraderie qui règnent dans notre association, sans exclure d'ailleurs la déférence pour les justes supériorités.

Les régions les plus diverses peuvent fournir d'excellentes recrues de ce genre : les paroisses catholiques en comptent seulement un plus grand nombre. Elles se présentent d'elles-mêmes, quand une circonstance extérieure, comme celle que nous indiquions en commençant, a sollicité leur bonne volonté. Mais elles existent partout, et il ne s'agit que de les chercher, de les encourager pour leur donner le moyen de réaliser les aspirations généreuses qui germent dans leurs cœurs en ces jours si douloureux pour des âmes catholiques.

N'y en aurait-il qu'un seul, avant même d'essayer une organisation, il y a tout à gagner à entrer en relations avec le comité de l'Union. De suite, ce dernier donne les renseignements les plus indispensables sur le mouvement qui groupe les jeunes de France ; c'est déjà quelque chose. Pour les rares qui restent fidèles à leur foi, surtout à vingt ans, il est bon de se rendre compte qu'ils ne sont pas seuls à pratiquer, mais que leur pays contient des centaines et des milliers de jeunes, attachés comme eux au Dieu de leur première communion.

Le membre isolé, le plus souvent avec l'appui de son curé, s'adonnera à la propagande des idées qui lui deviennent bien vite chères. Il préparera les esprits à la fondation possible d'un groupe de Jeunesse Catholique. Par son zèle, sa bonne humeur, sa constante habitude d'être prêt à rendre service, il ne tardera pas à acquérir une certaine influence sur des camarades plus timides, moins fermes dans leurs pratiques religieuses, prédisposés à l'indifférence et à l'apathie, et quand il aura ainsi, plus ou moins rapidement, créé un courant d'opinion chez les jeunes, il en emmènera un jour un certain nombre à l'une de ces fêtes qu'un groupe voisin organise, et à laquelle le comité diocésain l'aura convié, et le groupe sera fondé.

Mais tout n'est pas fini et l'avenir n'est pas encore assuré. Après avoir quitté l'atmosphère d'enthousiasme, que de projets disparaissent avec la rapidité qui les vit naître ! Le membre isolé et l'aumônier du groupe doivent entretenir les bonnes résolutions, communiquer l'impulsion à ceux qui n'ont pu venir, et faire comprendre à tous que l'Association n'a pas simplement pour but de susciter de temps en temps l'enthousiasme, mais surtout de faire naître par toute la France des réunions plus modestes, plus intimes, mais incomparablement plus utiles pour la formation personnelle, où les jeunes catholiques deviendront insensiblement plus chrétiens, plus instruits, moins indifférents à la vie de l'Eglise et de la France, et apprendront à agir. Ce travail ne va pas sans démarches personnelles, sans fatigues, sans échecs momentanés ; mais, avec un peu de persévérance, il n'est pas douteux qu'on ne fasse tomber les objections, et que l'on n'entraîne définitivement cinq, six, puis dix, quinze jeunes.

Il ne reste plus qu'à jeter les bases de l'organisation future, envoyer au comité diocésain la bonne nouvelle et s'entendre avec lui pour faire une brillante journée d'inauguration. Elle comprendra une messe de communion où les jeunes font l'édification de tous, une séance d'études, pendant laquelle on précise avec les membres du comité accourus à l'appel des fondateurs ce que l'on va faire, une grand'messe pendant laquelle les voûtes de la vieille église vibrent d'une façon inaccoutumée au chant d'un majestueux *Credo*, un banquet où l'on fait plus ample connaissance, une séance solennelle où d'éloquents discours arrachent un peu l'âme au terre à terre de la vie quotidienne, un salut solennel, avec consécration au Sacré-Cœur. D'imposants cortèges de jeunes, la boutonnière décorée de la croix de Malte blanche et bleue ont promené au cours de la journée le drapeau national, et une fois encore, les catholiques ont affirmé leur volonté de demeurer fidèles à leur foi, et d'exercer dans leur pays, le rôle civique et social qui leur appartient, en revendiquant la liberté et le droit commun.

ORGANISATION DU GROUPE

Deux principes doivent dominer l'organisation d'un groupe de Jeunesse Catholique, et de leur observation dépend son avenir.

Le groupe ne doit pas être considéré comme une œuvre d'éducation ou de mutualité quelconque. Il porte l'étiquette catholique, et cette simple remarque suffit à rappeler l'esprit chrétien qui doit pénétrer toutes ses manifestations et ses travaux, et les vivifier. Le but religieux doit en être clairement indiqué à ceux qui demandent à y entrer. Un programme minimum de piété doit être inscrit dans les statuts : il se réduit parfois à l'engagement solennel d'accomplir les devoirs essentiels du chrétien.

Le groupe n'est pas un type rigide : il doit s'adapter au milieu. Suivant le caractère et les goûts des jeunes gens qui le composent, il faut savoir trouver la forme qui convient le mieux à la paroisse. Des tâtonnements inévitables se produisent : les initiatives amènent suivant les régions des résultats divers. Mais, grâce à la souplesse du type général, on finit par trouver la forme correspondante aux besoins locaux, auxquels se proportionne le programme d'étude, de piété et d'action.

En respectant le premier principe, en s'efforçant d'interpréter le second, tout fondateur persévérant est sûr du succès. Il est, de plus, facile à des organisations isolées de venir chercher auprès de nous l'aide puissante de la fédération sans avoir rien à changer à leur constitution intime.

La forme la plus parfaite que puisse adopter la Jeunesse Catholique d'une paroisse est celle du Cercle d'études. Le plus grand nombre des groupes de l'Union du Poitou est parvenu à le réaliser plus ou moins parfaitement. Mais il est nécessaire parfois de le compléter par une société sportive.

L'attrait de la gymnastique sur les jeunes gens est considérable. C'est un exercice très sain, qui développe la force musculaire et l'adresse ; si l'on peut installer quelques agrès, la réussite de l'entreprise est assurée ; il n'est pas rare que l'on trouve un ancien sous-officier qui accepte d'être le moniteur de la petite troupe. Quatre sociétés de gymnastique se rattachent à un titre ou à un autre à l'Union du Poitou.

Plus facile à organiser et moins dispendieuse, la société de tir, à part la mise de fonds pour l'achat d'une carabine, peut faire ses frais et ne demande qu'un espace restreint. Le tir est encore pour les jeunes un excellent exercice, et s'il peut servir à les grouper, il ne faut pas hésiter à organiser la société, d'autant plus qu'absorbant moins l'activité de ses membres, elle ne les détourne pas d'une action plus sérieuse. Vingt et un groupes de l'Union ont fondé dans leur sein une société de tir.

Quant aux fanfares et aux chorales, elles renferment beaucoup d'écueils, et ne sont à fonder que lorsqu'une circonstance extérieure en démontre les très grands avantages locaux ou la nécessité. Les représentations théâtrales ne doivent pas pour des raisons analogues être multipliées.

Il faut se souvenir que sociétés de gymnastique, de tir et fanfares ne sont pas des buts, mais des moyens. Si, en effet, elles absorbent toute l'activité de nos jeunes, leur formation sérieuse ne s'avancera guère ; si l'on ne se crée des convictions solides, des connaissances utiles basées sur l'étude et le raisonnement, ne se condamne-t-on pas à une action stérile ?

Il faut en définitive toujours tendre à la formation du cercle d'études. Deux brochures de l'Action Populaire en ont démontré l'utilité et la possibilité ; l'expérience confirme chaque jour les conclusions de ces intéressantes publications. Presque partout en Poitou, la Jeunesse Catholique en est la preuve vivante.

Les réunions dont la périodicité varie suivant les milieux sont employées à des lectures, à de courts exposés faits par les jeunes à tour de rôle. Le programme des séances est varié. On réfute une objection contre la religion : on analyse un sujet que « Vienne et Deux-Sèvres » a mis au concours et on prépare une réponse. On discute une question économique ou agricole dans une causerie sans apprêt où chacun peut placer son mot. Après trois quarts d'heure, une heure d'études sérieuses, on dit une chansonnette et l'on se sépare après avoir fait une partie de boules ou de billard, suivant les saisons.

Il est bon d'avoir un plan d'étude large, afin de ne pas parler uniquement à bâtons rompus. Le comité diocésain, pour diriger les groupes qui n'ont pas arrêté eux-mêmes un programme, vient d'envoyer dernièrement à tous ses adhérents un ensemble de questions suivies qu'ils pourront examiner durant le cours de l'année.

Pour rompre la monotonie des réunions, faciliter les travaux et intéresser davantage, il est bon de donner de temps à autre des conférences avec projections lumineuses. Plusieurs groupes y ont recours et trouvent toutes facilités auprès du comité diocésain pour les préparer.

Grâce à ces méthodes, le cercle d'études vit et il fait œuvre utile. Souvent des intelligences fort vives et des talents de parole s'y révèlent, et c'est là la meilleure récompense pour le président ou pour l'aumônier qui se souviennent de la difficulté des débuts, mais qui oublient toutes les peines éprouvées pour faire comprendre leur pensée, lancer les premières séances, diriger les discussions au début trop traînantes, puis plus tard trop passionnées, en voyant les hommes de valeur qu'ils ont développés rendre service à la bonne cause.

SECTIONNEMENT ET RECRUTEMENT

Aucun moyen ne doit être négligé pour attirer au groupe tous ceux auxquels il peut faire du bien ; aussi, nous ne nous *contentons* plus de dire qu'il faut lui donner une organisation *suffisante* pour qu'il *vive* avec les jeunes qu'il a réunis, mais qu'il doit avoir une organisation *assez complète* pour faire dans la paroisse le plus de bien possible.

Tous les jeunes n'ont pas les mêmes goûts ni les mêmes aptitudes. Pour les satisfaire tous, ne pourrait-on pas, suivant les jours, donner des formes différentes à l'activité des jeunes, et même, dans un groupement important, dont l'ensemble demeurerait la *Jeunesse catholique*, créer des sections, entre lesquelles les jeunes se répartiraient suivant leurs préférences individuelles ? On doublera ainsi le cercle d'études, qui sera l'élite et rayonnera par l'exemple et les conseils sur l'ensemble, de sociétés sportives dont les membres, inaptes à des travaux sérieux, gagneront au contact des meilleurs du groupe.

De cette façon, chacun s'intéressera davantage à l'œuvre

et cette dernière gagnera, en attirant à elle par ses multiples formes, plus de bonnes volontés.

De toutes ces sections, la plus importante est celle des tout jeunes, de dix à quinze ans, qui ne peuvent encore faire partie du groupe, et qu'il importe cependant de réunir de bonne heure. En s'occupant d'eux dès la première communion, on assure le recrutement futur de la Jeunesse Catholique. Pour eux, on organise une sorte de patronage, avec des jeux, des promenades et des sports variés. On ne néglige pas de les faire venir de temps en temps aux séances de projections du cercle d'études afin de les élever lentement jusqu'aux idées sérieuses et de les faire entrer avec une véritable préparation dans le groupe, quand ils auront l'âge requis. L'avenir de l'œuvre est ainsi assuré. Les enfants grandiront sous l'influence du prêtre et de leurs aînés : les uns après les autres, ils entreront tout naturellement dans le groupe, lui donneront ses plus solides recrues. Réciproquement les aînés trouveront dans leur action au patronage un excellent aliment pour leur activité.

Ainsi, grâce au sectionnement du groupe et au patronage, la Jeunesse Catholique d'une paroisse, tout en formant une élite, exercera une action bienfaisante sur l'ensemble des jeunes gens de la localité.

LE GROUPE DANS L'ASSOCIATION

Le comité diocésain est le lien et l'auxiliaire des groupes. Après avoir pris très souvent une large part à leur fondation, et sans supprimer leur autonomie, il ajoute aux avantages de leur vie particulière, ceux d'une vie très large, commune à tous les groupes du diocèse.

L'isolement est parfois très dangereux pour l'avenir d'une Jeunesse Catholique : sans appui, sans encouragement, sans émulation, elle voit disparaître peu à peu l'ardeur des débuts, s'affaiblit dans une torpeur mortelle et n'existe bientôt plus que sur le papier. Le comité diocésain fait cesser cet isolement, en suscitant de nouveaux centres d'action dans les paroisses voisines, et en mettant sans cesse chaque groupe au courant des efforts de tous. Par ses circulaires, ses tracts, sa revue « Vienne et Deux-Sèvres », jointe aux Annales de la Jeunesse Catholique, il signale les initiatives heureuses, les expériences faites, les études utiles et stimule l'émulation par des enquêtes et des concours variés. Le groupe ainsi encouragé prend part aux manifestations religieuses communes, et aux assemblées générales, et en rapporte à chaque fois la conviction de la force de l'association, plus de confiance et un peu de persévérance.

Un d'entre nous quitte-t-il son pays natal, pour aller terminer ses études ou faire son tour de France ? il peut être sûr de trouver dans tous nos autres groupes la plus cordiale réception et les plus dévoués camarades. Pour eux, il ne sera point un étranger : il les a déjà rencontrés.

A l'époque du service militaire, nos liens d'amitié seront très utiles, nous n'en doutons pas, aux recrues brusquement transplantées de leurs champs, de leurs calmes prairies, dans le milieu de la caserne.

Le groupe organise-t-il une réunion plus solennelle, où un conférencier lui est nécessaire ? il écrit au comité diocésain, qui lui envoie un délégué et ses vues de projections.

Non content d'envoyer ses membres, le comité se tient encore à la disposition de tous pour les renseignements de toute nature dont ils auraient besoin. Renseignements juridiques, sociaux, agricoles, nous ont déjà été demandés, et nous avons été heureux de rendre, en la circonstance, des services à nos camarades.

L'Union possède d'autres cadres que le comité diocésain. Quand certaines régions du diocèse possèdent de nombreux groupes, le besoin s'y fait sentir d'avoir soit un comité d'arrondissement, soit des comités cantonaux, pour seconder le comité central, déjà assez éloigné. Ces comités assurent d'une façon heureuse la cohésion et le soutien mutuel des groupes voisins, en les conviant tour à tour dans des réunions communes trimestrielles qui alternent avec les réunions particulières de chaque groupe.

Rien n'empêche enfin des groupes voisins, avant de s'être créé ce lien officiel, de se rendre de mutuelles visites et d'organiser des séances interparoissiales.

LE GROUPE DANS LA PAROISSE

Non seulement une Jeunesse Catholique bien organisée doit avoir une vie intérieure intense et former des chrétiens convaincus et de bons citoyens ; mais elle doit rayonner et devenir un instrument de conquête. Nos jeunes gens vivant en bons catholiques et donnant en corps l'exemple de la pratique religieuse, se livrent déjà à un premier apostolat. Mais ce n'est là qu'un minimum qu'il faut dépasser.

Le groupe ne saurait mieux faire que d'élargir à certains jours, le cercle de ses invitations, et de convier les amis, les indifférents, et parfois même des adversaires, pour traiter devant un public plus nombreux des questions importantes, ou exposer le résultat de ses études sociales. Nous ne pouvons que gagner à être mieux connus.

Dans certaines paroisses, les hommes font partie de l'Association à titre de membres honoraires et ne sont pas les moins assidus à suivre les séances d'étude. Ainsi tout l'élément masculin d'un village est entraîné par le mouvement de la Jeunesse Catholique.

Aux conférences, il faut ajouter les œuvres sociales. Déjà un syndicat et deux mutualités ont été en Poitou fondés personnellement par nos jeunes, sans compter les autres sociétés dont ils font partie et où ils exercent leur influence. Nos études nous montrent chaque jour la nécessité de l'organisation professionnelle de la France. Nous comprenons que la paix publique et la prospérité nationale seront assurées par un réseau d'œuvres librement organisées sur les bases de la prévoyance et de la solidarité. Il nous faut réaliser ce plan dans la mesure de nos forces, et marcher sur les traces de nos camarades, les jeunes catholiques du Nord et du Sud-Est. Chaque groupe doit devenir ainsi le centre d'une action sociale féconde. De toutes les créations nouvelles, les membres du groupe seront l'âme.

D'autres initiatives moins absorbantes peuvent être heureusement tentées par nos jeunes gens. Au premier rang, nous placerons la diffusion de la presse. Cette arme importante ne doit pas être négligée, qu'il s'agisse de la propagation méthodique des journaux, ou du service des informations dont la création dans chaque centre peut être d'une grande utilité pour l'amélioration de la presse locale.

C'est par tous ces moyens que l'élite constituée dans le cercle d'études, agissant déjà par les sociétés sportives sur la grosse majorité de la jeunesse, peut encore devenir la cheville ouvrière de la réorganisation paroissiale nécessitée par la situation nouvelle faite à l'Eglise catholique en France. Dans plusieurs de nos paroisses, la Jeunesse Catholique a été le noyau autour duquel se sont groupées toutes les bonnes volontés pour la défense des églises menacées par les inventaires. Intimement unie à son aumônier, qui est le plus souvent le curé ou le vicaire de la paroisse, elle sera aussi le noyau de l'organisation religieuse et sociale qui fera des paroisses françaises l'instrument de rénovation du pays.

II. — *Les Résultats.*

HISTOIRE

Le comité diocésain, formé le 8 février 1903, jour de la fondation de l'Union de la Jeunesse Catholique du Poitou, a poursuivi depuis lors sa tâche et n'a pas cessé d'enregistrer dans les cadres de l'Union les noms de nouveaux groupes et de recruter de nouveaux adhérents.

De nombreuses approbations, dont la plus précieuse fut celle de Mgr Pelgé, évêque de Poitiers, lui apportèrent des encouragements ; d'utiles et dévoués concours vinrent accroître la rapidité de ses progrès. De 7, le nombre des groupes qu'il fédère est passé à 80.

Ces groupes se sont organisés parfois spontanément sur l'initiative d'un prêtre zélé, fervent des œuvres de jeunesse et sont venus ensuite chercher dans nos rangs les avantages de l'association. Mais le plus souvent, ils ont été le résultat de réunions préparées par quelques-uns de nos amis dans des contrées où l'œuvre n'existait pas même en projet. Ces séances ont été autant de semences jetées dans les divers cantons du diocèse, et bien rares furent celles dont un groupe florissant n'affirme pas les effets durables. Citons Sainte-Soline et Châtillon en mai 1903, Ardilleux en août, Loudun en septembre, Moncoutant et Rom en octobre, Vivonne en février 1904, Plibou en mai, Thenezay en août, Champdeniers en octobre, Azay-sur-Thouet en décembre, Thuré en mars 1905, Clussais et Chiché en avril, Saint-Maurice en juin, Exireuil en août, Combrand en septembre, Saint-Vincent et Menigoute en octobre, la Trimouille en novembre, Vouneuil en décembre, Marigny, Ceaux, Secondigny, Iteuil, Vasles et Saint-Georges en 1906.

Ces journées de fête sont suivies de séances plus intimes où les jeunes du Poitou poursuivent consciencieusement leur formation intellectuelle et dont le nombre a dépassé 500 pendant la période octobre 1904-octobre 1905.

Des pèlerinages à Saint-Soline, 16 octobre 1903 et 1904; Notre-Dame de Celles, 30 juin 1903 et 3 juillet 1905; Notre-Dame de Pitié, 4 octobre 1904; Sainte-Radegonde de Poitiers, août 1903, nous ont permis de nous affirmer, de nous connaître, de nous encourager.

Une retraite à Bellefontaine, en décembre dernier, a réuni vingt présidents de groupe, désireux d'affermir leurs bonnes résolutions d'apostolat.

Vingt-cinq d'entre nous sont allés à Rome avec le pèlerinage de l'A. C. J. F., recevoir la bénédiction du pape dans une audience particulière.

Chaque année, une réunion générale manifeste notre entente, révèle notre force et stimule notre ardeur. Elle a eu lieu successivement à Poitiers, Niort et Bressuire. A cette dernière, ont assisté plus de 500 jeunes gens de l'Union.

ORGANISATION

L'Union de la Jeunesse Catholique du Poitou fédère les groupes de Jeunesse Catholique de la Vienne et des Deux-Sèvres.

Elle est dirigée par un comité diocésain, élu tous les deux ans par l'assemblée générale des délégués de tous les groupes du diocèse. Des comités d'arrondissement, comme celui de Niort, et de cantons, comme ceux de Moncoutant et Châtillon, viennent en aide au comité diocésain et propagent chacun dans leur ressort son mouvement d'éducation religieuse et professionnelle.

L'Union se compose de groupes paroissiaux et de membres isolés.

Les groupes sont autonomes et revêtent les formes les plus variées : Cercles d'études, Sociétés diverses, Patronages, réalisant avec des différences de détail le triple programme de piété, d'étude et d'action de l'Association Catholique de la Jeunesse Française.

Tout groupe doit être assisté d'un prêtre comme aumônier et n'a à verser comme toute cotisation que son abonnement à la revue de l'Union, *Vienne et Deux-Sèvres.*

Les membres isolés qui n'ont pu encore créer de groupes sont invités à prendre part aux œuvres qui les entourent, participent à la vie de l'Union et s'emploient à lui attirer des recrues et des appuis.

AVANTAGES PROCURÉS AUX MEMBRES DE L'UNION

Sous le rapport de la piété :

1° Des retraites fermées organisées pour les présidents de groupe : quelques heures chaque jour y sont réservées à l'Association.

2° Des pèlerinages locaux et des manifestations religieuses en commun. Nous nous proposons d'aller à Notre-Dame de Pitié, à Celles, à Lourdes.

Sous le rapport de l'étude :

1° *Un service de renseignements* fournissant aux conférenciers des groupes les renseignements et documents dont ils auraient besoin dans leurs travaux ;

2° *Des concours sur des sujets religieux, sociaux, agricoles,* ouverts entre tous les groupes du diocèse ou réservés aux groupes d'une région, accompagnés de récompenses aux meilleures réponses.

3° *Un bulletin mensuel, Vienne et Deux-Sèvres,* établissant un lien intime et un commerce régulier entre les jeunes gens, donnant des nouvelles des uns et des autres, les mettant tous au courant des idées, des actes, de la marche de l'Association en même temps que du mouvement catholique en France ; procurant des canevas de conférences, des documents, des bibliographies, excitant l'ardeur des groupes pour le travail par des enquêtes.

4° *Des consultations gratuites* sur toutes les questions de droit, médecine, économie agricole, création et fonctionnement des mutualités agricoles, des syndicats.

Sous le rapport de l'action :

1° *Un groupe actif de conférenciers* populaires, munis de *lanternes à projections* et de *nombreuses collections de vues*, prêts à partir au premier signal pour porter la bonne parole et combattre les mauvaises doctrines ;

2° *Un service de projections* comprenant près de 2,000 vues, à la disposition des groupes de l'*Union* moyennant une cotisation annuelle de 10 francs ;

3° Enfin et surtout, *une cohésion et une force* qui, par notre union et notre camaraderie, rendent possible une action puissante en faveur de toutes les questions qui touchent les intérêts de notre Religion et de notre Patrie.

CONCLUSION

Des efforts multipliés depuis trois années, les premiers résultats sont déjà très notables. Dans les paroisses où nos groupes existent depuis plusieurs mois, rien n'est plus fréquent que de voir les jeunes catholiques à la tête du mouvement social; leurs études dans les réunions intimes, leur activité au dehors leur ont acquis une réelle influence, dont ils se servent très utilement. Le prêtre qu'ils entourent a par eux des relations plus étroites avec ses paroissiens. La vie religieuse renaît ou s'accroît par suite de l'exemple donné sans respect humain. Des œuvres sociales se fondent. En face des tyranneaux de villages se dressent de jeunes hommes qui ont pris l'habitude de la parole, et savent leur répondre en plein café ou sur la place publique...

C'est bien la génération militante, unie, active et nettement catholique qu'il faut demain à la France, et qui se prépare dans les groupes de la Jeunesse Catholique du Poitou.

L'avenir nous jugera et dira si nous avons fait tout ce qui était en notre pouvoir pour préparer à leur lourde tâche les jeunes catholiques qui seront demain des citoyens français.

Henri COUTURIER.

M. GONIN.

La Fédération régionale des Groupes d'Etudes du Sud-Est (1)

Au sein de la floraison d'initiatives sociales, poussée, au jour le jour, sous l'action de la *Chronique du Sud-Est* et de son « Secrétariat », parmi tant d'efforts accomplis dans tous les domaines où s'exerce l'apostolat catholique, un groupement devait naître, qui représentât, plus exactement et plus originalement, la pensée et l'activité des éléments jeunes : ce fut la *Fédération des Groupes d'études du Sud-Est*.

En se réunissant, au cours de l'année 1892, les fondateurs de la *Chronique* se proposaient de constituer un centre permanent d'action, un « Secrétariat », dont les membres consacreraient toutes leurs forces à montrer la parfaite convenance du catholicisme aux exigences du temps, et qui s'emploieraient opiniâtrement à créer les institutions capables de mettre fin à l'anarchie économique (2). Il n'entrait point dans leurs projets de

(1) Son siège est à Lyon, à la *Chronique du Sud-Est*, 10, quai Tilsitt, Lyon.

(2) Voir, sur les origines et les développements de ce secrétariat, la brochure de l'*Action populaire : Un secrétariat d'action sociale*, par Rémy, n° 60.

multiplier à l'infini ces « Secrétariats » qui, pour être utiles et remplir parfaitement leur mission, devaient absorber toute l'activité d'un certain nombre d'hommes dévoués. Mais, appelés à ouvrir les voies nouvelles aux bonnes volontés, devenus comme les parrains d'une foule d'entreprises suscitées par leurs amis, ils continuèrent à leur prodiguer appuis et conseils.

Issue de ce milieu, gardant, grâce à lui, le contact avec une génération d'hommes clairvoyants, la Fédération des Groupes d'études du Sud-Est se fit bientôt à elle-même sa vie propre.

Elle n'était, au début, qu'un modeste faisceau de groupes d'études éparpillés à travers tout le Sud-Est. Son programme se formulait en aspirations encore vagues plutôt qu'en lignes précises : on n'y trouvait affirmées nettement que la foi inébranlable dans la souveraine efficacité du catholicisme, ainsi que la nécessité et la possibilité d'une éducation des masses par les Groupes d'études. Mais ceci suffisait à orienter les recherches des fondateurs vers l'idéal qui se dessine clairement aujourd'hui.

Pour bien comprendre l'importance de l'effort accompli pendant les premières années, il faudrait pouvoir se représenter la somme de préventions ou d'indifférence que durent vaincre, il y a douze ans, les jeunes fondateurs des Groupes d'études. On niait alors que les échos du conflit, ouvert entre le catholicisme et la démocratie, pussent atteindre l'âme de la jeunesse populaire. On ne prenait point garde au flot montant des publications qui portaient, jusque dans les milieux les plus humbles, l'affirmation d'impuissance jetée au catholicisme. On n'apercevait pas les lentes transformations qui, un jour, amèneraient les masses à prendre position dans ce conflit, et l'on n'accordait qu'un crédit limité aux jeunes ouvriers ou employés qui, sentant le besoin de justifier leurs croyances, voulaient s'élever à une connaissance plus juste de la vérité religieuse et des contingences sociales. Au reste, les milieux catholiques se défiaient beaucoup des conséquences entrevues de ce mouvement naissant. Après avoir goûté au fruit âpre des discussions sociales, les jeunes membres des groupes d'études ne se laisseraient-ils pas séduire par le faux idéal que le socialisme fait miroiter aux yeux des simples? En toute bonne foi, on le pensait, et le parti le plus sûr semblait bien de tenir le jeune public catholique éloigné de ces œuvres dangereuses. Mais la nécessité était là. Ce n'était point par un vain désir de nouveauté que les premiers membres des Groupes s'étaient réunis pour étudier quelques publications d'apologétique historique ou sociale : ceux qu'on croyait ignorants des disputes du dehors vivaient au contraire dans le bruit de ces disputes. A l'atelier, une certaine réserve de langage ou d'attitude, un acte d'apostolat quelconque éveillaient les discussions les plus vives et, finalement, aboutissaient aux objections religieuses fondamentales. Il fallait donc accepter la discussion offerte ou bien se résigner à avouer par son silence qu'on professait une religion indéfendable.

Voilà pourquoi la propagande, inaugurée par les premiers Groupes d'études lyonnais constitués en Fédération en 1897, trouva, à Lyon et dans la région environnante, un écho parmi la jeunesse ouvrière.

De suite, les groupes les plus importants, après avoir consacré quelques semaines aux rengaines historiques, étudient les points essentiels de la sociologie. Ils veulent, sous la conduite de leurs conseillers, apprendre à connaître quels sont les fondements de la famille, de la propriété, du devoir social, de la fraternité humaine; ils essaient de discerner les causes et les remèdes de la crise sociale, ils interrogent le dogme et la morale catholiques pour y découvrir les forces nouvelles applicables à la société. Tout cela est entremêlé d'obscurités, de découragements, mais peu à peu les esprits se débrouillent, la confusion se fait moins grande et quelques personnalités émergent de l'ensemble, capables d'une action plus vaste.

A ce moment, les ouvriers chrétiens du Nord tiennent leurs congrès sous la présidence d'honneur de M. Léon Harmel. La Fédération leur délègue deux d'entre ses membres qui apportent, avec le salut des jeunes camarades lyonnais, les conclusions de leurs études sur la famille ouvrière, les institutions économiques et l'organisation professionnelle. Puis, à Lyon même, les congrès de la Démocratie chrétienne accueillent leurs porte-paroles qui viennent affirmer qu'avant de se formuler en programme législatif, la Démocratie doit d'abord s'implanter jusqu'au fond des consciences par l'œuvre éducatrice des Groupes d'études.

Bientôt, en pleine possession de l'outil créé de toutes pièces pour ce travail d'éducation, les initiateurs vont pouvoir aborder des terrains nouveaux. On les voit commencer une active propagande dans les départements du Sud-Est et tenir de nombreuses réunions privées ou publiques. Leurs orateurs se rencontrent, en des réunions contradictoires, avec Paul Lafargue, à Thizy, avec Pochon à Simandre, avec Zévaès à Aix-en-Provence (1896-1897). Des multitudes de petites conférences sont données à la campagne et les Groupes d'études ruraux en sont la conclusion. C'est la période de défoncement, de labour ou de semailles. Le sol est bon ou mauvais, la graine s'égare ou demeure enfouie jusqu'au prochain printemps : peu importe, à cet âge, on donne ses forces sans compter et l'on va devant soi sans regarder en arrière.

Parfois, cependant, les membres du secrétariat fédéral s'arrêtent, mais c'est pendant la nuit, dans la vieille église Saint-Nizier, où le Maître qu'avant tout ils ont voulu servir, reçoit leurs prières et les réconforte. Ou bien, c'est, une fois dans l'année, la solitude d'une retraite fermée qui leur offre ses douceurs apaisantes et ses moyens de renouvellement intime.

L'heure arriva où les Groupes d'études devaient cesser d'être une spécialité lyonnaise. Insensiblement, dans la France entière, le même travail s'opérait parmi la jeunesse. Les revues naissantes publiaient alors les comptes-rendus des congrès de leurs aînés de la Fédération du Sud-Est et faisaient appel à leur concours. Obligés de formuler ce qu'ils avaient simplement vécu jusqu'à ce moment, ces derniers durent éditer des Notices où se trouvaient résumées leurs expériences, ouvrir une bibliothèque et une librairie des Groupes d'études et présenter jusqu'à l'Exposition de 1900 des monographies récompensées de somptueux diplômes. Dans ce travail de mise au point et d'adaptation, le groupe d'études prend peu à peu sa physionomie constitutive. Et d'abord, il est bien entendu qu'il n'est pas un but en soi, il est un moyen de préparation à la vie, mais quelle vie? Premièrement, *la vie intégralement chrétienne* : n'est-ce pas pour parvenir à cette vie et pour la propager que l'on a voulu en connaître la formule objective ? Secondement, *la vie sociale démocratique* : n'est-ce pas parce que l'on sentait la nécessité d'accepter le fait démocratique qu'on s'attachait à l'œuvre d'éducation mutuelle, seule capable de développer chez l'élite le sens de la responsabilité et comme l'habitude de sacrifier à l'intérêt commun?

Le Groupe d'études est possible à la campagne comme en ville. La Fédération peut le prouver en invoquant de nombreux exemples. A la Notice destinée aux Groupes urbains, le concours d'un de ses amis, l'abbé Quillet, lui permet d'ajouter une Notice où les Groupes ruraux trouvent canevas de conférences et renseignements bibliographiques (1).

Préparant à la vie sociale, le Groupe d'études doit aussi orienter ses membres vers l'action économique. Dans les campagnes, il vulgarisera les institutions diverses qui remédient à l'insécurité, au manque de crédit et à l'exploitation par les intermédiaires. Dans les villes, il acclimatera la pratique de l'association par la mutualité, les cours professionnels, les syndicats. Mais ici, l'action est plus lente qu'à la campagne, car il faut des initiatives larges et les seuls membres des Groupes n'en peuvent assumer toutes les charges.

Nous voici déjà loin des timides essais tentés au début. En poursuivant leur marche, au milieu d'alternatives diverses, les fondateurs de la Fédération ont vu l'horizon s'éclairer et leurs rangs s'accroître.

Tout simplement, à force de patience et de travail, par la lente infiltration de leurs idées et l'effet convaincant de leurs exemples, ils ont su conquérir des sympathies et éveiller, chez les jeunes de tous milieux, des vocations

(1) La *Notice sur les Groupes d'études urbains* et le *Manuel des Groupes ruraux* se trouvent à la *Chronique du Sud-Est*, 10, quai Tilsitt, 0 fr. 75 franco.

telles qu'ils les souhaitaient pour l'avancement de leur œuvre.

La Fédération est maintenant un organisme bien vivant, dont l'action s'exerce en vue d'un idéal chaque jour précisé et en harmonie avec les conditions du milieu régional. Elle constitue un essai consciencieux de vie démocratique, dans un cadre régionaliste.

Recevant de son voisinage avec l'ensemble des services du « Secrétariat » de la *Chronique* un appoint de forces et de lumières, elle utilise, comme organe, la revue la *Chronique du Sud-Est* dont la mission est « de diriger, dans l'unité d'une doctrine et la concentration d'un programme toujours en élaboration, les recherches et les travaux des unités dispersées. » Au centre, un Secrétariat propre à la Fédération, dont le rôle consiste moins à diriger qu'à utiliser, pour les progrès de l'œuvre commune, les forces mises à son service. Les Groupes lui apportent le résultat de leurs travaux et de leurs enquêtes, ils propagent sa revue et font connaître ses méthodes. La Fédération unifie leur programme, oriente leur action et la multiplie.

A côté du Secrétariat, un *Comité de propagande,* où ne sont admis que les jeunes camarades désireux de se consacrer exclusivement au travail entraîné par une vie toujours plus expansive : conférences, recherches bibliographiques, action régionale. Puis, divers organes destinés à pousser plus avant l'effort religieux ou social : *Cercle d'études apologétiques, Conférences sociales du lundi.*

Enfin, à Lyon et dans les départements environnants, les Groupes de toutes formes et de tous éléments, paroissiaux, ouvriers, ruraux — on en compte 260 — qui s'appliquent à réaliser dans leur milieu la pensée commune, organisent des conférences et des congrès, fondent des institutions sociales, prennent parti sur les terrains où il y a lieu de poser opportunément le débat.

Dans ce vaste ensemble, rien d'administratif et de conventionnel. On n'a jamais cru utile de sacrifier aux exigences centralisatrices ou parlementaires qui auraient fait, d'une œuvre de spontanéité et de vie, une sorte d'armée sans cohésion ou une illusoire représentation d'effectifs numériques. « Mais bien plutôt, nous revêtons les formes pacifiques de la vie diversifiée, faite de réalités, de contingences, de variations lentes et de souples adaptations (1). »

L'élaboration d'idées commencée autrefois dans les modestes groupes d'ouvriers, s'est poursuivie dans tous les centres où quelques camarades prenaient conscience des fondements de leur foi et des besoins de l'âme contemporaine. Que ce soit dans le Cercle d'études apologétiques, dans le Comité de propagande, dans les Groupes de ville ou de village, la même question s'est posée, qu'il fallait résoudre si l'on voulait aborder de front les difficultés de l'apostolat auprès des masses. Les uns, plus instruits, ont formulé leur réponse ; les autres l'ont résolu pratiquement dans leur manière de concevoir l'action et de vivre avec les adversaires. Mais, théorique ou pratique, la réponse a été la même, de plus en plus.

Dans le domaine intellectuel, l'effort s'est porté vers la recherche d'un état d'esprit capable de faire tomber les défiances injustifiées dont le catholicisme est victime. Un regard sur la société a montré que, le plus souvent, ces

(1) J. Vialatoux, *la Fédération des Groupes d'études*, son but, ses méthodes, ses coutumes fédérales. A la *Chronique du Sud-Est*, 10, quai Tilsitt, 0 fr. 30.

méfiances viennent de ce que le catholicisme apparaît inopportunément lié à des systèmes politiques, scientifiques ou sociaux que la marche du temps a abolis, mais qui n'en continuent pas moins d'être considérés comme solidaires du catholicisme. Il est donc apparu nécessaire d'envisager d'abord le catholicisme dans sa substance, afin de le dégager de l'enchevêtrement où on s'obstine à le confondre, puis, de rechercher si ce qu'il y a de profond, d'authentique, d'éternel dans le catholicisme, s'oppose toujours à toutes les poussées modernes d'idées et de faits, et si, là, il répugne en effet, ailleurs il ne s'accommode pas ou indiffère. Pour cela, un état d'esprit est nécessaire : probité, loyauté intellectuelles, et non attitude du critique chagrin qui procède toujours d'un point de vue étroit et exclusif.

Dans le domaine social, l'effort s'inspire des mêmes pensées. Un récent document (1) nous permet de l'analyser plus au long. En voici le bref résumé :

En étudiant la société contemporaine, nous aboutissons à un certain nombre de conclusions.

I. — Depuis plus d'un siècle, on assiste à un réveil progressif de la conscience sociale. L'individu se découvre citoyen, se conçoit lui-même comme une partie de la puissance qui doit être exercée dans l'intérêt de la nation. De plus, le peuple s'aperçoit que le régime démocratique de gouvernement n'est rien s'il n'est pas au service d'une société démocratiquement organisée sur le terrain économique.

Instinctivement, il sent qu'une démocratie doit être une « structure sociale », « une union consciente des autonomies individuelles, libres et responsables, associées et organisées ». Elle doit donc s'élever d'en bas sur les assises vivantes du peuple organisé, être l'œuvre des initiatives

(1) J. Vialatoux, déjà cité.

nationales. Elle nous apparaît bien alors comme une émancipation et un progrès.

Mais la réalisation de ce progrès est soumise à des conditions rigoureuses.

Si la démocratie doit être nécessairement une union d'initiatives, pour s'organiser lui-même le peuple a besoin d'une certaine culture démocratique, il faudra donc armer notre société d'une dose suffisante de connaissances sociales.

Ce n'est pas tout, il faut de plus lier les hommes appelés à vivre en société par une réelle attache fraternelle. Mais cette loi nouvelle devra dépasser le champ des questions sociales de toute l'ampleur d'une morale et ne pourra surgir que du plus intime des consciences. Cela, aurait dit Pascal, est d'un autre ordre : surnaturel.

Ces bases nécessaires de la démocratie étant posées, il est trop facile de voir que la France est loin d'être en démocratie puisqu'on y trouve la désunion et la désorganisation.

II. — Prenons maintenant le catholicisme dans ses sources, suivons-le à travers les âges, nous n'y trouvons aucune doctrine sociale. économique ou politique à proprement parler, mais une morale étayée sur un dogme. Il ne peut donc constituer un parti dans une nation, il n'est pas un cléricalisme : comme conséquence nécessaire, il ne peut être au sein d'une société en marche un germe de mort, ni un principe d'immobilité, et on ne saurait dire qu'il est un obstacle au progrès social.

Bien au contraire, il est une morale de vie et d'action, et cette morale qui se résume dans la loi de travail et dans la loi d'amour, fonde à la base de l'humanité une fraternité réelle et résout par là l'antinomie de l'individu et de la société. Par suite la morale catholique est la condition de toute organisation sociale et, aujourd'hui, de l'organisation démocratique.

C'est donc sur le catholicisme que nous devons baser notre action, et c'est lui seul qui nous fera triompher.

Puisque les tendances de la démocratie exigent une éducation sociale, il fallait nécessairement une œuvre destinée à instruire tous ceux qui seraient avides de savoir.

Le Groupe d'études est l'instrument de cette éducation. C'est un centre d'éducation mutuelle autonome qui revêt pleinement la forme démocratique : autonomie et association. Il n'est pas un but en soi : sa fin est la formation d'une élite en vue d'une action de pénétration.

Voilà donc nettement indiquée l'orientation intellectuelle et sociale de la Fédération des Groupes d'études du Sud-Est.

Depuis le jour où quelques jeunes gens, animés de la même foi ardente, s'essayaient timidement à mettre en commun leurs aspirations et leurs efforts, bien des étapes ont été franchies, bien des expériences accomplies. Mais, avec le temps, des clartés nouvelles sont venues et les données confuses du problème, que les fondateurs des Groupes d'études lyonnais pressentaient à peine, apparaissent maintenant dans toute leur ampleur et s'offrent au travail dévoué des générations qui les suivent.

Un jour prochain, sans doute, Dieu fera sortir de tant d'efforts l'œuvre décisive qui orientera, vers des destinées meilleures, la démocratie française.

M. Gonin.

Frédéric DUVAL

Une école de foi et d'énergie.

Le Patronage de Montrouge

SOMMAIRE :

Pourquoi ces pages ? — Quelques mots sur nos origines. — Ce que nous avons voulu faire à Montrouge. — Notes brèves sur notre organisation. — Education religieuse et morale. — Education civique et sociale. — Education professionnelle. — Education physique. — Education artistique, littéraire, scientifique. — Education de la prévoyance et de la solidarité. — Education de la charité. — Education de la Famille. — Education de l'initiative et de l'activité. — Services complémentaires. — Après le patronage. — Premiers résultats. — Conclusion.

Pourquoi ces pages ?

En décrivant l'organisation du *Patronage Saint-Pierre de Montrouge* (1) et en exposant les résultats obtenus après *dix années d'efforts,* nous n'avons pas la prétention de faire croire que nous avons mieux fait qu'ailleurs.

(1) 21, Villa d'Alésia, Paris-XIVe.

Ce ne sont point les œuvres dont on parle le plus qui font toujours la meilleure besogne.

Nombreux, au contraire, sont les patronages qui, sans publicité et sans bruit, exercent autour d'eux une action profonde et bienfaisante.

Et précisément, ce sont souvent les initiatives heureuses prises par d'autres que nous avons suivies. Nous avons pu, il est vrai, organiser et grouper dans un seul patronage, en les modifiant ou même en les modernisant, les œuvres de jeunesse les plus immédiatement utiles et c'est peut-être cette circonstance qui a fait croire aux directeurs de *l'Action Populaire* que la monographie du patronage de Montrouge pouvait présenter quelque intérêt et quelque utilité.

Nous espérons que ceux qui liront ces pages voudront bien pardonner à *l'Action Populaire* de nous avoir choisi pour les écrire et nous sommes sûrs qu'ils lui sauront gré, tout au moins, d'avoir su réserver dans ce livre, une place aux jeunes gens de France qui, dans l'ombre et le silence, loin des faveurs du monde, riches seulement de leur dévouement et de leur foi, ont donné aux enfants du peuple, pour la régénération du pays, le meilleur de leur jeunesse et de leur cœur.

Quelques mots sur nos Origines.

Aux environs du mois d'août 1896, un jeune séminariste et un jeune étudiant, sans le sou ni maille, déambulaient par les rues du quartier de Montrouge et s'arrêtaient longuement devant les terrains vagues. Un ancien dépôt de pierres meulières, sis rue de la Tombe-Issoire, attira particulièrement leur attention. Ce terrain n'était séparé de la rue que par une palissade à claire-voie et ne contenait aucun abri; mais il était à peine à trois cents mètres de l'église et des enfants grouillaient dans la rue...

Quelques jours plus tard, nos deux jeunes gens se rendaient chez M. le Curé de Montrouge, qui était alors M. l'abbé Pataud et sollicitaient de lui l'autorisation d'ouvrir un patronage rue de la Tombe-Issoire. L'exposé des ressources et la laïcité du personnel rendirent M. l'abbé Pataud peu enthousiaste... Cependant il promit aux jeunes gens un aumônier et 150 francs.

C'était peu, mais assez cependant pour autoriser la marche en avant.

D'autres étudiants, avertis de l'heureuse nouvelle, se joignirent aux deux pionniers de la première heure. Chacun apporta son obole et on se mit à construire, tant bien que mal, à coups de marteau, un hangar en planche. Quand les étudiants eurent achevé leur œuvre, ils la considérèrent et en furent satisfaits.

Peu de temps après, on annonçait au catéchisme paroissial l'ouverture du patronage. L'inauguration eut lieu sous la pluie; la pierre meulière, effritée, devint une boue blanche et gluante. Les trente enfants qui étaient venus s'en retournèrent mouillés et dégoutants; plusieurs n'en revinrent pas car « il faisait trop sale chez nous... »

Il fallut donc radouber la cabane qui laissait passer la pluie, aplanir le terrain, consolider la palissade, y percer une porte... Quand tout fut terminé, des rôdeurs volèrent tout ce qui se pouvait emporter, jusqu'au zinc du toit, jusqu'aux boutons de cuivre des serrures. La rue, travaillée par les instituteurs, devint hostile et bombarda le local d'énormes cailloux, défonça la porte, brisa les carreaux.

On se battit : des mêlées eurent lieu même chez le commissaire de police...

Cependant le nombre des enfants augmentait car les jeux, sous l'impulsion de quelques nouveaux confrères, ne chômèrent plus. Il fallut ouvrir le jeudi.

La baraque avait été divisée en trois pièces : dans l'une on faisait le contrôle, dans l'autre on ramassait les jeux, dans la troisième on faisait de tout ; c'était à la fois le préau, la chapelle, la salle de catéchisme, la bibliothèque, et... le cachot. Le patronage donna même des représentations ; les répétitions musicales avaient lieu dans la salle de garde des internes de Bon-Secours.

Tout allait à merveille mais la paroisse s'effraya bientôt de l'esprit d'indépendance de nos jeunes apôtres et leur coupa les vivres. Il y avait un an que le patronage fonctionnait. Tout était à recommencer...

La caisse à sec, ils allèrent frapper à d'autres portes, quelques-unes s'ouvrirent et des secours arrivèrent. Enhardis, nos amis sollicitèrent une audience du Cardinal archevêque de Paris qui leur remit 250 francs avec ses félicitations et ses encouragements, les seuls depuis l'origine.

Le patronage se reprit à vivre ; on développa la bibliothèque, on créa, paraît-il, une petite caisse d'épargne, on s'occupa des placements en apprentissage, on donna des représentations dans la salle paroissiale. Les parents pauvres des enfants du patronage furent visités. Pendant les vacances l'abbé Debize — qui, avec Hulleu, visitait les terrains vagues — se dépensait sans compter... il faisait de tout, le sourire aux lèvres, le lorgnon de travers, la barrette en arrière : « le bon génie du patronage », disait-on.

Hulleu pour la direction, Robic pour l'administration,

Leuret pour la discipline, Cistrier pour les jeux, maintinrent l'œuvre prospère et le patronage de la Tombe-Issoire, toujours ruiné mais toujours fier, restait bien vivant quand l'abbé Blériot prit la cure de Saint-Pierre de Montrouge. (Nov. 1897.)

Il ramenait avec lui l'abbé Biais, un jeune prêtre qui, à peine sorti du séminaire, avait fondé un patronage à l'autre bout de Paris, dans le quartier de Picpus. Il arrivait, l'esprit large et la main fraternellement tendue à tous les laïcs de bonne volonté.

Le nouveau curé de Montrouge le chargea en janvier 1898 de la direction du patronage de la Tombe-Issoire qui devenait tout à fait paroissial.

« Nous avions trouvé, nous disait un des fondateurs, l'homme des œuvres et depuis lors, l'un après l'autre, les confrères de la première heure, ceux qui avaient pataugé dans la boue sous la pluie froide, reçu les premières pierres, quêté les premiers sous et essuyé les premières ironies, se sont retirés sachant la maison en bonnes mains, sur la route de la prospérité... »

Heureusement les jeunes gens qui à Picpus avaient « travaillé » aux côtés de M. l'abbé Biais, le suivirent à Montrouge et remplacèrent les premiers confrères qui, en effet, à l'exception d'un seul, s'étaient retirés.

De 1898 à 1900 le patronage resta rue de la Tombe-Issoire et les nouveaux apôtres connurent, eux aussi, les démêlés avec les voyous, les visites chez le commissaire de police, la boue épaisse et gluante, les fondrières larges et profondes. La baraque vieillissait, les planches pourrissaient et s'émiettaient, le papier goudron qui avait remplacé le zinc volé par les maraudeurs, se déchirait et pendait lamentablement... Quand il pleuvait, les parapluies s'ouvraient dans la salle des avis. « Vrai ! c'était trop bain de mer », nous disait dernièrement un des jeunes gens qui, tout enfant, avait répondu à notre appel.

M. le Curé de Montrouge et M. l'abbé Biais, pressentant l'avenir de l'œuvre, résolurent de quitter ces lieux peu hospitaliers pour se rapprocher de l'église et pour s'installer plus confortablement.

Un magnifique terrain caché au fond d'une villa, à l'ombre du clocher, semblait s'offrir à nous, mais il fallait 70,000 francs. Ils se trouvèrent. Quelques semaines plus tard la première pierre du nouveau patronage était posée et bénite. La chapelle fut terminée en 1901. Enfin le 15 janvier 1902 le cardinal Richard nous fit l'honneur de venir inaugurer et bénir notre cher patronage.

Le patronage le plus misérable de Paris était devenu le plus confortable et le plus luxueux...

Les temps héroïques étaient finis.

Le patronage de Montrouge allait lentement mais sûrement travailler, après tant d'autres, à la rénovation religieuse et sociale du pays en essayant de donner aux enfants du peuple l'éducation chrétienne intégrale (1).

(1) Le patronage étant une œuvre collective, nous croirions manquer à l'équité en ne donnant pas ici les noms des confrères auxquels nous avons joint nos efforts : Meheut, Nivet, Chevalier, Simon, A. Robic, Tisserant, Moore (1896-1898), Haton (1899-1902), Le Cain (1899-1901), Le Lorrain (1899-1901), Lhirondel (1902-1905), H. Michel (1902-1905), Cistrier (1896 jusqu'à ce jour), G. Michel (1900 jusqu'à ce jour), Nobis (1900 jusqu'à ce jour), Douin (1901 jusqu'à ce jour), Regnault (1905 jusqu'à ce jour), Lesage (1905 jusqu'à ce jour), De Guerry (1905 jusqu'à ce jour), Magnien (1905 jusqu'à ce jour), Brou (1905 jusqu'à ce jour).

Des vicaires de la paroisse ont en outre été adjoints à M. l'abbé Biais : ce sont M. l'abbé Ollier et aujourd'hui M. l'abbé Roux et M. l'abbé Delestable ; M. l'abbé Blériot étant curé de Montrouge.

L'abbé Léger, aujourd'hui décédé, fut aumônier du patronage naissant en 1895-1897.

Ce que nous avons voulu faire à Montrouge.

Nous n'avons voulu faire ni une garderie, ni même une œuvre de persévérance, qui n'est qu'une garderie perfectionnée.

Nous avons voulu former des chrétiens, c'est-à-dire *des hommes capables de comprendre Dieu, d'aimer la vie et de se débrouiller.*

Comprendre Dieu, c'est L'aimer et Le faire aimer, c'est comprendre son Evangile et c'est aussi comprendre son Eglise, c'est remplir ses devoirs envers Lui sans crainte et sans défaillance, c'est donner aux hommes plus de bien-être et plus de justice, c'est être bon, c'est être tolérant, c'est être doux.

Aimer la vie, c'est aimer la liberté, c'est aimer le travail qui grandit et console, c'est aimer l'activité rayonnante et féconde, c'est percevoir et goûter la beauté, c'est rendre son corps plus beau et son intelligence plus vive, c'est écouter sa raison et son cœur.

Se débrouiller, c'est s'élever, c'est augmenter son salaire en diminuant sa peine, c'est apporter l'aisance et la joie au foyer familial, c'est assurer la sécurité de l'avenir, c'est devenir son maître.

Nous avons donc voulu initier les enfants confiés à nos soins à tous leurs devoirs de croyant et à tous leurs devoirs d'homme et nous avons tenté de faire une œuvre synthétique, harmonieuse, profondément chrétienne, par conséquent consciente des aspirations de la démocratie : une œuvre d'avant-garde en un mot.

Et c'est précisément parce que nous sommes à l'avant-garde que nous voulons voir achevée, *dès l'âge de dix-huit ans*, l'éducation de nos jeunes gens pour qu'ils puissent donner *au dehors* — alors que d'autres les gardent jalousement — *la mesure de leur dévouement et de leur activité.*

Quelques-uns, sans doute, trouveront que, pour atteindre notre but, nous avons été obligés d'entreprendre dans notre patronage « trop de choses à la fois », mais les *Livres Saints* n'ont-ils pas dit : « *Sème dès le matin et que le soir ta main sème encore parce que tu ne sais pas quel grain lèvera le plus tôt.* »

Avant d'exposer les moyens dont nous avons usés pour donner aux membres de notre patronage une éducation chrétienne et virile, nous dirons brièvement comment a été administrée jusqu'à ce jour une œuvre aussi complexe que la nôtre. La méthode en est peut-être bonne puisqu'elle nous a conduit au succès.

Comment nous sommes organisés.

Le Patronage n'est ouvert qu'aux enfants de l'Ecole laïque. — L'école laïque, qui devait être neutre, est vite devenue anti religieuse ; mais, neutre ou anti religieuse, elle n'éduque pas. Sa morale a fait banqueroute. Des statistiques récentes nous fournissent malheureusement trop de preuves de l'impuissance de la morale sans Dieu à enrayer les instincts mauvais. On dirait plutôt qu'elle les excite.

Notre patronage a donc été créé pour éduquer les

enfants des écoles laïques, et pour leur enseigner la morale du Christ.

Les enfants des écoles laïques sont pleins de spontanéité. Leur esprit de débrouillardise est remarquablement développé. Ils ont toute l'indépendance et toute la hardiesse des enfants de la rue, qualités que nous avons cultivées et que nous avons essayé de diriger vers le bien.

Les enfants sont admis dans notre œuvre à partir de sept ans. Ils y restent jusque vingt et un ans et plus et sont répartis dans trois sections : petits, moyens, grands.

Notre œuvre est suivie de très près par les directeurs des écoles laïques du quartier : nous ne dirons pas tout ce qui paraît avoir été tenté contre elle : patronages laïcs, garderies, cercles républicains, etc...

Notre patronage est fermé aux élèves des *frères* qui ont créé un patronage pour leurs anciens élèves âgés de plus de 16 ans.

Le Patronage est paroissial. — D'abord presque indépendant, le patronage de Montrouge est devenu paroissial, c'est-à-dire qu'il est sous la direction complète du curé.

Pourtant, le patronage paroissial présente quelques inconvénients. Les laïcs, par exemple, peuvent être — et cela arrive — complètement exclus de l'œuvre. Le curé — et cela se voit — peut appartenir à la vieille école, mais le patronage paroissial offre un avantage qui à lui seul, contrebalance victorieusement tous les inconvénients. Il est *durable* parce qu'il est un rouage officiel de la paroisse qui ne meurt pas.

Le patronage paroissial présente encore d'autres

notables avantages : il rapproche le curé de ses ouailles, forme les jeunes prêtres à l'action populaire, leur fait apprécier l'initiative et l'intelligence des laïcs autorisés à les seconder. Par contre, il incite les laïcs à avoir de l'estime et de la condescendance pour ceux qu'il ne croyait peut-être pas si généreusement dévoués.

De la Direction. — Le patronage est dirigé théoriquement par le curé, effectivement par un vicaire délégué, maître quasi absolu du patronage parce qu'il a la confiance de son curé.

Or, un patronage ne peut arriver à son complet développement que si le vicaire chargé de la direction de l'œuvre est autorisé par son curé a faire appel à des laïcs ou confrères pour le seconder, pour prolonger son autorité, son influence, son activité.

Le directeur, M. l'abbé Biais, a donc, dès l'origine, appelé à lui à des confrères, jeunes, actifs, assidus, dévoués, apôtres même et, autant que possible, mêlés au mouvement général des œuvres. La plupart appartiennent à l'Association catholique de la Jeunesse Française. La réunion des confrères, sous la présidence du directeur, constitue le *seul conseil de l'œuvre.* Les décisions sont prises à la majorité des suffrages. La voix du directeur est prépondérante. En fait, il y a toujours eu entente absolue et il est extrêmement rare qu'on ait eu recours au vote.

Le directeur, nous l'avons déjà dit, organise, coordonne, contrôle. Les confrères ont pour tâche de faire vivre et progresser les services qui leur sont confiés par le directeur. Ils en sont responsables et jouissent, par conséquent, d'une indépendance relative.

Il n'y a pas de dignitaire, pas de conseil de jeunes gens, pas de congrégation. Dans une œuvre ainsi organisée, le directeur est heureux de trouver un contre-poids à son autorité dans le Conseil des Confrères.

La direction du patronage devient donc un mécanisme très compliqué, aux rouages nombreux et délicats. Il faut au directeur beaucoup de doigté pour éviter les heurts qui brisent et arrêtent tout, et pour maintenir l'harmonie qui permet de faire produire à chacun son maximum de rendement. En d'autres termes, la plus étroite amitié doit unir le directeur et les confrères

Si, à Montrouge, les liens qui les unissent sont remarquablement solides et durables, si l'amitié est confiante et féconde, c'est que cette amitié présente tous les caractères d'une véritable *fraternité d'armes.*

Ajoutons enfin qu'en raison de l'importance de l'œuvre, deux autres vicaires ont été adjoints au directeur et spécialement chargés de la section des petits.

Des confrères. — De l'avis général, les confrères sont utiles dans la plupart des patronages, indispensables dans les grandes œuvres. Montrouge a eu le privilège d'en compter un grand nombre et leur doit en partie sa prospérité.

N'est pas confrère celui qui pour venir au patronage attend le soleil, le printemps et l'ennui. Son action est nulle et quelquefois néfaste.

Le bon confrère se rend de bon matin, chaque dimanche, à l'œuvre qu'il a choisie et ne la quitte que le soir, très tard. Il sait aussi, durant la semaine, lui consacrer de nombreuses veilles. Le bon confrère fait le bien pour le bien. Il est doux et bon, pacifique et tolérant, clément et miséricordieux, impartial et juste, énergique quelquefois, intransigeant rarement. Il doit aimer beaucoup pour être aimé un peu.

Le confrère ne reste pas confiné dans son patronage. Il est sans cesse à la recherche des initiatives heureuses que des groupements similaires, amis ou ennemis, ont su prendre. Il lit beaucoup et se mêle activement au mouvement général des œuvres. Sa sollicitude va surtout aux œuvres dont il est spécialement chargé au patronage. Ainsi documenté, il corrige et améliore son service et comprend mieux toute la portée de ses modestes efforts.

Le bon confrère connaît l'histoire de la primitive Eglise et possède parfaitement sa doctrine, il est tenu de répondre à toutes les objections courantes et doit avoir des idées saines sur la Bible, les Evangiles, les droits de l'Eglise, la liberté de conscience, les rapports de l'Eglise et de l'Etat, le pouvoir temporel et sur quelques autres questions d'économie politique et sociale.

Enfin, respectueux de l'autorité et des prérogatives du directeur, il a aussi conscience de son action et de sa valeur, exige les égards qui lui sont dus, s'incline toujours pour les questions de détail mais ne s'incline pas et disparaît pour aller travailler ailleurs quand une décision est prise qu'il croit grosse de conséquences néfastes.

Il ne cherche pas à s'élever au-dessus de ses confrères. Les derniers venus sont les premiers. Pas de président, pas de dirigés ; chacun est également participant aux succès obtenus.

Le bon confrère est un apôtre ; c'est ce qui fait sa force, c'est aussi ce qui fait la prospérité de nos œuvres, c'est encore ce qui les rend supérieures aux œuvres laïques. Loin de nous la pensée d'affirmer que l'idée anti-cléricale ne compte point des partisans convaincus et désintéressés, mais force nous est de constater que les œuvres postscolaires sont souvent confiées à des ambitieux ou à des salariés. N'a-t-on pas parlé de la grève des œuvres postscolaires? M. Petit, le rapporteur officiel, ne constatait-il pas cette année une certaine lassitude..? Ce sont des faits qui ne se produiront jamais chez nous. Pour le confrère, le surmenage est le bienvenu, et l'insuccès un stimulant.

Le confrère, étant désintéressé, est plus respecté, plus écouté, plus aimé : Il est le confident des jeunes gens qui sont souvent ses meilleurs amis : il se réjouit de leurs succès et s'attriste de leurs peines, il est le confident des âmes inquiètes et tourmentées, des cœurs trop généreux, des volontés trop faibles. Il console et fortifie, il guide et dégage la route (1)...

Des adjoints ou dignitaires. — Dans une œuvre aussi complexe qu'un patronage dont chaque service, à lui seul, est un foyer de vie, il faut, à côté du directeur et des confrères, d'autres collaborateurs choisis parmi les membres de l'œuvre. Ils ne sont ni moins dévoués, ni moins intelligents; l'instruction et l'expérience seules leur manquent souvent. Les choisir comme aide, c'est pour l'œuvre un gage de prospérité; pour eux, un moyen de se former à l'action, une charge et un honneur.

Dans les vieilles œuvres, on les appelait dignitaires. Le mot a vieilli avec les œuvres. A Montrouge, ils se nomment tout simplement *des adjoints*. Ils n'attendent point de récompense de leur dévouement, car ce sont des apôtres. Les adjoints sont de tout âge et de toute condition. Leurs

(1) Les confrères de patronages ont vécu trop isolés jusqu'à ce jour, nous comptons les grouper quelque jour en association.

aptitudes les désignent aux fonctions qu'ils remplissent. Tel fait merveille au service de la mutualité qui ferait piteuse mine au cercle d'étude. Dans de nombreux patronages, les adjoints forment conseil. Pas à Montrouge, où ils n'ont d'autre privilège que la satisfaction du devoir accompli. C'est pourquoi les adjoints sont considérés comme des collaborateurs. Le directeur a pour eux, dans l'exercice de leurs fonctions, la considération qu'il a pour les confrères. Ils sont souvent appelés par le Directeur ou par les confrères à rendre compte de leur gestion ou à exposer leurs desiderata. Il est bon et juste, enfin, de les réunir de temps à autre pour leur causer plus intimement et pour leur témoigner la reconnaissance qui leur est due.

Nous ajouterons que, personnellement, nous nous sommes toujours refusés à confier aux adjoints des besognes monotones et ennuyeuses, bonnes tout au plus à tuer leur initiative et à les dégoûter de l'apostolat. Mieux vaut faire ces besognes là soi-même.

Du Conseil de jeunes gens. — Nous n'avons pas à Montrouge de *conseil composé des jeunes gens de l'œuvre.*

Nous avons, en effet, toujours considéré qu'un conseil était une source de jalousie et de cabale, et nous avons toujours pensé qu'un directeur âgé et expérimenté ne pouvait raisonnablement abdiquer son autorité dans la main d'enfants et de jeunes gens qu'il est chargé d'éduquer. Ne tient-il pas cette charge de leurs parents eux-mêmes ? Au foyer, sont-ce donc les enfants qui donnent à leur père des conseils sur l'éducation qu'ils désirent recevoir ?... Or le patronage est une œuvre de formation. Il convient que la direction soit nettement indépendante et n'ait point à ajouter aux soucis de l'organisation, les soucis des désaccords et des cabales. Le conseil est un rouage inutile ; c'est un caillou dans un engrenage.

Les jeunes gens comprennent fort bien que nous ne cherchons, en ce faisant, que l'intérêt de l'œuvre, c'est-à-dire le leur. Ils n'ont jamais pensé que nous voulions énerver leur énergie pour en faire des êtres sans ressort et sans volonté. Nous leur avons à chaque instant donné des preuves du contraire et ils savent la joie que nous éprouvons de leur initiative, de leur travail, de leur activité.

Nous leur avons toujours montré la beauté de la vie intense et nous avons sans cesse essayé de les y exercer par les œuvres du dedans et par celles du dehors.

Des élections. — On a déjà compris par ce qui précède que nous sommes opposé *aux élections* dans les œuvres. A Montrouge, aucun service n'est électif. Les présidents des groupes, les secrétaires, les trésoriers sont désignés par le directeur ou par les confrères avec l'approbation du directeur.

Nous avions pourtant essayé, à la conférence Saint-Vincent-de-Paul, de concilier à la fois les droits de la direction et l'indépendance du vote. Les demandes d'affiliation devaient être adressées au directeur qui, s'il les jugeait dignes, les transmettait à la conférence qui votait. Aux premières élections qui eurent lieu, il y eut quelques divergences de vues entre les jeunes gens. Ces derniers, désireux de supprimer désormais toute cause de désaccord, renoncèrent aux droits qui leur avaient été exceptionnellement reconnus par la direction. « Considérant, lisons-nous dans les procès-verbaux rédigés par eux, que lorsqu'un camarade est jugé digne par le directeur de faire partie de la conférence, il doit en être digne », ils prièrent le directeur de choisir désormais lui-même les nouveaux adhérents. C'était faire preuve d'un excellent esprit et d'un grand bon sens. Le directeur dut leur laisser *malgré eux* la possibilité de faire des observations.

Des statuts et coutumes. — Ainsi donc, pas de dignitaire, pas de congrégation, pas de conseil de jeunes gens, mais un directeur responsable et des confrères choisis par lui et partageant avec lui et vis-à-vis de lui la responsabilité de la direction.

Un seul conseil : celui du directeur et des confrères.

Nous savons bien que l'avenir d'une œuvre ainsi organisée n'est point assurée. Le directeur, vicaire attaché à la paroisse, peut être remplacé d'un jour à l'autre par un prêtre dont les méthodes seront toutes différentes ; les confrères, alors, peuvent être « remerciés » et l'œuvre peut sombrer soudain. Nous pourrions citer de nombreux exemples de patronages prospères, aujourd'hui tombés, parce qu'ils n'ont pas su prévoir le lendemain.

C'est pour parer à ces fins lamentables qu'il avait été décidé de faire du Patronage de Montrouge une société légale déclarée conformément à la loi.

Dans cette intention les confrères proposèrent alors des statuts qui, en codifiant les coutumes du patronage, engageaient son avenir et lui assuraient, croyaient-ils, la prospérité.

Ces statuts ne furent pas acceptés. Pour tourner la difficulté, on créa une société de gymnastique qui ne répond peut-être pas aussi exactement au but que l'on s'était proposé.

Nous donnerons les deux textes dans les *Actes sociaux.*

De la résidence. — On a beaucoup parlé, il y a une dizaine d'années, des *settlements*. L'Action Populaire a consacré, tout dernièrement, une brochure sur ce sujet et Mademoiselle de Gahéry a publié dans *Françaises*, une étude sur l'Union familiale dont le point saillant est précisément la résidence dans l'œuvre même, en plein faubourg, des apôtres du peuple.

Montrouge, en ce sens, est aussi une résidence car le patronage a été construit de telle sorte que tout un étage est réservé au prêtre directeur et aux confrères. C'est pour nos patronages une innovation qui mériterait d'être signalée. Les avantages en sont considérables : présence continuelle du directeur, surveillance incessante, possibilité de réunions quotidiennes, porte toujours ouverte aux jeunes gens inquiets et découragés, activité incessante et féconde. Le patronage devient la bonne maison toujours propre, toujours accueillante, toujours gaie, toujours vivante.

Et maintenant, voyons ce que nous avons fait pour essayer de donner aux enfants de l'école laïque une éducation chrétienne et virile.

Education religieuse et morale

De ce que nous n'avons voulu faire ni une garderie, ni une œuvre de persévérance, étroite et guindée, il ne faudrait pas conclure que nos efforts n'ont pas tendu à maintenir et à développer chez nos jeunes gens l'esprit chrétien ; ce serait se méprendre étrangement sur les desseins de ceux qui n'ont eu qu'un but : *former des catholiques conscients et profondément pieux.*

Tout ce que nous avons créé : œuvres sociales, œuvres professionnelles, œuvres sportives, etc... ne devait servir, dans notre pensée, qu'à étayer la piété dans l'âme des enfants.

Pour l'y faire pénétrer, nous avons tiré tout le parti possible, des procédés ordinaires : la prière, l'étude, l'action, sous leurs divers modes.

Messe. — La messe et le salut sont célébrés dans la chapelle de l'œuvre. Nous avons essayé de faire comprendre la beauté de la messe et ses symboles. Nous avons voulu la rendre agréable et *compréhensible.* Nous l'agrémentons donc de chants populaires et n'abusons pas du latin. Ses diverses parties sont, à maintes reprises, expliquées par le prêtre durant la célébration même. Nous leur apprenons à parler à Dieu pendant l'élévation. Pas de sermons, mais des causeries courtes et alertes. L'Evangile est toujours lu à haute voix.

Nos messes ont groupé jusque huit cents enfants et jeunes gens (patronage et catéchisme). Nos enfants n'assistent jamais aux vêpres, mais au salut.

Catéchisme. — Le catéchisme paroissial a lieu au patronage et est dirigé par le directeur du patronage. Tous les enfants, même non patronnés, sont tenus d'y assister : d'où extension de l'action bienfaisante du patronage.

Le directeur du patronage est secondé par des vicaires, par des jeunes gens de l'œuvre, par des dames. Chaque enfant a son répétiteur. A la fin de l'année, fête des catéchismes.

Retraites. — Chaque année, nos jeunes gens sont préparés au devoir pascal par une retraite de quatre jours : retraite pour les enfants de 12 à 16 ans, retraite pour les grands. Ces retraites ont toujours donné d'excellents résultats. Quelques jeunes gens ont fait des retraites fermées de trois jours à Epinay-sur-Seine.

Conférences religieuses. — Chaque dimanche, immédiatement après la messe, une conférence est faite à tous les apprentis et ouvriers par un missionnaire diocésain sur un sujet religieux ou moral. La valeur du conférencier, son éloquence, et le soin qu'il apporte à la préparation de ces conférences nous permettent d'affirmer que nos jeunes gens sont absolument privilégiés et tirent le plus grand profit de ces conférences.

Cercles d'études : sections d'apologétique. — L'enseignement religieux est complété par nos deux cercles d'études qui comptent chacun deux sections, une section d'études sociales, et une section d'apologétique.

Le *Petit Cercle*, composé d'écoliers et d'apprentis de douze à seize ans, se propose de fournir à ses membres les réponses aux objections qui courent l'école et l'atelier. Il faut qu'à seize ans, nos jeunes catholiques aient de leur religion une connaissance rationnelle. Leurs inquiétudes doivent être dissipées, leur instruction religieuse doit être complète. Alors ils auront l'esprit libre et ils pourront désormais, sans découragement et sans arrêt, se préparer, par l'étude, à l'action.

Le *Grand Cercle* groupe les jeunes gens de seize ans à dix-huit ans qui se préparent à l'action. En principe, l'instruction religieuse de ces jeunes gens devrait être terminée mais dans les combats qu'ils livrent, ils peuvent se trouver aux prises avec des intelligences cultivées et des esprits retors. Des objections plus spécieuses peuvent leur être faites. Il est bon d'y répondre de temps à autre.

Education de la pureté. — Cette éducation est faite chez nous par des conférences — nous n'avons pas craint de faire une conférence sur les maladies qu'engendre la débauche — et par les conversations ou conseils des directeurs et des confrères. Cette dernière méthode est peut-être encore la meilleure quand il s'agit de mettre les points sur les *i*. On peut aussi donner des brochures telles que : *Pour nos fils quand ils auront vingt ans*, éditée par la Société de Prophylaxie. En ce cas, il est *plus prudent* de passer par l'intermédiaire des parents. — Lire aussi : Ab. Fonsagrive : *L'Education de la Pureté ;* Edm. Montier : *L'Education du Sentiment.*

Livres de chevet. — Il y a des livres qu'il faut donner car ils sont indispensables. Nous citerons :

L'abbé Lesêtre : *L'Evangile*, d'après les quatre Evangélistes harmonisés en un seul récit. Paris, Lethielleux, 10, rue Cassette.

Henri Joly : *Pour entrer dans la vie*. Paris, Lecoffre, 90, rue Bonaparte.

Un *Manuel de Religion*, clair, précis et bien fait, est également nécessaire.

Education de l'Apostolat.

Nous avons dit et redit à nos jeunes gens qu'ils devaient être des apôtres. *Tous nos efforts ont tendu vers ce but.*

Nous avons livré à leur méditation ces paroles du

Maître : *Ce n'est pas vous qui parlez mais l'esprit de Dieu qui parle en vous. Ce que je vous dis dans les ténèbres, dites-le dans la lumière, et ce qui vous est dit à l'oreille, prêchez-le sur les toits.*

Et aussi ces paroles de l'apôtre : *J'ai prié pour toi afin que la foi ne défaille point et toi aussi, quand tu seras converti, affermis tes frères.*

Grâce à Dieu, nos efforts n'ont pas été inutiles et ce nous est une grande joie de constater aujourd'hui que bon nombre de nos jeunes gens ont enfin *l'esprit d'apostolat.*

Nous ne pouvons citer toutes les manifestations de leur esprit d'apostolat : à l'atelier, au restaurant, dans la rue, dans leurs relations, partout, nos jeunes apôtres ont trouvé moyen d'exercer leur zèle.

Nous parlerons seulement des groupements de l'œuvre constituée uniquement en vue de l'éducation de l'apostolat ; mais, nous tenons à le répéter, tous ces services du patronage sont animés de cet esprit et individuellement, nos enfants et nos jeunes gens considèrent presque tous la propagande comme le premier devoir des catholiques et agissent en conséquence. Nous ne saurons jamais les merveilles accomplies par eux.

Sainte-Enfance. — L'œuvre de la Sainte-Enfance compte parmi les plus jeunes membres du patronage de nombreux adhérents. Elle est assez connue pour que nous nous croyons dispensés d'en parler plus longuement.

Cette œuvre présente un grand avantage, c'est qu'elle fait toucher du doigt, à nos enfants, l'universalité de l'Eglise, et qu'elle les prépare à mieux comprendre que les peuples catholiques sont faits pour s'entr'aider. C'est enfin une des premières formes de l'apostolat.

Les catéchistes. — Chaque dimanche, quelques-uns de nos jeunes gens trouvent, malgré les multiples occupations de la matinée, le temps de consacrer encore près d'une demi-heure à l'instruction religieuse des enfants du catéchisme. En préparant ces jeunes enfants à leur première communion, ils apprennent eux-mêmes à mieux connaître et aussi à mieux comprendre les principes de leur religion qu'ils ont souvent trop oubliés.

Comité de propagande de la Bonne Presse. — Un autre groupe est toujours prêt à vendre ou à distribuer sur un mot d'ordre, à la porte de l'église paroissiale, des ateliers ou ailleurs, les journaux, revues ou tracts de propagande. Il cherche en outre à propager la bonne presse chez les membres de l'œuvre et dans leur famille d'abord, et ensuite au dehors. L'affichage rentre aussi dans ses attributions.

Ligue de l'Evangile. — Quelques jeunes gens ont formé une section de la Ligue de l'Evangile et propagent autour d'eux le Livre divin.

La troupe de Montrouge. — Nous désignons sous ce nom les jeunes gens du patronage, diseurs, chanteurs ou musiciens, qui prêtent leur concours aux fêtes organisées par des patronages voisins ou par des sociétés animées de notre esprit. Ces occasions se présentent *très souvent*, d'où la nécessité de leur faire apprendre des *monologues* ou des *chansons* d'une littérature distinguée et d'une certaine élévation morale. Des sociétés mutualiste et civique, des sociétés provinciales de Paris, des patronages, des communes, des missions même ont fait appel à notre troupe.

Les propagandistes. — Nous nommons ainsi tous les

membres du patronage qui, d'une façon quelconque mais tangible, font de la propagande ou appartiennent à des groupements de propagande, propagande religieuse, propagande syndicale, propagande de presse, propagande mutualiste, propagande sportive, car toutes ont pour but ou pour effet de rapprocher de Dieu les âmes. Ils seront convoqués, à la fin de chaque année, à une réunion plénière pour y entendre lecture du *bilan*.

Les adjoints. — Les *adjoints* ou dignitaires, choisis parmi ceux qui semblent le plus susceptibles de se dévouer pour la cause, sont, pour la plupart, de véritables apôtres. Leur éducation est particulièrement soignée. Les fonctions qu'ils remplissent sont pour eux une excellente école d'apostolat. C'est une pépinière de chrétiens. Nous en avons déjà parlé plus haut.

Education civique et sociale.

Il serait fastidieux de démontrer, après mille autres, la nécessité des cercles d'Etudes.

Nous avons deux *cercles d'Etudes* : le *petit cercle* et le *grand cercle* divisés chacun en deux sections : section d'apologétique et section sociale.

A ces deux cercles d'Etudes et aux Enquêtes sociales nous avons ajouté l'*Ecole des conférenciers populaires*, l'*École des secrétaires* et les *Causeries du soir* (littéraires et scientifiques) dont nous parlerons plus loin.

Petit cercle d'études sociales. — Ce que nous avons dit plus haut du petit cercle d'études apologétiques peut aussi bien s'appliquer au petit cercle d'études sociales, puisque les membres de ce cercle appartiennent déjà au premier. Il est indispensable qu'à l'école laïque et à l'atelier nos enfants aient des *connaissances supérieures à celles de leurs camarades* et que leur jugement soit plus sûr. Il convient par exemple qu'ils puissent discourir sur des questions d'actualités (voir *Causeries du soir*) et qu'ils aient des notions très générales d'économie politique et sociale (L'Etat, le citoyen, la commune, le travail, le capital, la propriété, les droits de la conscience). Il ne faut pas exagérer et, au contraire de ce qui a lieu pour les grands, donner moins de place à ces questions qu'aux questions d'apologétiques.

Grand cercle d'études sociales. — On y approfondit les questions économiques et sociales déjà traitées mais superficiellement au petit cercle; on ne se perdra pas dans les détails, je veux dire que l'on ne consacrera pas dix séances, par exemple, à l'organisation syndicale; c'est l'affaire des cercles d'études organisés par les groupes de la Jeunesse Catholique ou par les Syndicats.

Enquêtes sociales. — Le cercle d'études coupe la monotonie de ses travaux, agrémente et matérialise en quelque sorte son enseignement par une enquête locale qui souvent peut être utilisée et publiée.

L'an dernier, par exemple, nous avons collaboré à l'enquête organisée par la Jeunesse Catholique sur les *Conditions de la jeunesse ouvrière*. De plus, un des nôtres, télégraphiste lui-même, a fait un rapport sur les télégraphistes qui a été utilisé à la Chambre par M. l'abbé Lemire en 1905 dans sa réponse à l'interpellation Dejeante.

Education professionnelle.

Quatre devoirs se sont imposés à nous :

1° Faire une vocation.

2° Assurer le placement.

3° Développer l'habileté professionnelle.

4° Compléter les connaissances professionnelles.

Conférences et visites professionnelles. — La vocation est donnée par des conférences, par des conversations amicales, par des visites à l'*Exposition du travail des ouvriers et apprentis* et par des visites d'usines.

Placement. — Le placement a été assuré par un confrère. C'est un service très difficile, qui exige beaucoup de démarches mais dont l'importance est considérable. On n'y saurait prêter trop d'attention. Il faut que le jeune homme gagne bien sa vie, assure son avenir, se trouve dans un bon milieu et soit libre le dimanche.

Exposition du travail. — L'habileté professionnelle a été encouragée et récompensée par des concours, par la participation de nos membres à l'Exposition du travail. Nous y avons remporté de nombreuses récompenses. A cette occasion, les chefs-d'œuvre de nos apprentis et ouvriers sont exposés au patronage.

Cours professionnels. — Les connaissances professionnelles ont été développées par des *cours*, cours d'anglais, de dessin, d'électricité, etc. D'autre part, nous avons souvent encouragé nos jeunes gens à suivre les cours du soir des écoles communales (exception faite des cours d'histoire, de littérature, ou autres cours tendancieux). Quelques-uns, nos plus dévoués, les ont suivis régulièrement pendant plusieurs années. Les cours des associations philotechniques sont souvent remarquablement faits et bien tenus. L'utilité des cours du soir au patronage est donc moins immédiate.

Cours supérieurs. — Nous désignons sous ce titre les cours que nous donnons aux jeunes gens de notre patronage qui sont entrés par voie de concours dans les grandes écoles de la ville de Paris ou dans les lycées : école Jean-Baptiste Say, Colbert, Lavoisier, lycée Montaigne, lycée Buffon. C'est un devoir pour nos jeunes gens de tenir la tête de leur classe. L'an passé nous avions un premier prix d'excellence au lycée Buffon. Ces cours sont faits par les élèves de Centrale ou de Polytechnique. Les résultats sont excellents.

Education physique.

Gymnastique et sports. — Ce n'est pas le lieu de discuter ici des avantages et des désavantages de la gymnastique ou des sports dans nos œuvres. Nous avons cru que les avantages dépassaient de beaucoup les inconvénients et nous avons fait du sport. Nous nous en sommes bien trouvés. Evidemment les jeunes gens sortent souvent du patronage. Ils sortent même beaucoup. Ce sont des matchs officiels, des séances d'entraînement, des parties de foot-ball, des épreuves courues par des équipes adverses... etc., etc. Malgré ces sorties multiples, la vie du patronage est restée aussi intense et nos jeunes gens sont devenus meilleurs puisqu'ils nous sont restés fidèles.

Le patronage compte une Société de gymnastique et deux Sociétés sportives, l'une pour les grands : la *Jeunesse Athlétique de Montrouge*, l'autre pour les petits : *Pupilles-Sports*. Un vaste terrain de 10,000 mètres, situé à la porte de Paris, leur est spécialement réservé. Notre société sportive, la J. A. M., a conquis une des premières places parmi les sociétés catholiques.

La gymnastique et principalement la gymnastique suédoise, qu'il ne faut pas confondre avec les sports, est en honneur chez nous. Elle a pour nos jeunes gens moins d'attraits que les sports car elle exige plus de discipline, présente plus de monotonie et s'accommode fort bien de la cour du patronage. Elle est pourtant plus rationnelle que les sports et concourt plus activement et plus intelligemment au développement de la poitrine et des muscles, par conséquent à la beauté plastique.

Notre *Société de gymnastique*, fondée en 1899, a pris part avec succès, à tous les concours nationaux ou internationaux organisés par la Fédération gymnastique et sportive des patronages de France. Elle a déployé son drapeau jusqu'au fond de la Bretagne. Elle a prêté son concours à des pèlerinages, à des fêtes communales organisés par des curés et par des maires de la région parisienne. Elle compte cette année pousser une pointe jusqu'à Rome.

Quant à nos sociétés sportives, elles se livrent à tous les sports imaginables. La *course en campagne* ou *cross-country* est fort en faveur. L'*équipe Montrougienne était en 1905-1906 champion de France.* Nos jeunes gens pratiquent encore les *courses de vitesse.* Un de nos champions n'a-t-il pas, l'an passé, dans une épreuve nationale parcouru 100 mètres en 10 secondes. Le *lancement du disque*, le *lancement du poids*, le *saut*, le *tennis*, l'*escrime*, le *tir*, la *natation* comptent de nombreux amateurs. Le Patronage enfin compte 4 équipes de *foot-ball* et un *haltèro-club* dont les membres ont organisé un *cours de culture physique.*

Colonies de vacances. — Quelques directeurs de patronage ont pris en ces dernières années l'heureuse habitude « d'expédier » au bord de la mer ou à la campagne des enfants et jeunes gens qui fréquentent leurs œuvres pour qu'il en résulte une double amélioration : physique et morale.

Le Patronage de Montrouge se devait d'être à l'avant-garde de ce mouvement.

Depuis 1903, nous avons envoyé à Plougasnou, dans le fond de la Bretagne, à 600 kilomètres de Paris, 5 colonies représentant un effectif de 140 colons et 1,300 journées de « plein air ».

Nous ne parlerons pas ici de l'organisation de ces colonies mais nous insisterons principalement sur le côté original qu'elles nous paraissent présenter. Il nous paraît en effet qu'on se laisse généralement un peu trop hypnotiser par la cure d'air et qu'on n'a pas assez songé à l'action *morale* que peuvent exercer autour d'eux les membres de ces colonies.

Le récit de ce que nous avons fait lors de notre première colonie fera mieux ressortir notre pensée.

Vingt colons, tous anciens élèves des écoles laïques,

portaient une marque distinctive : le *béret bleu*. Pourquoi ? parce que le béret bleu, à lui seul, composait l'uniforme — sommaire, mais bien visible — de la colonie. L'avantage ? 1° Faciliter la discipline et la surveillance ; 2° Constituer pour les jeunes gens une sauvegarde. Il y a, en effet, des faiblesses qu'on peut aisément surmonter quand on porte un uniforme que l'on veut respecter ; 3° Donner enfin l'illusion du nombre et, par là, permettre de prêcher par l'exemple.

Il n'y avait pas deux jours que les Montrougiens étaient à Plougasnou que tous les Bretons les connaissaient déjà. On voyait des *bérets bleus* partout, sur la plage, dans la lande, sur les rochers, par les chemins creux, dans les vieux oratoires, à l'église. Leurs chansons résonnaient le long des routes. Les paysans, penchés sur la terre, se redressaient pour les regarder passer. D'autres, embusqués derrière les haies, criaient : *Vive la Liberté !* D'autres encore, les jours de pluie, nous offraient le feu joyeux de leur grande cheminée pour nous réchauffer, le lait de leur petite vache pour nous réconforter et c'étaient de longues causeries dans la vaste pièce, près des lits clos finement sculptés.

Le dimanche, à la messe, les Montrougiens se tenaient dans le chœur de la vieille église et chantaient avec le recteur... C'était, pour les Bretons, un bel exemple que la piété sincère et recueillie de ces jeunes gens qui, hors de l'église, emplissaient la campagne et le bourg de leurs rires éclatants... Je crois bien que les vieux saints de bois, sévères et rigides, durent, la nuit, s'entretenir longtemps, de ces nouveaux venus...

Ce n'est pas tout. L'école libre avait besoin d'argent. On lui en procura. En effet, huit jours après notre arrivée, les classes de l'école étaient transformées en salles de spectacle. Des programmes alléchants, imprimés à la hâte et déposés chez les hôteliers, chez les épiciers, chez les aubergistes, chez les marchands de tabacs avaient attiré le ban et l'arrière-ban du pays. Mgr Dulong de Rosnay était accouru de Morlaix pour nous présenter à la population. Et la renommée des Montrougiens s'étendait au loin... Elle avait même franchi la baie de Morlaix, on parlait d'eux dans les rues de la fière cité armoricaine, et jusqu'à Roscoff, dans l'antique pays de Léon, on réclamait notre troupe. Force nous fut donc de décider que des représentations seraient données dans ces deux villes. — Le Patronage Saint-Pierre de Montrouge, qui avait quitté Paris pour vivre tranquille dans un petit trou, prenait les allures d'une petite société sportive ou d'une troupe théâtrale en ballade.

A Morlaix, la représentation « dramatique et musicale » fut agrémentée d'une fête sportive. Nos gymnastes manœuvrèrent en cadence, au rythme de la mandoline et révélèrent à 1,200 Bretons les beautés de la gymnastique suédoise... Quelques jours plus tard, le Docteur Michaux, président de la Fédération des Patronages de France, se rendait à Morlaix et fondait l'*Union gymnastique et sportive de la Basse-Bretagne* dont nous avions établi les bases.

Et c'est ainsi que les jeunes gens du Patronage Saint-Pierre de Montrouge firent à la fois une « cure d'air » et de l'apostolat du meilleur aloi. En effet, M. le Recteur de Plougasnou, quelques instants avant leur départ, voulut bien dire à M. l'abbé Biais, Directeur du Patronage que *le séjour de ses vingt jeunes gens avait produit sur ses paroissiens l'effet d'une mission...*

Et depuis lors, chaque année, il en est ainsi.

Promenades et excursions. — Plusieurs fois par an nous organisons de grandes promenades. Les petits se contentent d'explorer les forêts des environs de Paris. Les grands font de véritables excursions artistiques et fortifiantes. Petits et grands rentrent fatigués mais nantis d'une bonne provision d'air pur.

Consultations médicales. — Deux ou trois confrères du patronage, qui se trouvent être médecins, donnent aux seuls membres de l'œuvre des consultations gratuites et facilitent, en cas de nécessité, l'entrée de nos malades dans les hôpitaux.

Buvette hygiénique. — Par la buvette, nous essayons de répandre le goût des boissons non alcoolisées.

Education artistique, littéraire, scientifique.

Les jeunes gens chrétiens doivent, mieux que tous autres, comprendre la science et la beauté, qui nous rapprochent de Dieu. On nous a si souvent accusés d'ignorance et de mauvais goût qu'il est indispensable de montrer que nos intelligences sont curieuses de savoir et d'admirer.

Causeries du soir. — Pour reposer des travaux souvent arides des cercles d'études, des conférences artistiques, littéraires et scientifiques, sont faites non seulement aux membres des deux cercles d'études, mais aussi à tous les ouvriers et apprentis du patronage. Une conversation s'engage, généralement, entre le conférencier et les auditeurs pour permettre aux bonnes volontés et aux intelligences de se manifester. Ces conférences sont en quelque sorte les pépinières de nos cercles d'études.

Promenades artistiques et scientifiques. — Mais ces conférences-causeries ne laissent pas de traces très profondes : aussi nous a-t-il paru indispensable de compléter cet enseignement par des promenades susceptibles d'intéresser et d'instruire. Notre-Dame, Sèvres, les chantiers du Métropolitain ont reçu nos visites.

Concours littéraires. — A la requête de quelques jeunes gens nous avons dû organiser des concours de poésie qui ont donné des résultats plutôt surprenants. D'autre part, pendant les colonies de vacances, les écoliers sont tenus de noter, chaque matin, les impressions de la veille. C'est le *Journal de la Colonie.* Des *bourses de colonie* et des demi-bourses sont données en récompenses aux auteurs des meilleures rédactions.

Enseignement récréatif familial. — Nous en parlerons plus loin, à l'*Education de la famille;* les membres de l'œuvre, étant invités avec leurs parents, profitent de cet enseignement.

Photo-club. — Le Photo-Club de Montrouge, en même temps qu'il facilite la pratique de la photographie, développe le goût artistique en organisant des promenades, des expositions, des concours; il constitue un fonds de documents précieux pour l'histoire de l'œuvre et réunit, dans un but de propagande, les vues nécessaires à une conférence avec projection sur les patronages.

Education de la Prévoyance.

Il ne s'agit pas d'enseigner la prévoyance. Il faut la pratiquer, ce que nous avons fait.

Mutualité. — Chacun connaît les bienfaits de la mutualité. Nous nous contenterons donc de signaler seulement *l'avantage moral* que peut y trouver un directeur d'œuvres. Les mutualistes ne payent pas toujours régulièrement leurs cotisations. Il faut les rappeler à l'ordre. Comme les lettres de rappel n'ont aucun écho, il est nécessaire de se rendre chez les parents. Nécessité bénie ! Les points de contact de l'œuvre avec les familles deviennent plus nombreux ; les visites dont le but apostolique étaient naguère deviné, deviennent toutes naturelles. Le bien que l'on peut faire n'en est que plus considérable.

C'est une lourde tâche que d'assurer la vitalité d'une société de secours mutuels dans un patronage. Il faut, pour l'administrer, un esprit ordonné, persévérant, laborieux. Quand nous l'eûmes rencontré, nous nous mîmes à l'œuvre : quelques jours plus tard notre mutualité était fondée.

En mutualité plus que partout ailleurs, l'union fait la force.

C'est pourquoi pour simplifier nos comptes, pour dégager notre responsabilité, pour augmenter nos primes et aussi pour assurer l'avenir, nous avons adhéré à la *Jeunesse prévoyante du diocèse de Paris,* dont nous sommes devenus la section la plus vivante.

Fondée au mois de mars 1904, notre mutualité comptait

au mois de mars 1903 plus de 100 adhérents. Dans l'espace d'un an, nous avons reçu des petits enfants des écoles et de quelques apprentis, à raison de 0 fr. 10 par semaine, 250 francs dont 120 francs sont allés à la Caisse des maladies et 130 francs à la Caisse nationale de retraite pour la vieillesse. La société avait distribué dans le même temps des indemnités pour 60 journées de maladie. A l'occasion de l'inscription de notre centième mutualiste, nous avons offert aux parents de nos mutualistes, une grande fête dite *Fête de la Mutualité.*

Notre société compte aujourd'hui *cent vingt adhérents.*

Caisse d'épargne. — Dans le but de développer l'esprit de prévoyance et de favoriser spécialement les enfants du patronage qui, en adhérant à notre mutualité, ont nettement manifesté leur goût de l'épargne nous avons créé dans l'œuvre une caisse d'épargne destinée à recueillir les *économies des mutualistes* et des autres membres du patronage mutualiste ou non, âgés de plus de seize ans.

Caisses de vacances. — L'œuvre établie au patronage sous le nom « Colonies de vacances » a pour but de procurer aux enfants et aux jeunes gens de l'œuvre qui se sont faits remarquer par leur assiduité ou leur bonne tenue un séjour de quinze jours au bord de la mer, en Bretagne, à un prix extrêmement réduit. Une cotisation de 20 francs est demandée aux petits, une cotisation de 30 francs est demandée aux grands.

Dans le but de faciliter le versement de cette somme, en même temps de développer l'esprit de prévoyance et d'économie, cette somme ne peut en aucun cas être versée en une seule fois mais par acomptes successifs qui, pour les pupilles, sont versés chaque dimanche et, pour les grands, le premier dimanche de chaque mois.

Caisse du soldat. — A l'encontre de nombreuses institutions similaires, notre caisse militaire n'est pas basée sur le principe d'une absolue mutualité. L'inconvénient de ce dernier système c'est que les mensualités versées aux adhérents sont très variables et peuvent devenir insignifiantes quand les conscrits sont nombreux. Enfin, l'argent versé n'est pas remboursé à ceux qui ne partent pas.

Notre caisse du soldat tient de la caisse d'épargne et de la mutualité. Les adhérents rentrent toujours dans leur argent. Plus ils versent, plus ils touchent.

Education de la Charité.

Un patronage n'a pas le droit d'oublier que le Christ nous a fait un devoir de donner à manger à ceux qui ont faim. Si pauvres que soient les membres d'un patronage, il y en a encore de plus pauvres qu'eux. L'obole du pauvre pèse autant devant Dieu que l'or du riche.

Conférence Saint-Vincent-de-Paul. — Un patronage qui n'a pas de congrégation doit avoir une Conférence Saint-Vincent-de-Paul.

Les membres de notre conférence Saint-Vincent-de-Paul constituent donc un groupement très solide. Tout en se perfectionnant dans la pratique de la vie chrétienne, ils sont la providence des pauvres gens et la religion qu'ils professent s'illumine d'une auréole de bonté et d'amour. Leur piété est profonde, leur vie est digne, leur exemple fécond. Ils aiment sincèrement et profondément l'œuvre dans laquelle ils ont grandi.

Les secours donnés par la conférence consistent en bons de pain, de viande, de chauffage, en vêtements, en consultations médicales, en dons divers. C'est ainsi que quelques membres de la conférence ont trouvé le moyen de procurer une machine à coudre à une pauvre femme, qu'un jeune orphelin a été envoyé à une colonie de vacances puis à un orphelinat, que des démarches ont été faites auprès de durs propriétaires décidés à jeter dehors de pauvres gens, que des emplois meilleurs ont été trouvés à de malheureuses femmes qui gagnaient l'une *0 fr. 25 par jour* à mettre des agrafes, l'autre 0 fr. 10 de l'heure à éplucher des marrons aux halles, la nuit...

L'apostolat se pratique par les conversations et les conseils discrets des visiteurs, par la distribution de brochures ou de tracts, par la célébration d'une messe dite pour appeler la miséricorde divine sur les familles secourues et pour le repos de l'âme des membres décédés. Les pauvres sont invités à y assister.

Le Sou des pauvres. — La conférence Saint-Vincent-de-Paul recrute parmi les membres du patronage et au dehors des adhérents à qui elle demande de verser *un sou par mois*. Ceux-là qui ne peuvent s'astreindre à la visite régulière des familles ou qui sont trop jeunes pour faire partie de la conférence sont heureux de contribuer ainsi à l'œuvre commune.

Distribution de soupes. — Plusieurs fois par an, nos jeunes gens assurent à la *Mie de pain* le service de la distribution des soupes aux miséreux, durant l'hiver.

Vestiaire. — Le vestiaire est destiné à donner des

vêtements aux enfants pauvres du patronage. Il est confié à la garde d'une dame.

Education de la Famille.

« Le patronage, répétons-nous sans cesse à nos enfants, est une grande famille. » Il convient donc que les familles nous comprennent et nous aident et ce nous est un devoir de les convoquer pour les tenir au courant de ce que nous faisons, pour les instruire, pour les conseiller et toujours pour resserrer les liens qui doivent nous unir.

Pour atteindre les familles, nous nous servons des moyens suivants :

Représentations dramatiques et musicales. — Nous n'en abusons pas. La préparation des pièces théâtrales demande un temps considérable et il est déplorable de voir d'excellents sujets consacrer leurs veilles, durant des mois entiers, à apprendre un rôle. Là, surtout, l'excès est l'ennemi du bien. C'est à l'occasion de ces représentations que le directeur du patronage ou un laïc adresse aux familles une allocution familière.

Enseignement récréatif familial. — Deux ou trois représentations ne peuvent exercer sur les familles une action suffisamment bienfaisante. Nous y avons remédié par l'organisation de l'*Enseignement récréatif familial*. Chaque mois les parents sont convoqués à des conférences avec projection, à des représentations cinématographiques, à des lectures populaires. Le succès obtenu a été considérable.

Nous ne convoquons que les hommes lorsque le sujet porte sur des questions sociales ou civiques.

Visites familiales. — Nous avons déjà dit que le service de la mutualité exigeait de la part du Trésorier des visites aux familles et nous avons dit pourquoi nous nous en félicitions. Ces visites n'empêchent pas les confrères ou le directeur de l'œuvre de se rendre à leur tour dans les familles de nos enfants. Les prétextes ne manquent pas. Les parents d'ailleurs sont toujours flattés de nous recevoir et nous aurions plutôt un reproche à nous faire : c'est d'avoir un peu négligé ce mode d'apostolat. Par ces visites, le confrère acquiert plus d'influence sur l'enfant. Elles lui permettent, en outre, de rectifier bien des idées fausses, de glisser des conseils dans des circonstances difficiles, de réconforter ceux qui se découragent. Enfin, elles lui apprennent à aimer et à estimer ces familles toujours laborieuses, souvent généreuses et dévouées.

Messe annuelle familiale. — Désormais, nous convoquerons chaque année, à une messe de *rentrée*, les enfants et leurs familles. Cette messe qui sera courte et agrémentée de chants en français pourrait être pour beaucoup de parents une occasion de revenir aux pratiques chrétiennes. Une allocution de cinq minutes la complèterait heureusement.

Par le *Journal* et par la *Propagande de la Bonne Presse* nous arrivons aussi jusqu'aux familles. Nous en parlons d'autre part.

Fête foraine. — Notre fête foraine a lieu une fois par an. C'est une fête en plein air. Il y a de tout, des loteries, des jeux, des arènes athlétiques, des mâts de cocagne, des exercices de gymnastique, des poissons, des chameaux... des représentations populaires. La foule qui s'y presse est toujours considérable. A la fin de la journée, allocution et salut.

Education de l'initiative et de l'activité.

L'éducation de l'initiative et de l'activité a été trop souvent négligée dans nos patronages. Persuadés que si nos œuvres ont produit peu d'hommes d'action, c'est qu'elles ont été défensives, nous avons résolument pris l'offensive et nous avons dit à nos jeunes gens que nous étions là pour leur *apprendre à agir* et qu'il leur fallait *aller toujours de l'avant, sans trêve ni relâche.*

Aussi, nous sommes-nous toujours efforcés, sans pour cela négliger les autres, de distinguer les intelligents et les actifs, d'étudier leurs aptitudes, de les mettre à l'épreuve en leur confiant des fonctions susceptibles de favoriser leur développement.

« Donnez-moi un emploi, » me disait un jour un jeune homme, à qui je reprochais son inaction. Il avait eu le mot juste. A tous ceux qui peuvent faire quelque chose, il faut confier une charge capable de les débrouiller, non de les endormir. S'il n'y a pas d'emplois vacants, on crée de nouveaux services et s'il n'y a plus place au patronage pour de nouveaux services, il faut diriger vers le dehors toutes ces bonnes volontés. La commune et la paroisse ont toujours besoin de jeunes gens actifs et organisateurs.

Pour compléter leur formation, nous avons cette année même, créé une *Ecole de conférenciers populaires* et une *Ecole de secrétaires.*

Ecole de conférenciers populaires. — Nous n'avons aucune influence sur les foules car nous ne savons pas parler. L'anticléricalisme a d'innombrables tribuns populaires qui parlent haut et fort, nous, nous ne savons que les écouter. Il faudrait réagir.

Si chaque patronage, si chaque groupe de jeunesse avait une école conférenciers populaires, il y aurait quelque chose de changé en France.

Nous avons précisément essayé, en ce qui nous regarde, de combler cette lacune. Notre école de conférenciers populaires compte une demi-douzaine de membres qui, nous l'espérons, feront parler d'eux quelque jour. Elle est dirigée par M. l'abbé Bordron, l'ancien curé de Persan-Baumont, orateur populaire réputé, dont chacun a lu l'intéressante étude publiée par lui dans *Prêtres de France*.

L'Ecole des secrétaires. — L'école des secrétaires a pour but de faciliter aux ouvriers et aux employés l'accès aux importantes fonctions de *secrétaire* dans les comités, dans les syndicats ou dans tous autres groupements. Elle leur apprend donc à rédiger des procès-verbaux, des rapports ou des articles pour les journaux locaux. L'école est essentiellement pratique. Un professeur, qui est aussi un homme d'action, la dirige.

Services complémentaires.

Nous appelons services complémentaires les divers services du patronage qui sans cadrer absolument avec quelqu'une de nos sections éducatives, *les pénètrent tout en les complétant.*

Sont pour nous services complémentaires : L'*Echo du*

Patronage, la *Bibliothèque*, la *Librairie populaire*, la *Salle de lecture*, les *Affiches*, la *Distribution des tracts*, les *Avis du dimanche et du jeudi*, les *Conversations particulières*.

L'Echo du Patronage. — Quand nous habitions le terrain vague de la rue de la Tombe-Issoire, nous étions dans une misère noire, nous manquions de tout mais nous avions un journal, un pauvre petit journal lithographié, rédigé par des collaborateurs de bonne volonté, illustré par des séminaristes de Saint-Sulpice Il s'appelait « Mon Patronage ». Plusieurs œuvres inséraient leurs nouvelles dans sa chronique.

Quand ses lecteurs eurent grandi, quand nous eûmes troqué notre misérable cabane pour le magnifique immeuble qui nous abrite aujourd'hui, nous ne pouvions décemment conserver le pauvre périodique des temps héroïques. Il nous fallait une revue...

C'est alors que l'idée nous vint de créer l'*Œuvre des Bulletins de Patronage.*

Des essais avaient déjà été tentés qui n'étaient pas la solution cherchée. Il fallait, non pas créer un organe commun à tous les patronages, mais trouver une combinaison permettant à tous les patronages, même aux plus pauvres, de posséder une petite *revue spéciale à chaque œuvre*, sans autre souci que la rédaction d'une chronique mensuelle.

Un bulletin a donc été créé qui comporte : 1° Une partie commune pouvant être lue par tous les patronages et rédigée par des collaborateurs compétents. 2° Une partie spéciale fournie par le directeur de chaque patronage : Les deux parties étaient disposées de façon à former un journal tout à fait homogène. Chaque patronage disposait du titre du bulletin et de quatre ou six pages « à la volonté du prenant », les autres pages formant la partie commune, c'est-à-dire la partie du bulletin dont les frais d'impression sont supportés par tous les patronages adhérents. Chaque patronage pouvait donc désormais pour une somme minime avoir un bulletin imprimé de 16 pages grand in-8°.

Le succès dépassa nos espérances. Quelques mois après sa fondation *l'Echo de Montrouge* avait donné naissance à plus de trente revues de patronage ayant chacune un titre spécial. Paris, Marseille, Nancy, Bordeaux, Rennes, Nantes, Le Havre et vingt-cinq autres villes vinrent à nous. Quelques patronages adhérents se séparèrent bientôt de notre œuvre pour devenir à leur tour le centre d'un autre groupement absolument indépendant. On en comptait cinq en 1906, réunissant une centaine de patronages et tirant à près de 30,000. Le plus vivant de ces groupements est le *groupement parisien*.

Bibliothèques. — Trois bibliothèques ont été créées au patronage : deux bibliothèques populaires et une bibliothèque d'études. Les bibliothèques populaires, dont une pour les petits et l'autre pour les grands, contient des livres anecdotiques et des ouvrages de vulgarisation historique, littéraire, scientifique, religieuse et sociale. Les livres sont prêtés à domicile. Nous avons impitoyablement brûlé certains livres mystiques qui faussent la conscience, certaines vies de saints, plus légendaires qu'historiques qui froissent la raison, les romans qui corrompent le cœur. — La bibliothèque d'études est spécialement destinée aux membres de nos cercles d'études.

Librairie populaire. — La brochure est une arme dont nous connaissons la valeur mais que nos armuriers font payer trop cher. L'ouvrier hésite à acheter 30 ou 50 centimes des brochures de quelques pages. Et puis, c'est à peine si les directeurs de patronage ou de cercles d'études sont au courant des publications nouvelles, comment les jeunes gens pourraient-ils être mieux renseignés que leur chef ? D'autre part, où les acheter ? Ils ne savent. Le sauraient-ils qu'ils ne pourraient se rendre chez les libraires du centre de Paris qui ferment leur boutique à l'heure où ils sortent de leur atelier.

La librairie populaire a donc pour but de mettre à la portée des jeunes gens des *brochures choisies* pour éveiller leur curiosité, satisfaire leur désir d'apprendre, et surtout pour leur en faciliter l'achat. Brochure achetée est brochure lue. Brochure donnée est souvent oubliée. — Notre librairie populaire vend à perte. Les bénéfices que nous réalisons sur les cartes-postales illustrées du patronage, sur les chansons, sur les photographies nous aident à combler le déficit.

Le *libraire* est choisi parmi les jeunes gens de l'œuvre. Ordonné et persévérant, sympathique et insinuant, il considère sa tâche comme un apostolat nécessaire et fécond. On le voit qui va et vient parmi ses camarades et les attire vers sa boutique...

Dans les six premiers mois de 1905, la *Librairie* a vendu 150 brochures, 125 numéros du journal *les Jeunes*, les *Annales de la Jeunesse catholique*, etc. Voici, pour exemple, le titre et le nombre de quelques brochures vendues : *Grèves, arbitrages, syndicats* (3), *les Syndicats ouvriers* (6), *les Retraites ouvrières* (2), *Rouges et Jaunes* (3), *Etienne Dolet* (6), *l'Employé* (3), *les Conféren-*

ciers populaires (3), *Voyage au Vooruit de Gand* (1), *les Congrégations religieuses* (7), *le Catholicisme social* (1).

Distribution de tracts. — La librairie populaire vend des brochures qui sont utiles mais non indispensables, mais il y a des tracts qui doivent être lus et médités par tous les catholiques. Ceux-ci, il faut les distribuer gratuitement. Tous ne seront pas lus, mais il n'y a pas à s'arrêter à cette objection. C'est une question de conscience de donner à chacun ce que chacun doit connaître. Les tracts que nous distribuons redressent les erreurs courantes, vulgarisent les idées nouvelles, font connaître l'étendue et la profondeur de notre action. Nous ne choisissons que des *tracts très bien faits.* Mieux vaut ne rien distribuer aux jeunes gens que de distribuer des tracts qui provoqueraient, à juste titre, les critiques des familles ou de l'atelier. Pas de tracts sectaires ou haineux, pas de tracts politiques, pas de tracts dont la naïveté n'égale que l'ignorance.

Salle de lecture. — La salle de lecture est ouverte le dimanche. Elle met à la disposition du lecteur les journaux du jour, des revues diverses de propagande et d'action comme les *Annales de la Jeunesse catholique* ou autres revues similaires, des revues instructives et amusantes comme *le Pêle-Mêle*, *le Pèlerin*, etc., etc... des revues d'actualité, des revues sportives, des revues photographiques; on y affiche les articles « *à lire* », les « *nouvelles des absents* », on y expose les épreuves des amateurs photographes.

Les affiches. — Les affiches publiées par les groupements catholiques ou par nos éditeurs et généralement destinées à éclairer nos adversaires ne sont souvent pas assez connues des catholiques qui pourraient, eux-mêmes, les lire avec profit car elles résument, en peu de mots, toute une situation et fournissent des arguments de premier ordre. Enfin elles font plaisir à lire car elles constituent aux yeux de la foule une manifestation de la vitalité de notre cause.

Nous avons donc installé dans la salle de billard deux encadrements destinés à recevoir l'affiche du jour. Ces affiches, changées le plus souvent possible, sont lues avec beaucoup d'intérêt. La plupart sont éditées par la maison de la Bonne Presse, par la Jeunesse catholique et par divers autres groupements.

Causeries du dimanche. — Tous les dimanches, depuis l'origine de l'œuvre jusqu'à l'année passée, des causeries familières ont réuni l'après-midi tous les membres du patronage, petits et grands, ayant chacun leur salle spéciale. Ces causeries familières ont reçu le nom d'*avis*. On y avise en effet les patronnés de la marche générale de l'œuvre, de ses succès, de ce qui a été dit ou publié sur elle. On fait aimer le patronage. On y parle aussi des divers services de l'œuvre. S'agit-il par exemple de fonder une caisse militaire? Les statuts sont lus et commentés, les adhésions recueillies. On y donne encore des conseils dont chacun peut tirer profit. — Aux petits on raconte de jolies histoires dont il faut tirer la morale.

Le directeur du patronage de Montrouge a toujours, jusqu'à ces derniers temps, prié les confrères de parler à tour de rôle dans ces petites réunions. La parole du laïc a quelquefois plus de portée que la parole du prêtre dont « c'est le métier de parler du bon Dieu »... Ainsi raisonnent les gamins et quelquefois les hommes.

Les conversations. — Il peut paraître étrange de citer la conversation comme un des services de l'œuvre, mais nous le faisons précisément parce que nous croyons qu'on néglige trop ce mode d'action. Directeurs et confrères sont souvent absorbés par l'administration et oublient de s'entretenir avec les jeunes gens... C'est par la conversation intime et familière, que l'amitié se noue, que la confiance pénètre les cœurs. A l'heure terrible des passions ou à l'heure angoissante du doute, que de jeunes gens ont été heureux de trouver ainsi un ami et un conseiller!

Après le Patronage.

L'homme, parvenu à son développement normal, a quatre vies à vivre : sa vie religieuse, sa vie professionnelle, sa vie familiale, sa vie civique. Il était de notre devoir de créer dans la paroisse, sous la forme de groupements inspirateurs, des foyers d'activité correspondant à chacune de ses vies.

La vie chrétienne : Jeunesse catholique. — Au sortir du patronage le chrétien donne son adhésion à l'association paroissiale. Il fait partie intégrante du groupement catholique du quartier et vivra désormais de la vie de l'Eglise. Mais nos jeunes gens, accoutumés à l'action, ne trouveront pas toujours dans l'association paroissiale le zèle et l'enthousiasme qui devraient les animer. Nous avons donc pensé qu'un groupement de jeunesse catholique devait prolonger le patronage et grouper, *pour l'action*, les jeunes gens des différentes œuvres de la paroisse. Composé de jeunes gens peu nombreux mais actifs, dévoués, profondément apôtres, la *Jeunesse catho-*

lique de Montrouge n'a d'autre but que de faire aimer le Christ et de lui amener les âmes par les moyens les plus conformes aux nécessités du temps. La Jeunesse catholique doit être la cheville ouvrière de toutes les œuvres paroissiales et de tous les groupes d'action civique et sociale. Elle doit les pénétrer pour y propager l'esprit chrétien et pour les faire prospérer. Le patronage prépare les hommes ; la Jeunesse catholique parfait l'œuvre du patronage et fournit des hommes...

Nous avons cru qu'il était bon, dans l'intérêt du groupe par discipline et aussi dans l'intérêt de la Cause, d'adhérer à des groupements plus vastes dont le but est de fédérer les bonnes volontés pour coordonner leurs efforts et les inciter à l'action.

Le caractère nettement apostolique de l'*Association de la Jeunesse catholique française*, son indifférence politique, la clarté de son programme social, son organisation sage et démocratique, l'opportunité et la fécondité de son action nous ont séduit et nous avons sollicité notre affiliation.

La vie professionnelle : Jeunesse ouvrière. — L'atelier et le cercle d'étude ont vite appris au jeune ouvrier la nécessité du groupement syndical. Malheureusement les syndicats rouges les guettent... « Où voulez-vous que j'aille, me disait un jour un jeune mécanicien, il n'y en a pas d'autres... »

Il n'y alla pas, mais il resta isolé... et un peu mécontent de ne pouvoir se mêler au mouvement professionnel.

Ce sont ces isolés — plus nombreux qu'on ne pense — qu'il faut grouper en syndicats indépendants.

Or il n'y avait à Montrouge aucun groupement professionnel de cette nature. Il convenait donc d'y créer des sections syndicales. Les employés ont été dirigés sur les *Petits carreaux*. Les jeunes ouvriers se groupent en un *Comité de jeunesse ouvrière* pour étudier les questions et les intérêts professionnels d'ordre général, en attendant qu'ils adhèrent à tel ou tel mouvement, à tel ou tel programme.

La vie familiale : Jeunesse de l'Union des familles du XIVe. — La famille est la plus importante des cellules sociales. On a essayé de la désagréger. C'est un devoir pour nous de travailler à maintenir l'esprit de famille en resserrant les liens qui unissent tous ses membres.

La famille doit d'abord vivre.

On a vu plus haut que nous avions appris à l'enfant les bienfaits de l'épargne et de la prévoyance dans le but de lui enseigner comment apporter l'aisance au foyer familial.

Mais il serait imprévoyant d'apprendre aux enfants les bienfaits de la mutualité pour que, devenus grands, ils aillent porter à des mutualités, animées d'un esprit tout à fait différent du nôtre, leurs économies et se trouvent ainsi sollicités d'abandonner leurs croyances et leurs relations de jeunesse.

Il faut que les jeunes gens, en quittant nos mutualités soient dirigés vers une société catholique, si possible, ou tout au moins sincèrement et loyalement indépendante. Il faut aussi que cette société soit une société familiale. L'*Union des familles du XIVe* que nous venons de créer à Montrouge présente tous ces avantages. En effet l'Union des familles est une *mutualité familiale*, organisée sous le patronage de l'*Union centrale mutualiste* :

Elle se recrute parmi les familles : pères, mères et enfants non mariés dont les chefs sont domiciliés dans Paris et dans les quartiers limitrophes.

Elle admet néanmoins les personnes isolées, les célibataires et les veuves, sous les mêmes conditions de domicile et de profession.

1° Elle a pour but de verser à ses membres participants une indemnité quotidienne pendant la durée de l'incapacité absolue de travail due aux maladies ou aux blessures dont ils peuvent être atteints.

2° D'organiser les services que l'Assemblée générale jugera utiles aux sociétaires et qui auront principalement pour but de développer l'esprit de famille chez ses adhérents.

Elle a groupé enfin les jeunes gens désireux de travailler à la prospérité de la société et à l'amélioration du sort des familles ouvrières.

La vie civique : Jeunesse libérale. — Le patronage, entre autres buts, cherche à faire des citoyens conscients de leurs devoirs et de leurs droits.

Si c'est un devoir pour nous de donner l'instruction civique à ces jeunes gens qui fréquentent notre œuvre, n'en est-ce pas un aussi de diriger au dehors, vers tel ou tel comité d'action civique, *ceux qui se sentent particulièrement portés vers la politique ?*

Tout d'abord, nous ne l'avions pas cru.

Mais il se produisit ceci : c'est que le noyau solide et compact que nous avions formé se dissociait au feu de la rampe. Telle une envolée de moineaux, nos jeunes gens couraient aux quatre coins de la capitale porter leur bonne volonté à des groupes de jeunesse *politique* de toute nuance, de toute couleur, pour la plupart peu catholiques. — Il y avait là un danger. Ne pouvaient-ils pas oublier au contact de sceptiques ou d'athées les enseignements reçus ?

C'est alors que nous songeâmes à faire créer un groupe de jeunesse assez chrétien pour calmer nos inquiétudes, assez large pour abriter momentanément toutes les bonnes volontés, assez vivant pour permettre à leur activité de se dépenser. Sur notre initiative, M. Piou fut sollicité de créer ce groupe de jeunesse. Un de nos jeunes gens lui fut présenté qui, aidé de quelques amis, organisa, tout à fait en dehors de nous, l'association nouvelle qui devait rayonner sur le pays.

L'idée était heureuse. Elle a produit ses fruits et aujourd'hui la *Fédération nationale de la Jeunesse* est, paraît-il, une force qui a déjà su attirer l'attention de nos adversaires.

Après la jeunesse : Œuvres d'hommes.

Les œuvres d'hommes sont l'épanouissement des œuvres de jeunesse.

Il est nécessaire, disions-nous plus haut, que toutes ces œuvres de jeunesse soient continuées par des œuvres d'hommes : La Jeunesse catholique par le Comité de propagande catholique, la Jeunesse ouvrière par l'Union ouvrière, la Jeunesse libérale par l'Action libérale populaire, la Jeunesse de l'Action familiale par l'Union des familles, le tout, de près ou de loin, aboutissant à l'Association catholique paroissiale, c'est-à-dire à l'Eglise.

Ce programme est déjà en partie réalisé.

Mais ce qui manque encore c'est le groupe d'élite qui aurait dû créer toutes ces œuvres et qui devrait désormais assurer leur marche harmonieuse et leur prospérité. Ce sera, Dieu aidant, notre œuvre de demain, à Montrouge et ailleurs.

Premiers résultats.

Nos jeunes gens n'ont pas encore vingt ans et pourtant quelques-uns ont déjà fait œuvre d'hommes. Citons quelques faits...

Un groupe de Jeunesse catholique du quartier a été constitué par nos jeunes gens. D'autres ont créé *un Sillon. La Fédération sportive de la Basse-Bretagne* a été fondée après une grande séance donnée par nous à Morlaix. La *Fédération nationale de la Jeunesse* a été organisée par un des nôtres. Le grand concours annuel connu sous le nom de *Cross de Montrouge* est complètement organisé par nos jeunes gens.

Un *groupement d'employés catholiques du Bon Marché* a été formé avec l'aide d'un employé, membre du Patronage. *Un patronage, situé à 200 kilomètres de Paris a été, pendant deux mois, dirigé chaque dimanche par un de nos jeunes gens* qui, abandonnant son travail le samedi à sept heures du soir et le reprenant le lundi à huit heures du matin, était obligé de passer une partie de ses deux nuits en chemin de fer.

Enfin, nos jeunes gens songent aujourd'hui à aller faire de la *propagande dans les cabarets.*

Conclusion.

Telle est l'œuvre commune.

Quelques-uns peut-être la trouveront trop complexe, d'autres au contraire nous loueront d'avoir su l'organiser conformément aux nécessités de notre temps.

Nous avons voulu élargir le cadre du patronage et nous avons été amené à créer une école de foi et d'énergie.

Avons-nous eu raison ? nous le saurons demain.

Quel que soit l'avenir de notre œuvre, il nous restera toujours le bienfaisant réconfort des amitiés que nous y avons contractées et le doux souvenir des efforts que nous y avons tentés pour faire connaître au peuple la doctrine du Christ.

Frédéric DUVAL.

René COUTEAU

Les Patronages

Leur utilité pour l'éducation sociale des dirigeants (1)

Les Patronages... Il semble qu'ils sont, avec les écoles, l'œuvre préférée des Catholiques depuis vingt ans. Dans maints articles et dans maintes brochures on a montré combien ils sont utiles pour préserver les enfants et les jeunes gens et combien nécessaires pour les former aux vertus religieuses et sociales. Aussi, pris d'un beau zèle qu'on ne saurait trop louer, de nombreux jeunes gens, à la ville comme à la campagne, se font les auxiliaires de leur curé ou de leur vicaire pour les aider dans les œuvres d'éducation populaire.

Pour sa part, *l'Association Catholique de la Jeunesse Française* a toujours recommandé à ses membres l'apostolat dans les Patronages. Elle y a gagné, du reste. Car beaucoup de ses membres s'y sont instruits de la pratique des œuvres sociales qu'ils ont appris à aimer et dont ils ont vu par eux-mêmes les résultats.

(1) Extrait d'un travail inédit sur les Patronages que l'auteur a bien voulu nous communiquer.

On n'a pas assez dit combien le Patronage, utile aux enfants du peuple qui le fréquentent, l'est aussi aux jeunes gens d'une classe plus aisée qui apportent leur concours au Directeur.

Consacrant depuis plusieurs années mes loisirs au patronage paroissial de Saint-Serge d'Angers, et ayant remarqué combien la fréquentation de cette œuvre a été utile aux membres de la Jeunesse Catholique qui s'en occupent, je suis heureux d'apporter ici le témoignage de ma jeune expérience et j'ose espérer que ces quelques pages contribueront à la prospérité de nos Patronages, en leur attirant les sympathies et surtout le dévouement de nouveaux « confrères ».

Il est bien entendu que le *Patronage Saint-Serge* (1) n'est pas une sorte de *garderie*, comme il en existe encore malheureusement, en bien des endroits, mais une œuvre d'éducation populaire où les directeurs, vicaires de la paroisse, s'efforcent moins d'amuser les enfants et les jeunes gens que de les préparer aux luttes de la vie en les formant aux vertus privées et sociales qui feront d'eux des hommes et des chrétiens, c'est-à-dire de bons pères de famille, d'intègres professionnels et d'utiles citoyens.

Le Patronage est moins une œuvre proprement dite que

(1) Le Patronage Saint-Serge comprend deux divisions : la *Division des Petits* et la *Division des Grands*. La première se compose des enfants depuis l'âge de 7 ans jusqu'à leur sortie de l'école. Elle compte actuellement 325 inscrits, dont 182 des écoles laïques et 143 de l'école libre. La Division des Grands se compose de deux sections : la *Section des Jeunes* qui comprend les jeunes gens depuis leur sortie de l'école jusqu'à 16 ans ; et la *Section des Aînés*, qui comprend les jeunes gens ayant plus de 16 ans. Cette division compte actuellement 174 membres. A la tête de chaque division est un directeur, vicaire de la paroisse. Une quinzaine de confrères aident les directeurs dans leurs fonctions.

la réunion ou la fédération de toutes sortes d'œuvres intéressant à divers titres les jeunes gens du peuple : cercle d'études, bureau de placement, société de secours mutuels et de retraite, conférences populaires, catéchisme de persévérance, congrégation, bibliothèque populaire, société d'escompte, chorale, société de gymnastique... Tous ces organismes, et d'autres encore qui seraient à fonder, toutes ces sociétés et toutes ces œuvres doivent, en effet, trouver leur place dans un Patronage bien compris.

Ainsi entendu le Patronage devient pour nous-mêmes un merveilleux instrument d'éducation sociale.

Entrons sur la cour du Patronage par une belle soirée de dimanche. Au premier abord nous sommes un peu étourdis par les cris joyeux qui se mêlent, les appels qui se croisent, les rires sonores qui éclatent, les exclamations bruyantes qui retentissent tout à coup et s'élancent comme des fusées dans l'air... Notre oreille n'est pas encore habituée à cette chaotique et bizarre harmonie d'éclats de voix que déjà nous sommes entourés d'un groupe d'enfants qui nous tendent la main, nous souhaitent le bonjour, nous sourient tout heureux et partent rapides comme une flèche, continuer la partie commencée. Nous sommes dans la *Division des Petits.* Dira-t-on que nous avons peu de chose à apprendre pour notre éducation sociale à fréquenter ces enfants de huit ou dix ans et à nous mêler à leurs ébats ? Qu'on se détrompe. L'enfant est pour ceux qui savent lire dans les cœurs un livre toujours ouvert, où le style est clair et la langue facile. Il y a peu de détours et point d'inversions. Quand l'enfant aura grandi, le livre de son âme aura plus de pages mais le style sera moins net et la langue plus compliquée.

Tout de suite nous nous apercevons que ces enfants du peuple, fils d'ouvriers et d'artisans, ont une politesse, voire même une délicatesse que nous ne soupçonnions pas. Regardons-les jouer avec cet entrain endiablé qui convient à leur âge. Une partie de balle est engagée. Il faut la joie voir des enfants quand ils atteignent l'un des étudiants qui se mêlent à leur jeu. Quelles exclamations ! Quels cris de joie ! « Songez donc, c'est M. Pierre ou M. Louis qui est pris ! » Et M. Pierre ou M. Louis est à leurs yeux comme un grand frère dont l'âge leur en impose mais dont l'aimable simplicité, la bonne humeur et la franche gaîté ont conquis leur affection. Ils respectent ce jeune homme, parce qu'ils savent que c'est un étudiant, un « savant » par conséquent ; et, instinctivement, ils l'estiment, parce qu'on leur a dit et parce qu'ils comprennent que cet étudiant se mêle à leurs ébats par devoir et par dévouement. Mais aussi comme ils l'aiment, ce grand frère si doux, si patient, si gai, si plein d'entrain et si simple en même temps, qui sait se faire tout à tous avec si bonne grâce, qui punit bien quelquefois, mais qui pardonne si facilement et ne garde point rancune des petits moments d'humeur. Si vous le voulez bien, pour ne point interrompre cette joyeuse partie de balle qui se déroule sur la cour des Petits et même pour éviter de recevoir des coups malencontreux, allons faire un tour dans la *Division des Grands*. Là, les jeux sont plus calmes, mais la vie est aussi intense, c'est un va-et-vient de jeunes gens qui se rendent à leur jeu préféré ou à leurs occupations, car beaucoup ont un service à assurer, une fonction spéciale à remplir. Parmi ces jeunes gens, nous remarquons encore quelques-uns de nos amis, étudiants, clercs de notaire ou jeunes patrons, qui causent, discutent ou jouent avec les jeunes gens du Patronage. On distinguerait difficilement nos camarades des autres jeunes gens si leur air plus sérieux et plus sélect ne les faisait un peu remarquer. Un œil exercé les reconnaîtra aussi à cette sorte de réserve respectueuse dont ils sont entourés. On ne leur cause pas tout à fait comme on cause avec un camarade d'atelier. Devant eux on s'abstient d'être trop bruyant ou trop familier. On les écoute avec plus de déférence. Mais il faut de l'habitude et de l'expérience pour distinguer cette petite note discrète, cette nuance légère, mais bien marquée tout de même, qui se devine autant qu'elle se voit. Il n'y a pas contraste, en effet, entre nos camarades et les jeunes ouvriers du Patronage. Les uns et les autres causent entre eux ou discutent comme des amis, comme de vieux amis qui se connaissent et sont habitués à se voir souvent. Il n'y a ni gêne d'un côté, ni raideur de l'autre ; mais une confiance réciproque, une familiarité de bon ton et une simplicité aimable, qui ne peut venir que d'une communauté d'idées et de sentiments. Cette communauté existe en effet. Les uns comme les autres se sentent chez eux, au Patronage, ils y viennent dans un but semblable sinon identique, qui est de se faire du bien à soi-même ou d'en faire aux autres, par une émulation réciproque et un mutuel exemple.

En faisant ce tableau, je n'exagère rien et je n'adoucis rien pour les besoins de ma cause. J'essaie seulement de peindre la réalité. Une impression se dégage de cette première visite au Patronage et de ce simple coup d'œil, qui ne nous a pourtant fait connaître que l'aspect extérieur de l'œuvre, mais qui nous révèle tout de même l'esprit qui règne dans cette œuvre et l'action intime qui s'y accomplit. En voyant, en effet, des jeunes gens de classes si différentes fraterniser si parfaitement entre eux, sans qu'il en résulte ni confusion ni trouble, nous comprenons la possibilité de l'action populaire, telle qu'on nous la recommande aujourd'hui.

Si l'action populaire chrétienne a pour fin générale le développement harmonique de tous les membres et de toutes les classes du corps social pour arriver à Dieu, elle a pour fin spéciale, à notre époque, le soulagement matériel et le relèvement moral des classes laborieuses. Pour que ce but soit atteint, il est de toute nécessité que les jeunes gens de la classe aisée mettent au service du peuple les talents que Dieu leur a donnés et l'instruction qu'ils ont reçue. Mais pour instruire le peuple et pour l'éduquer, il faut aller à lui, c'est-à-dire l'approcher, être admis dans sa familiarité, se mêler à sa vie, pour que nous le connaissions et pour qu'il nous connaisse.

D'aucuns ont trouvé dangereux ou même impossible ce mélange des classes sociales que demande l'action populaire. De là ils ont conclu que celle-ci était elle-même impossible ou dangereuse. Elle est impossible, parce que, disent-ils, pour acquérir une influence sur le peuple, il faut lui plaire ou lui en imposer. Pour lui plaire le plus sûr moyen est de flatter ses passions, ce qui est le plus mauvais service qu'on puisse lui rendre. Pour lui en imposer, la meilleure manière est d'éviter de se mêler à lui, car dans sa familiarité on perdrait tout prestige et toute autorité. Ceux qui raisonnent ainsi doutent donc bien d'eux-mêmes pour craindre qu'en se mêlant au peuple, en se révélant à lui et en se laissant pénétrer par lui, ils perdent toute force et toute influence! Ne savent-ils donc pas aussi qu'on peut plaire au peuple par des services et par des bienfaits plus sûrement que par de vaines flatteries !

Ils pensent également que l'action populaire, qui repose sur la pénétration réciproque des classes, est dangereuse parce qu'elle peut provoquer de graves conflits. Le peuple, d'après eux, est jaloux et défiant à l'égard des classes plus aisées ; il croit toujours qu'on agit envers lui par intérêt personnel ; il est peu accessible aux idées de dévouement et de désintéressement. Aussi concluent-ils de ces prémisses que le peuple, en nous voyant aller à lui, la main tendue et les bras ouverts, craindra que ce ne soit là de notre part une manœuvre plus habile pour le duper et le dompter ; qu'il se défiera, s'aigrira et ne nous comprendra pas ; que des malentendus naîtront entre nous et lui et que bientôt nous n'aurons d'autre alternative que d'abdiquer, en nous retirant sous notre tente, ou de soutenir la guerre contre lui.

Ces théoriciens pessimistes ne connaissent pas le peuple ou le connaissent mal. Il leur a manqué sans doute de venir dans un Patronage l'étudier de plus près dans sa vie intime et journalière. Au Patronage nous nous rendons compte, en effet, que les classes sociales peuvent se mêler sans se confondre et se compénétrer sans se brouiller. Qui dit mélange des classes, ne dit pas confusion, ni égalisation, ni surtout suppression des classes sociales. Quand nous allons au Patronage nous ne cherchons pas à nous abaisser au niveau des jeunes gens du peuple, mais nous nous efforçons d'élever ces jeunes gens. Je reconnais que pour arriver à cette fin nous devons nous pencher vers ces jeunes ouvriers, c'est-à-dire nous faire simples et aimables avec eux. Nous les regardons comme des frères, non comme des étrangers ; et si nous pensons, avec raison, qu'ils nous sont inférieurs par l'instruction, l'éducation et la fortune, nous nous souvenons qu'ils peuvent nous être égaux ou supérieurs par la profondeur et la franchise des sentiments, aussi bien que par la loyauté et la droiture du cœur. Or l'homme vaut surtout par le cœur et c'est le cœur que Dieu scrute. Ils n'ont pas le vernis qui chatoie le regard. Mais le vernis n'est qu'une couche superficielle qui se ternit et disparaît. Alors même qu'on leur serait et qu'on leur est supérieur en quelque chose, on évite de leur faire sentir brutalement cette supériorité ; on la leur laisse deviner plutôt, afin que, au lieu de s'en froisser et de s'en aigrir, ils puissent en l'estimant chercher à s'y élever.

Tout à l'heure nous voyions nos amis causer avec eux. Ils leur parlaient avec cette familiarité réservée, qui est faite de simplicité et de distinction. Les jeunes ouvriers se sentaient à l'aise avec ces étudiants ou ces jeunes patrons ; mais comme ils ont leur petit amour-propre, ils cherchaient eux aussi, ces pauvres enfants de nos faubourgs, à répondre avec distinction et amabilité. Cet effort, auquel ils ne sont pas habitués, les rend gauches au début. Ne leur en voulons pas. Le temps et l'habitude remédient à bien des imperfections. La distinction est comme l'éloquence. Elle n'est pas toujours un privilège de naissance. Elle peut s'acquérir.

Dans ce mélange des classes sociales, qui s'opère au Patronage nous sommes les vaincus en quelque sorte ; ou plutôt ce qui est vaincu en nous ce sont certaines de nos habitudes ou certains de nos goûts. Il se produit, au Patronage, le même phénomène que l'on remarque dans la compénétration des peuples. La nation civilisée est parfois vaincue par les barbares. Mais elle a sa revanche pacifique et glorieuse, puisqu'elle finit toujours par leur imposer la délicatesse de ses mœurs et la finesse de ses sentiments.

Il en est de même au Patronage où sans flatter le peuple nous savons lui plaire et où nous pouvons conquérir sa confiance et son affection, sans rien perdre de notre dignité. Nous voyons dès lors que l'action populaire est possible et que bien loin d'être dangereuse, elle donne au contraire les plus consolants résultats.

En fréquentant le Patronage, nous apprenons aussi la pratique de l'action populaire, car nous apprenons à connaître le genre de vie et l'état d'âme des jeunes gens du peuple. Comment aborder le peuple, comment lui parler et nous faire comprendre de lui, si nous ne le connaissons à fond? Mais le jeune homme du peuple ne se livre pas du premier coup et à n'importe qui. Il faut le surprendre dans les mille détails de sa vie ordinaire et dans l'abandon de son intimité, pour lire jusqu'au fond de son intelligence et de son cœur. Une répartie lancée à la légère en dit souvent plus long qu'une grande conversation où le jeune homme surveille ses gestes et pèse ses paroles.

Vous annoncez à plusieurs enfants qu'ils rempliront dans le prochain drame un rôle de seigneur ou de page. L'un saute de joie et s'écrie : « Oh ! veine ! je vais avoir un chic costume ! » L'autre demande aussitôt avec inquiétude si le rôle est long et difficile. Le troisième au contraire s'inquiète de savoir si les répétitions finiront tard le soir. Soyez sûrs que vous avez devant vous un vaniteux, un paresseux et un enfant positif et pratique.

En vivant ainsi avec les enfants et les jeunes gens du peuple nous connaissons leurs habitudes, leurs besoins, leurs goûts, leurs désirs. Nous savons aussi ce qui se dit autour d'eux, dans la rue, dans les ateliers, dans la famille, ce qui s'y fait et ce qui ne s'y fait pas. Que de misères cachées qu'une parole d'enfant dévoile ; que d'opinions populaires que ses gestes révèlent.

Un jeudi soir, vers quatre heures, un enfant demande à rentrer chez lui. « Pourquoi partir si tôt ? » lui objecte-t-on. L'enfant hésite, rougit, puis pressé de s'expliquer, avoue qu'il doit aller lui-même préparer le repas du soir, allumer le fourneau et mettre la soupe au feu. « Mais ta maman ? » réplique-t-on. — « Oh ! maman, dit l'enfant, dont les yeux deviennent humides, maman est au lit et elle ne peut se lever. » — « Ta maman est malade ? De quoi est-elle malade ? » — « Dame, Monsieur, je ne sais pas... de nous avoir trop donné à manger... » — « De vous avoir donné trop à manger ? Comment cela ? Ça ne rend pas malade de vous donner à manger ! » — « Mais si, Monsieur, parce que depuis que papa est malade aussi, il n'y a plus d'argent chez nous, alors... » — « Alors quoi ? » — « Alors... alors maman nous donne le fricot à manger et elle mange son pain sec... quand il en reste. Aussi ça l'a rendue malade. » En même temps que cet enfant dévoilait la misère de sa famille, il montrait l'admirable dévouement de cette pauvre femme du peuple.

Une autre fois, je commence comme un conte, c'est pourtant une histoire vraie, vieille de deux ans à peine, quelques enfants, aussitôt arrivés sur la cour, empruntent les capuchons de leurs camarades, se les attachent à la ceinture, pour en faire une sorte de robe, et se recouvrent les épaules d'un autre capuchon. Dans ce bizarre accoutrement, ils évoquaient assez bien l'image de bons vieux capucins. En même temps d'autres enfants sortent de leur poche une vieille casquette de leur papa, bordée d'un bout de galon argenté, cousu tant bien que mal ; et voilà la partie qui s'organise. Il paraît qu'on va jouer aux expulsions. Seulement tous les enfants veulent prendre part au jeu maintenant. Les uns veulent être moines à tout prix, les autres agents. Il est curieux alors d'entendre leurs réflexions, leurs reparties, les raisons qu'ils donnent de leur choix, de leurs préférences, de leur attitude, en un mot de leur *opinion ;* car ils ont une opinion, qui est, soyez-en sûr, l'opinion de leur papa ou de leur maman, l'opinion de leurs voisins et peut-être de leur quartier. Or c'est précisément cette opinion qu'il est utile de connaître. L'un veut être pour la liberté, l'autre pour le gouvernement. La mêlée s'engage. Il faut intervenir. Le jeu des expulsions est dangereux, au Patronage, comme dans la société... Si courte fût-elle, cette bizarrerie des enfants avait permis de juger l'état d'esprit de telle ou telle famille, de tel ou tel quartier. Bien plus, par les réflexions qu'elle avait suscitées, elle permettait de connaître la manière de juger des gens du peuple, témoin cette repartie d'un enfant que ses camarades « agents » voulaient entraîner avec eux : « Moi, dit-il, je suis pour les moines ! » — « Tu as tort. Les moines sont contre le peuple. » — « Ah ! c'est pas vrai, ça. Les moines sont pour le peuple puisqu'ils sont des curés. » — « Des curés ? » — « Bien sûr, ils disent la messe. » Curieuse réponse, n'est-ce pas ? L'enfant juge que le parti des moines est le meilleur, parce que les moines sont des curés, et qu'ils sont des curés, parce qu'ils disent la messe. Que voilà bien la manière de raisonner, en usage dans le peuple. Il juge souvent par analogie, et, d'autre part, un spectacle le frappe plus qu'une théorie. Le peuple, en effet, comprend par l'imagination autant que par l'intelligence. Aussi quand nous voulons le convaincre, dans un discours et dans une conférence, nous est-il utile de savoir non seulement ce qu'il faut lui dire, mais aussi comment il faut lui parler. Habitués à fréquenter le Patronage, nous saurons la méthode à suivre pour nous faire comprendre du peuple et pour le persuader. Nous nous rendons compte de l'influence des images sur le peuple, de l'influence du théâtre par exemple, des pompes extérieures, de tout ce qui frappe l'imagination et excite la sensibilité. L'histoire sacrée ne nous dit-elle pas que Notre-Seigneur parlait en paraboles au peuple de la Judée ; et l'histoire profane ne nous montre-elle pas Antoine faisant promener dans Rome bouleversée le corps sanglant de César. Antoine pensait que ce spectacle valait à lui seul un discours.

Au Patronage, nous remarquons aussi qu'il faut parler aux jeunes gens du peuple avec cœur, avec conviction surtout, et que le meilleur moyen d'entraîner leur esprit est d'affirmer fortement devant eux la vérité que l'on démontre. Le peuple, du reste, est simpliste. Il aime la besogne toute faite. Aussi préfère-t-il souvent une affirmation qu'il n'a qu'à accepter à une conclusion qu'il doit déduire d'un raisonnement. Que de fois, au Patronage, nous entendons donner comme raison d'une croyance : « C'est monsieur un tel qui a dit cela, » ou encore « Je l'ai lu dans un livre. » La parole imprimée double de prix à ses yeux.

Toutefois, le jeune homme du peuple ajoute foi d'autant plus facilement à la parole d'un homme, que cet homme a sa confiance et son estime. Mais le peuple ne nous estimera que dans la mesure où il nous connaîtra. Au Patronage, les caractères se compénètrent réciproquement. Nous apprenons à nous connaître les uns les autres, à nous estimer et à nous aimer mutuellement.

Dans les ateliers, on a répété souvent aux jeunes gens du peuple que les bourgeois et les aristocrates étaient tous égoïstes et orgueilleux, qu'ils dédaignaient le peuple et passaient dans les plaisirs une vie exempte de soucis comme de travail. Mais voilà que ces jeunes ouvriers rencontrent au Patronage quelques-uns de ces bourgeois qu'on leur dépeignait sous un aspect si sombre. Ce bourgeois, cet étudiant par exemple, est le meilleur garçon du monde; il s'oublie lui-même maintes fois pour rendre service à l'ouvrier; il ne marchande ni son temps, ni son dévouement pour lui être utile ou seulement agréable. Quel contraste entre les calomnies entendues à l'atelier et la réalité vivante qui se voit au Patronage! L'ouvrier estimera d'autant plus sincèrement cet étudiant et l'aimera d'autant plus vivement qu'il le sait plus calomnié. Ne pourrait-on pas renverser la proposition et dire avec autant de justesse que l'étudiant s'attachera d'autant plus fortement aux jeunes ouvriers qu'il les sait plus méprisés ou plus ignorés? N'avons-nous jamais entendu dire autour de nous que les gens du peuple étaient pour la plupart incapables de sentiments élevés et de mouvements généreux? que leur vie consacrée tout entière aux occupations matérielles et au travail manuel avait atrophié leur cœur et déprimé leur cerveau, et que, pour cette raison, ils souffraient beaucoup moins que certains le prétendent. J'ai entendu soutenir cette thèse. Au Patronage, j'en ai touché du doigt la sottise mensongère.

En nous faisant connaître et aimer le peuple, le Patronage nous prépare à l'action populaire. Dès maintenant, du reste, il nous initie au fonctionnement des œuvres qui concourent à l'instruction et à l'éducation du peuple, ou qui servent à améliorer son sort. Beaucoup de jeunes gens, après avoir lu le compte-rendu d'un congrès, l'article d'une revue ou le chapitre d'un livre, exposant les avantages et les bienfaits d'une œuvre sociale, se sentent pris d'un beau zèle et rêvent de fonder cette œuvre dans leur paroisse. Qu'ils prennent garde, la chose n'est pas si simple peut-être qu'ils le croient. Ils pensent être suffisamment renseignés et documentés, et voilà qu'une question de détail les arrête tout à coup. Ou bien, l'œuvre étant lancée, dès ses premiers pas elle trébuche et menace de tomber. Qu'y a-t-il donc ? Tout est pourtant bien réglé comme l'indique le livre ou la brochure. Pourquoi l'œuvre ne marche-t-elle pas? L'auteur, le théoricien s'est donc trompé ! Non ; mais c'est le praticien qui manque... de pratique et d'expérience. On me pardonnera l'expression : pour apprendre à boulanger, il faut mettre la main à la pâte.

Au Patronage nous trouvons de la pâte en abondance et nous y mettons la main ! J'ai déjà dit qu'il existait à Saint-Serge plusieurs œuvres et sociétés, telles que cercle d'études, bibliothèque populaire, société de secours mutuels, de retraite, d'escompte, de tir, bureau de placement, etc... Chacune de ces œuvres est confiée aux soins et au zèle d'un ou de plusieurs jeunes gens, qui sont tout à fait au courant de l'œuvre dont ils s'occupent. S'agit-il, par exemple, de la société de secours mutuels? Nous avons adhéré à la *Société de Secours Mutuels et de Retraite des Patronages de Maine-et-Loire*, fondée il y a deux ans par le Comité de la Jeunesse Catholique. Deux sections de cette société ont été organisées au Patronage, l'une pour la *Division des Petits*, l'autre pour la

Division des Grands. Dans chaque section il faut un jeune homme pour vérifier les comptes, tenir les registres à jour, veiller au paiement régulier des cotisations. Ce jeune homme profite lui-même du service qu'il rend au Patronage, en apprenant le fonctionnement d'une Société de Secours Mutuels. Evidemment on laisse aux enfants eux-mêmes et aux jeunes gens du peuple la plus grande part dans la marche de l'œuvre. C'est le meilleur moyen de les intéresser à cette œuvre et de la leur faire aimer. C'est aussi une excellente façon de développer chez eux l'esprit d'initiative. Le rôle du directeur comme du confrère en est allégé d'autant : mais il reste toujours à contrôler et à surveiller : c'est là un champ d'action assez vaste pour que le confrère puisse y exercer utilement son dévouement. Peut-être dira-t-on que de telles occupations ne sont pas dignes des jeunes gens de la classe aisée ; il n'y a pas de sots métiers ; il n'y a pas non plus de sotte occupation dès qu'il s'agit de se dévouer pour faire du bien à ses frères. Du reste nous bénéficions de notre dévouement, en apprenant la pratique de toute sorte d'œuvres sociales que nous serons appelés peut-être à fonder ou à soutenir un jour dans d'autres lieux. Il nous sera facile alors d'en conseiller la création ou d'en expliquer judicieusement l'organisation ; nos conseils y gagneront d'autant en autorité et notre parole y puisera une incontestable puissance.

Le temps que nous passons au Patronage est donc utilement employé aussi bien pour notre avantage personnel que pour le bien de nos frères.

René Couteau.

Abbé E. BEAUPIN.

La Jeune Garde du Sillon

I. — *A la conquête d'une liberté.*

LA PREMIÈRE VEILLÉE D'ARMES

Le samedi 19 octobre 1901, vers neuf heures du soir, douze jeunes gens, accompagnés d'un prêtre et de M. Marc Sangnier, président du *Sillon*, traversaient Paris pour se rendre à la basilique du Sacré-Cœur, à Montmartre. Ils étaient graves et recueillis, presque silencieux. Ils songeaient à l'importance de la démarche qu'ils allaient accomplir, et la vue de la foule indifférente et pressée qu'ils coudoyaient ne pouvait détourner leur esprit de la grande pensée qui les occupait tout entiers.

Arrivés à la basilique, ils se partagèrent les heures de la veillée nocturne, puis, à tour de rôle, ils se rendirent devant le Saint-Sacrement, exposé dans la chapelle qui est placée derrière le maître-autel. Au milieu du calme imposant de cette adoration solennelle, ils se donnèrent à Dieu résolument, dans un acte de confiance affectueuse, avec un filial et généreux abandon. Ils méditèrent, en face de Jésus-Christ, sur ce difficile et périlleux apostolat des réunions publiques qu'ils voulaient entreprendre et se déclarèrent disposés à offrir, s'il le fallait, le sacrifice de leur vie, pour la cause qui leur était chère.

Le matin, ils se retrouvaient tous, dans une chapelle de la crypte, pour entendre la messe. A l'Evangile, le prêtre qui les avait accompagnés et qui avait passé la nuit en prières avec eux, leur commenta cette parole de l'apôtre saint Jean : « Il y eut un homme, envoyé de Dieu, qui s'appelait Jean ; cet homme vint pour rendre témoignage à la Lumière (1). » Chaque chrétien, dit-il en substance, doit « rendre témoignage » à Jésus-Christ. Ce témoignage a pu changer de caractère, au cours des siècles ; il demeure toujours nécessaire. C'est en confessant Jésus-Christ dans les tortures d'un douloureux martyre que les premiers croyants l'ont rendu. C'est en vivant saintement d'abord, au milieu d'un monde corrompu, puis en travaillant à répandre leur foi et à la défendre, que les croyants d'aujourd'hui le rendront à leur tour.

Or, à l'heure actuelle, la parole du prêtre, dispensateur officiel de la bonne nouvelle, ne parvient plus aux oreilles des foules. La plupart du temps, l'erreur seule a droit de se faire entendre, dans ces assemblées populaires tumultueuses, où l'on a coutume d'étouffer sous les injures et les cris, toute contradiction loyale et sincère. Les orateurs catholiques en sont réduits à exposer leurs idées devant des auditoires conquis d'avance. Il leur est devenu presque impossible d'affronter la tribune des réunions publiques, sans s'exposer à tous les dangers. Nos adversaires se font une arme d'un silence obtenu par l'emploi des moyens violents et répètent partout que nos doctrines sont caduques et que nous fuyons la discussion, parce que nous sommes impuissants à la soutenir. Pour reconquérir ses droits perdus, la Vérité a besoin de défenseurs ; qui

(1) Ev. selon S. Jean, I, 6.

mettant leurs forces physiques au service de la plus noble cause, feront respecter les orateurs catholiques, dans les réunions publiques organisées par le *Sillon*.

Mais, les vertus communes ne sauraient suffire aux jeunes hommes qui se dévoueront à cette tâche. Il leur faut une foi invincible, un esprit de sacrifice incapable de défaillance, une irréprochable pureté de mœurs. Jésus-Christ seul peut leur donner la force. C'est cette énergie surnaturelle qu'ils sont venus chercher dans la basilique du Sacré-Cœur. Elle ne leur sera point refusée et Dieu la leur départira avec abondance, s'ils savent Le prier, et se donner à Lui, du meilleur de leurs cœurs jeunes et généreux.

Au moment de la Communion, tous s'approchèrent de la Table sainte. Quand le saint-Sacrifice fut achevé, l'un d'eux se leva, puis, s'étant agenouillé sur le degré le plus bas de l'autel, d'une voix forte, mais tremblante d'émotion, au nom de tous ses camarades, il lut la prière suivante :

Au milieu des erreurs, de la haine et de la violence qui menacent de perdre les âmes et s'acharnent sur notre patrie, nous avons compris, ô mon Dieu ! que ce serait lâcheté pour nous, jeunes catholiques de France, de demeurer plus longtemps endormis.

Nous voulons combattre comme de bons soldats.

Nous ne sommes que de pauvres enfants ; mais si nous reconnaissons humblement que sans vous, nous ne pouvons rien, nous savons aussi que vous êtes fidèle et que nous pouvons tout en Celui qui nous fortifie. Le sang de votre Christ nous animera et votre Saint-Esprit nous guidera.

Nous venons donc chercher ici, dans votre sanctuaire, au pied de votre autel, le courage et la force dont nous avons besoin.

O Jésus ! nous voulons être tes chevaliers. Arme-nous toi-même aujourd'hui. Nous te donnons nos cœurs. Toi seul peux nous donner la victoire.

Tous fraternellement unis, tous égaux en face de ton tabernacle, nous nous enrôlons dans une milice où l'on ne travaille ni pour de l'argent, ni pour la gloire, mais pour toi seul.

Fais que nous nous souvenions toujours de quel esprit nous sommes... Comme toi, nous voulons aimer nos ennemis ; nous ne voulons avoir d'autre ambition que de délivrer du mal et de l'erreur ceux-là même qui nous persécutent. Ne sommes-nous pas les disciples de Celui qui est mort sur la Croix pour ses bourreaux ?

Puisse l'esprit divin nous assurer la discipline, la patience, la prudence et la pureté qui font les hommes forts ! Puisse-t-il nous soutenir jusqu'au bout, de telle sorte que nous soyons capables de nous sacrifier, s'il le faut, joyeux de rendre à notre Maître jusqu'à la dernière goutte du sang qu'il nous a donné !

O Jésus ! nous te reconnaissons aujourd'hui comme notre chef. Nous entendons te servir jusqu'à la mort. Nous t'aimons plus que tout. O Jésus, nous t'adorons. Ainsi soit-il !

Puis il ajouta :

Mon Seigneur et mon Dieu, je vous supplie de vous servir de la Jeune Garde, dans laquelle j'ai la joie d'être admis aujourd'hui, pour la gloire de votre nom, pour le bonheur et pour la paix de votre peuple ! Je vous supplie aussi de vous servir de moi, votre enfant, et d'en faire un bon soldat de l'armée du Christ !

Que votre règne arrive ! Ainsi soit-il !

Ses camarades, l'un après l'autre, vinrent s'agenouiller à la même place, et répétèrent après lui cette formule de consécration.

Ce fut une scène simple et grande dont le souvenir est resté vivant au cœur de ceux qui eurent la joie d'y assister. Cette crypte obscure, à peine éclairée par les cierges de l'autel, ces jeunes hommes au mâle et fier visage, ce silence et cette solitude, l'écho lointain des chants qui commençaient dans l'église, tout contribuait à faire naître dans les âmes une salutaire impression de recueillement solennel. Il n'eut pas fallu faire un grand effort d'imagination pour se croire revenu au temps des Catacombes, à moins que l'on ne préférât évoquer ces scènes du moyen âge où les nobles chevaliers se consacraient au service de la veuve et de l'orphelin, dans le mystère de nos vieilles cathédrales.

Au reste, c'était bien une chevalerie qui se fondait, mais appropriée aux besoins du siècle nouveau. Ceux qui entraient dans ses rangs n'étaient point nés d'une famille illustre ; modestes ouvriers, humbles employés, jeunes étudiants, ils apportaient au pied des autels cette noblesse de l'âme et du cœur, qui seule compte aux yeux de Dieu. La tâche qu'ils osaient assumer était rude et difficile : être des hommes d'énergie, en ces temps de faiblesse et travailler avec une inlassable bonne volonté à mettre la force au service du droit. Grâce à leur dévouement, la parole libératrice pourrait se faire entendre, les foules égarées et trompées connaîtraient la vérité et recevraient la lumière ; ils seraient les gardiens et les protecteurs de l'éloquence des apôtres du peuple...

Cette journée inoubliable s'acheva par une longue promenade faite aux environs de Paris, dans ces bois de Montmorency où l'automne finissant parait la nature de ses grâces mélancoliques. Plus d'une fois, du haut des collines qu'ils avaient allègrement gravies, les Jeunes Gardes contemplèrent, à travers la brume, la cité immense dont les rumeurs confuses montaient jusqu'à eux... Ils songèrent aux âmes de tant d'hommes qui s'agitaient à leurs pieds, dans les ténèbres de l'ignorance et de l'orgueil... l'espoir leur vint qu'ils pourraient, par un persévérant labeur, contribuer à les éclairer et ils rentrèrent joyeux dans leurs demeures.

RETOUR EN ARRIÈRE

Pour comprendre la hardiesse et l'opportunité de l'importante démarche faite par ces jeunes gens, il est bon de remonter de quelques années en arrière. On ne s'est peut-être pas assez rendu compte, en France, du mal fait au pays, par les réunions publiques anticléricales et socialistes. Les catholiques, absorbés par d'autres soucis, ont eu le tort regrettable de négliger trop longtemps ce moyen d'apostolat que nos adversaires avaient accaparé.

En 1868, après qu'eut été votée la loi qui rendait à la France le droit de réunion publique, anticléricaux et socialistes en profitèrent pour se lancer dans une action de propagande ardente et violente.

Deux orateurs catholiques, Mr Postel et M. François Lenormand, le savant historien, osèrent aborder ces auditoires tumultueux et parvinrent à s'en faire écouter.

Ces deux vaillants ne paraissent pas avoir eu beaucoup d'imitateurs. Ce n'est que vingt ans plus tard, vers 1890, que les catholiques rentrèrent résolument dans la lutte. Un mal immense avait eu le temps de s'accomplir. D'étranges mœurs s'étaient acclimatées parmi nous. Il fut admis par la majorité des Français qu'une réunion publique était d'autant plus belle qu'on y avait moins discuté. Dans des salles « faites » à l'avance, où s'entassaient les partisans du conférencier, membres de quelque comité électoral ou de quelque société de libre-pensée, aucune contradiction n'était possible. Tout interrupteur soupçonné de « cléricalisme » avait chance d'être malmené et parfois même roué de coups. Quant à la tribune, elle était à peu près inaccessible à quiconque ne faisait pas partie « des frères et amis ». Grâce à cette organisation, la réunion publique était devenue le monopole d'une coterie fermée.

Les adversaires du catholicisme et les ennemis de l'ordre social usèrent largement des avantages qu'ils avaient si facilement conquis. Sûrs de l'impunité, ils attaquèrent les dogmes et la morale catholiques avec une déplorable impudence. Les prétendus « crimes de l'Eglise » étaient ainsi périodiquement dénoncés aux auditoires populaires crédules et faciles à endoctriner, par des orateurs dont l'ignorance et l'incompétence eussent dû faire sourire les gens sérieux. L'histoire de Galilée, de la Saint-Barthélémy et de l'Inquisition, les malheurs d'Etienne Dolet et du chevalier de la Barre servaient à exciter les passions antireligieuses et à attiser les haines révolutionnaires.

Au moment des élections, on redoublait d'ardeur et d'audace. Les scènes de violence et d'intransigeance se multipliaient. Empêcher un candidat de parler et de répondre à son concurrent était considéré comme une importante victoire. Les gens sages hochaient la tête; écœurés par ce déchaînement de passions, ils se détournaient de la vie publique et restaient chez eux.

C'est alors que quelques hommes généreux eurent l'audace heureuse de rompre avec tous les préjugés. Fiers de leur foi, forts de leurs convictions, ils osèrent affronter la tribune des réunions publiques. Ils eurent confiance en Dieu, ne désespérèrent pas de la droiture de l'âme populaire et dirent avec intrépidité tout ce qu'ils avaient dans le cœur.

Parmi eux et au premier rang, il faut citer l'abbé Garnier. Il s'occupait alors de la diffusion de *la Croix* et remplissait, dans l'Œuvre des Cercles, fondée par M. de Mun, les fonctions de visiteur. Il osa « jeter ses filets, selon la parole du maître, en pleine mer », et « comblant de sa charité d'apôtre un fossé de malentendus », il ne craignit pas d'affronter les orages et les tempêtes des assemblées populaires « où sa soutane parut la première, comme le symbole de la bonne foi confiante, de la franchise et du courage. »

D'autres l'imitèrent. A la suite du premier Congrès de *la Croix*, en avril 1892, fut créée « l'Association française des Conférenciers catholiques. » Elle avait à sa tête l'abbé Garnier. M. l'abbé Delamaire, curé de Bercy, aujourd'hui évêque de Périgueux, en était le vice-président. Le but de l'Association était de répandre la vérité religieuse et de répondre aux attaques dirigées contre l'Eglise.

> La France étant devenue un pays de mission, disait une circulaire, il s'agit de la christianiser de nouveau. Les conférenciers de l'*Association* se consacrent à cette œuvre, pratiquant l'évangélisation sous toutes ses formes possibles et un peu partout, comme durent le faire les apôtres, au commencement.

Vers la même époque, un jeune prêtre de Bordeaux, dont le nom est aujourd'hui populaire dans la France entière, M. l'abbé Naudet, se lançait à son tour dans l'apostolat des réunions publiques. Lui-même, dans un livre plein d'un charme émouvant, a raconté l'histoire de sa vocation nouvelle (1).

(1) Abbé Naudet, *Mes souvenirs* (épuisé).

C'était en 1891. L'abbé Naudet, alors professeur au Petit Séminaire, prêchait le Carême à Lormont, aux environs de Bordeaux. « Pendant qu'il parlait, il lui sembla que son église était vide, quoiqu'elle regorgeât de monde. » Il songeait aux ouvriers du port, qui ne venaient pas l'entendre. Il organisa une réunion pour eux, dans une salle. On accourut en foule et il fut applaudi. Il recommença et le succès fut complet.

Bientôt l'abbé Naudet fut demandé de tous côtés. A l'Alhambra de Bordeaux, il s'était révélé grand orateur. En face des « leaders » socialistes, il se montra controversiste habile et tacticien consommé. Il mit au service des idées catholiques, une science réelle et profonde, un esprit vif et prompt à la réplique, une énergie que rien n'a pu dompter. Ses duels oratoires avec Lafargue sont restés légendaires. On se souvient encore de cette soirée unique de l'Hippodrome de Lille où le jeune prêtre bordelais, après avoir victorieusement répliqué à Jules Guesde, fut porté en triomphe, à travers la ville endormie, par les étudiants catholiques enthousiasmés (1)...

En ces années-là, en 1893, dans la crypte du collège Stanislas, *le Sillon* naissait. Ceux qui devaient un jour reprendre, en la complétant, l'œuvre glorieuse des Garnier et des Naudet, se préparaient, dans la prière et le travail, à leur mission future.

LA FONDATION DE LA JEUNE GARDE

L'effort de quelques prêtres généreux et intrépides, pour reconquérir au catholicisme le terrain perdu, fut

(1) A lire sur cette période, *Les catholiques républicains*, par l'abbé Pierre Dabry. Paris, Chevalier et Rivière, 1905.

loin d'être inutile. Dans les réunions publiques où ils se présentèrent, ils parvinrent généralement à se faire écouter. Ils couraient néanmoins de véritables dangers et plus d'une fois, il leur arriva, en face d'une obstruction systématique, de ne pouvoir se faire entendre. Chacune de leurs tentatives était accueillie par des cris hostiles ou par des chants révolutionnaires. A l'*Internationale*, succédaient les cantiques, et il fallait battre en retraite. sans avoir pu obtenir un silence même relatif.

De plus, si les catholiques osaient aller répondre à leurs adversaires, ils ne se croyaient pas encore en mesure d'organiser eux-mêmes des réunions et de les inviter à venir discuter avec eux. Les tentatives d'évangélisation populaire faites de 1890 à 1900, étaient l'œuvre d'hommes isolés, ne trouvant pas de point d'appui stable, dans un mouvement d'ensemble fort et homogène. Il était réservé au *Sillon* de donner à l'apostolat des réunions publiques, toute son ampleur et toute sa puissance de rayonnement.

Marc Sangnier et ses amis avaient compris depuis longtemps que la création d'une action méthodique et régulière était devenue nécessaire. Si les orateurs catholiques essuyaient, de temps à autre, des défaites, c'est qu'ils étaient insuffisamment soutenus et protégés. Si surtout on n'osait encore convier les socialistes et les anticléricaux à venir répondre aux défenseurs de la vérité, c'est que l'on ne possédait aucun moyen de faire respecter la liberté de la parole.

C'était le moment où les *Universités populaires* s'ouvraient de tous côtés, à Paris, comme en province. *Le Sillon*, sortant peu à peu de la période d'élaboration lente où les nécessités de la formation d'une élite de jeunes catholiques l'avaient longtemps retenu, organisait à son tour, sous le nom d'*Instituts populaires*, des maisons du peuple dont l'accès serait libre à tous et où les conférenciers catholiques déclaraient vouloir accepter la contradiction.

Cette tentative, bien accueillie par les uns, fut sévèrement jugée par les autres. D'aucuns se montrèrent sceptiques sur les résultats qu'on en attendait.

En dépit de ces pronostics, le succès couronna les efforts du *Sillon*. Le premier *Institut populaire* fut inauguré à Paris, le dimanche 3 février 1901, dans le Ve arrondissement, 5, rue Cochin. La conférence d'ouverture fut faite par M. de Vogüé. Quelques tentatives d'obstruction essayées par les anticléricaux furent vite réprimées, mais confirmèrent Marc Sangnier et ses amis, dans l'idée, depuis longtemps caressée, d'organiser, sous le nom de *Jeune Garde*, un service d'ordre, chargé d'assurer aux orateurs la liberté de la parole et d'expulser des salles de réunion les perturbateurs systématiques (1).

Six mois plus tard, la *Jeune Garde* était fondée et ses douze premiers membres se consacraient à l'apostolat des réunions publiques, dans la basilique du Sacré-Cœur, à Montmartre. Sa création même fut approuvée dans une réunion des œuvres d'éducation populaire, tenue au *Sillon*, le vendredi 13 décembre 1901, sous la présidence de M. l'abbé Odelin, vicaire général de Paris.

Louis Rolland, dans un rapport sur l'*Apostolat*, après avoir rappelé que le devoir de tout chrétien est de chercher à répandre sa foi, montra l'utilité des réunions

(1) Consulter sur ce sujet la Revue *le Sillon* et deux articles de Marc Sangnier : *Les Universités populaires* (Association catholique) et *Une méthode d'éducation démocratique*, Quinzaine, 1er mars 1901.

publiques et fit ressortir leur incontestable supériorité sur les réunions privées :

Dans une conférence publique, l'action de l'orateur ne s'exerce plus sur une collectivité nécessairement restreinte. Au lieu de ne laisser pénétrer que certaines personnes, remplissant certaines conditions, le conférencier donne libre accès à qui veut l'entendre. A cet effet, il simplifie les formalités. Il déclare en outre admettre les contradictions et les objections. Dans la conférence privée, il se présentait le plus souvent comme enseignant, tout au plus donnait-il des explications et des éclaircissements. Ici, il invite ses adversaires à l'attaquer et à le contredire, il leur demande expressément de le faire. Il a grande audace, mais s'il triomphe et s'en dit assuré, il fera une impression plus profonde sur ceux qui l'ont entendu. Les théories qu'il aura combattues n'auront plus été seulement des fantômes vagues et incertains; elles auront pris corps devant lui. S'il en est venu à bout, son succès doit être grand et son action féconde.

Il exposa ensuite le but et le rôle de la *Jeune Garde*, chargée de rendre aux réunions publiques « cette dignité et ce calme qui leur manquent. » Puis, traçant le portrait du Jeune Garde, il ajoutait :

Il ne faut pas qu'ils soient des violents et des perturbateurs. Ils doivent avoir assez de force morale pour se dominer, et cependant assez de vigueur physique pour en imposer aux plus violents. Ce n'est pas tout. N'est-il pas manifeste qu'à raison de la mission même qu'ils remplissent, ils doivent être chrétiens pratiquants, gens de mœurs pures et de convictions religieuses solides ?

L'assemblée, composée de tout ce que le Paris catholique compte d'hommes d'œuvres éminents (1), vota à

(1) Voici les noms de ceux qui en avaient accepté la présidence d'honneur : MM. Dutey Harispe, président du Conseil des patro-

l'unanimité le vœu suivant, proposé par le rapporteur :

En raison de l'influence qu'elle peut avoir, il est indispensable d'assurer à la conférence publique la dignité et le calme qui lui manquent souvent. L'institution d'une Jeune Garde, dont les membres se dévouent à cette mission, est donc, au premier chef, à approuver et à encourager (1).

II. — *Le Rôle de la Jeune Garde.*

A TRAVERS LE RÈGLEMENT

La *Jeune Garde* poursuit « une œuvre véritable d'apaisement et de pacification. » Elle n'a donc point pour but, comme l'ont dit certains anticléricaux, de provoquer des manifestations violentes et « d'écharper » nos adversaires. Ce n'est pas une bande « d'assassins » ou « d'apaches catholiques » ; c'est une milice chargée de maintenir l'ordre et de faire respecter le droit. Sa mission est de travailler « à réformer, dans le sens de la tolérance et de l'équité, nos mœurs publiques. » Elle a le devoir de donner à tous « un salutaire exemple de courage et de modération. »

Le succès d'une réunion dépend, en grande partie, de la

nages de la Société de Saint-Vincent-de-Paul, le frère Exupérien, assistant du Supérieur général des Frères des Écoles chrétiennes, Keller, ancien député, président de la Société générale d'Éducation et d'Enseignement ; de Marolles, directeur de la Corporation, président des publicistes chrétiens ; Dr Michaux, président de la Commission des patronages catholiques ; de Nicolay, président de l'Œuvre des Congrès catholiques ; l'abbé Odelin, vicaire général de Paris, directeur des Œuvres de Patronages ; Antonin Pagès, président général des Conférences de Saint-Vincent-de-Paul : Monseigneur Péchenard, recteur de l'Institut catholique de Paris.

(1) Le compte rendu de cette réunion, publié d'abord dans *le Sillon* du 25 décembre 1901, a été tiré en brochures. En vente au *Sillon*.

manière dont elle est préparée. La *Jeune Garde* est chargée de ce soin. Au besoin, elle porte les convocations à domicile, colle des affiches, organise des équipes de commissaires qui l'aideront à faire la police de la salle.

Quand le moment de la réunion est venu, les jeunes gardes sont là les premiers ; ils occupent toutes les issues, examinent les arrivants, veillent à la sécurité de l'orateur et font respecter la liberté de la parole. Leur concours peut être nécessaire, soit pour expulser un perturbateur systématique, soit pour rappeler l'auditoire au devoir d'écouter patiemment toute contradiction loyale et sincère, qu'elle vienne d'un ami ou d'un adversaire. Le cas s'est rencontré, de jeunes gardes imposant silence à des catholiques intolérants, qui se refusaient, sans raison suffisante, à laisser parler un homme qui ne pensait pas comme eux et qui s'exprimait avec modération et retenue. C'est ainsi qu'à la conférence publique des Mille-Colonnes, quelques jeunes gardes durent protéger l'ex-abbé Charbonnel, contre les violences possibles de quelques intransigeants.

On s'étonnera peut-être de cette discipline ; on accepte bien en effet l'idée qu'un orateur catholique soit mis à l'abri des injures ou des coups. On comprend moins que pareils avantages soient également assurés à des adversaires, dont la bonne foi peut être suspectée facilement. On oublie trop que nous devons traiter les autres comme nous voulons être traités nous-mêmes. N'est-ce pas aussi montrer peu de confiance dans les idées que l'on aime, que de croire qu'elles ne peuvent être défendues que par une obstruction systématique et obstinée ?. Nous avons reproché, et avec juste raison, aux socialistes et aux anticléricaux de fuir la discussion loyale et courtoise ; nous ne pouvons leur fournir l'occasion de nous adresser à nous-mêmes une semblable plainte. Agissons avec eux comme nous souhaitons qu'ils en usent avec nous et donnons-leur le spectacle d'une conviction calme et réfléchie, consciente de la valeur et de la force de la Vérité.

On a attaqué même aussi le principe des réunions publiques. Il est dangereux, a-t-on répété, de mettre les jeunes gens à même d'entendre exposer avec éloquence, des doctrines funestes et perverses. Ceux qui s'expriment ainsi oublient l'état actuel de notre société. Les objections contre le catholicisme, les utopies révolutionnaires sont répandues partout. Il n'est pas d'ouvrier et d'employé qui ne les ait entendues mille fois, à l'atelier, à l'usine, au bureau, quand il ne les a pas vues se produire au foyer même de la famille. Le vrai danger, c'est de laisser sans réponse tant d'attaques réitérées et de faire croire, par notre silence, à un aveu tacite d'impuissance.

Au reste, voici ce que disait à ce sujet Mgr Foucault, évêque de Saint-Dié, dans un discours prononcé au Congrès du *Sillon*, à Epinal :

« J'estime avec vous, Messieurs, que votre tolérance n'est pas seulement charité : elle est sagesse. Laissez aux doctrines contraires toute liberté de se produire dans vos pacifiques tournois. Vous y cueillerez au passage ce qui est bon : ce sera un gain. Vous y frapperez au vol, par une réfutation alerte et sans réplique, ce qu'il y aura d'erroné : ce sera un autre gain. Quant aux hommes, ne les traitez jamais en ennemis ; n'érigez pas en système le doute sur la sincérité de vos contradicteurs, et songez quelquefois que, pour être assises sur des bases ruineuses, leur conviction et leur hostilité trouvent peut-être leur explication — je ne dis pas leur justification — dans le spectacle d'abus trop véritables, dans la constatation d'injustices sociales trop réelles, sur lesquelles nous n'avons pas le droit de fermer les yeux et dont nous avons le devoir de chercher le remède (1). »

Ces paroles sont sages. Lorsque la réunion publique a été entourée de toutes les garanties nécessaires, quand la compétence de l'orateur est hors de doute, qu'y a-t-il à craindre ? Ne vaut-il pas mieux donner aux catholiques le spectacle d'une doctrine qu'aucune objection ne peut renverser, que de se cantonner dans un silence dédaigneux ? On est fier de sa foi, quand on acquiert ainsi la conviction que, bien défendue, elle sera toujours victorieuse des attaques les plus habiles.

N'avons-nous pas vu, d'ailleurs, Mgr Delamaire, se souvenant sans doute qu'il fut vice-président de *l'Association française des conférenciers catholiques*, présider lui-même à Périgueux une réunion publique, avec Nos Seigneurs Dénéchau et Enard comme assesseurs ?

Mais le rôle de la Jeune Garde n'est pas fini, lorsque la réunion est terminée. Souvent, c'est à la sortie que les bousculades se produisent et que les coups s'échangent. Il faut donc encore assurer l'évacuation de la salle, et, une fois dans la rue, éviter les batailles et les luttes. C'est la fonction la plus dangereuse et la partie la plus délicate de la mission du jeune garde. Que de fois, à Paris comme en province, les sillonnistes n'ont-ils pas été, à la sortie d'une réunion où leurs adversaires avaient été vaincus par la logique des orateurs catholiques, brutalement et traîtreusement attaqués ? Il en fut ainsi à Paris, après la réunion des Mille-Colonnes, à Corbie, à Darnetal, près

(1) On lira avec fruit sur ce sujet dans la brochure de l'abbé Desgranges, *les Vraies Idées du Sillon*, le chapitre intitulé : Marc Sangnier et les Conférences contradictoires. — En vente au *Sillon*, 0 fr. 50.

Rouen, à Périgueux, où la voiture de l'évêque, Mgr Delamaire, fut criblée de pierres. Dans ces circonstances, la Jeune Garde doit conserver son grand sang-froid et déployer un réel courage, car la police, assez souvent, est insuffisante pour protéger les sillonnistes.

En dehors des réunions publiques et des manifestations, la Jeune Garde est encore utilisée pour la vente des publications du *Sillon* et pour le service d'ordre intérieur, les jours de Congrès. Les nécessités de la propagande ont amené les jeunes gardes à se faire camelots. Le dimanche, à la porte des églises, ils annoncent les brochures du *Sillon*, offrent le dernier numéro de la Revue, crient l'*Eveil démocratique*, le journal de pénétration que le *Sillon* vient de fonder et qui, grâce à l'énergie et au zèle de ses propagateurs, se débite aujourd'hui à 40,000 exemplaires. Si l'on songe que le premier numéro date d'octobre 1905, on conviendra que c'est là un beau résultat.

Ce service de vente, s'il n'offre aucun danger, est cependant des plus pénibles. Ce n'est pas gai de passer toute une matinée dans le courant d'air des portes ouvertes et fermées, à crier des brochures ou des journaux. Souvent, des passants qui n'aiment point le *Sillon*, accablent de propos désagréables les malheureux jeunes gardes et il leur faut accepter, avec résignation et patience, les paroles de méprisant dédain que laissent tomber sur eux quelques grincheux mécontents. Plus souvent encore, le public se montre bon enfant, et les brochures s'enlèvent, aussi bien que les journaux. Il en est d'ordinaire ainsi, maintenant que le *Sillon* est connu par toute la France. Mais quand fut fondée la Jeune Garde, cette vente à la porte des églises était un service particulièrement dur. C'est à peine si l'on parvenait à placer quelques numéros de la Revue. Songez donc ! on n'achète pas, pour le plaisir, une publication qui coûte quarante centimes et qui, sauf la gravure de la couverture, ne paraît pas être d'une lecture fort récréative (1).

Ces difficultés n'ont jamais arrêté ceux qui se sont vraiment « donnés à la Cause. » Ils y puisent de nouveaux motifs de dévoûment et y renouvellent leur esprit de sacrifice.

« Je me rappellerai toujours, nous écrivait un jeune garde de Bordeaux, dans une lettre intime, une matinée de décembre passée avec P... C'était un dimanche et nous vendions des *Eveils* à l'église Saint-Bruno, qui est en face de la « Chartreuse », — c'est ainsi qu'on appelle le cimetière. Entre les messes, nous allions nous promener dans les longues allées désertes, entre les tombes. Il faisait froid et le brouillard tombait... Là, nous avons prié de tout cœur pour tous nos amis du *Sillon*, pour tous ceux qui ont fait don de toute leur vie. Nous avons parlé de « l'amitié du *Sillon*, » de cette amitié qui nous rend forts aux heures de lutte, confiants aux heures tristes... Et maintenant, quand je revois en esprit cette matinée d'apostolat et de prières, je sens, d'une façon irrésistible, tout le bien qu'elle m'a fait. Depuis ce jour-là, j'ai mieux aimé ma tâche difficile de Jeune Garde. »

Viennent les jours de Congrès, et la Jeune Garde sera encore là, pour assurer l'ordre intérieur, vérifier les cartes, faire placer les arrivants, distribuer les imprimés. Toute la besogne matérielle incombe aussi aux Jeunes

(1) Un jeune garde de Paris, a conté avec humour, dans une chanson fort spirituelle, ses impressions de camelot. Cette chanson, intitulée : *les Camelots du bon Dieu*, est en vente au *Sillon*, 34, boulevard Raspail. S'adresser à M. Henri Colas.

Gardes. Ils sont partout au service des commissaires du Congrès, acceptant joyeusement de faire le sacrifice de jouir, en spectateurs paisibles d'une discussion intéressante, pour assurer le succès d'une manifestation. Toujours mal placés, ils sont condamnés à demeurer debout, à aller et à venir, car sans cesse, pour une raison ou pour une autre, on les demande ou on les appelle.

Il n'est qu'une heure, dans ces journées de rude travail, où ayant été à la peine, ils soient enfin à l'honneur. Aux messes solennelles, les Jeunes Gardes se rangent autour du chœur, dans leur brillant costume d'apparat, chemise de flanelle blanche et culotte noire. Tous les regards se tournent alors vers eux et ceux qui savent ce qu'ils déploient d'audace et de courage, dans les réunions publiques et dans l'exercice de leurs diverses fonctions, trouvent naturel que ce poste d'honneur leur soit réservé.

Il en fut ainsi, quand Son Eminence le Cardinal Richard vint, en 1902, bénir les nouvelles salles du *Sillon*, installées boulevard Raspail. Les Jeunes Gardes furent spécialement bénis par le Cardinal, qui leur témoigna une particulière bienveillance et les accueillit avec une paternelle bonté. Lors du pèlerinage du *Sillon* à Rome, les Jeunes Gardes furent également présentés au Pape Pie X qui leur permit de remplacer momentanément la *Garde suisse*, dans l'audience réservée aux sillonnistes. Un Jeune Garde de Limoges remit au Saint-Père, au nom de ses camarades, une magnifique gerbe d'épis, cravatés de rouge, que Pie X pressa sur sa poitrine, avec un geste de touchante affabilité.

La Jeune Garde occupe donc une place importante dans le mouvement du *Sillon*. Son rôle, souvent modeste et effacé, n'en est pas moins considérable. Le *Sillon* ne se serait point développé aussi rapidement, il n'aurait point groupé autour de lui tant de sympathies chaleureuses, si les idées qu'il représente, n'avaient été propagées et défendues par cette élite consciente de chrétiens dévoués.

L'ESPRIT DE LA JEUNE GARDE : DISCIPLINE ET SACRIFICE

Mais les hommes ne s'improvisent pas ; ils se forment. Sans doute, il y a, de par le monde, beaucoup d'âmes généreuses qui ont naturellement l'amour du dévoûment et la passion sainte du sacrifice. Cependant, les meilleures bonnes volontés ont besoin d'être dirigées et gouvernées. Nos tendances au bien sont combattues par nos mauvais penchants et il est nécessaire que ceux qui veulent être forts luttent sans cesse contre eux-mêmes. De plus, si l'on désire obtenir d'un groupement d'individus des efforts concertés et orientés vers le même but, il est indispensable de les animer d'un même esprit.

Cet « esprit » de la Jeune Garde s'est élaboré peu à peu, par un lent et patient labeur de formation personnelle, grâce au courage de ceux qui, les premiers, ont compris tout le parti que l'on pourrait tirer, pour le bien général, d'une association de jeunes gens profondément pieux, se rendant compte de l'importance de leur tâche et ne reculant jamais devant le devoir à accomplir.

La première idée à faire accepter, fut celle d'une discipline inflexible, d'une rigueur militaire, mais librement consentie. « La discipline, dit le règlement, doit être d'autant plus absolue, qu'elle est consciente et librement consentie. » Nul, en effet, n'est forcé d'entrer dans les rangs de la Jeune Garde, nul non plus n'est obligé d'y demeurer.

Quiconque demande à en faire partie est soumis à un stage, dont la durée dépend de la volonté du commandant et de l'aumônier. Ceux-ci jugent le postulant d'après sa conduite, sa régularité et son assiduité. Ils le mettent à l'épreuve, le chargent de missions faciles, veillent particulièrement à ce qu'il contracte des habitudes d'exactitude et de docilité. On n'exige pas de lui une obéissance servile et quelconque, mais une bonne volonté constante, faite d'élan spontané. Une grande idée domine tout, à la Jeune Garde, celle de la Cause à servir. Il n'y a point de distinction entre tâches nobles et besognes vulgaires. Chacun s'emploie à l'œuvre commune selon ses aptitudes et ses capacités, acceptant ce qu'on le prie de faire, en vue du bien commun, se formulant à lui-même, par un acte de commandement intérieur, l'ordre qu'il a reçu.

Une fois par semaine, les Jeunes Gardes se réunissent, dans un local spécial, pour faire ensemble des exercices de gymnastique, qui ont pour but d'entretenir la souplesse du corps et de développer la force physique. On s'accoutume ainsi à travailler de concert, on s'entraîne pour les luttes futures, non pas certes dans un vain but de sport et d'athlétisme, mais avec la pensée plus haute de dompter la nature et de devenir maître de soi-même.

Aux moments de repos, les Jeunes Gardes forment le cercle autour du sergent ou du commandant. C'est l'heure de la « théorie ». Cette « théorie » est beaucoup plus une conversation qu'une leçon. Les idées du *Sillon* en sont le thème ordinaire. On y parle du mouvement ; on y commente les dernières manifestations. De tout événement, on cherche à tirer enseignement et profit. C'est l'apprentissage de la vie démocratique, l'éducation raisonnée de la conscience et de la responsabilité. Chacun sait où il va, et pourquoi il fait ce qu'il fait (1). Le sergent, d'ailleurs, n'a point le monopole des avis utiles et des remarques judicieuses. Tout le monde est convié à dire librement ce qu'il pense. Chacun pense tout haut et il se fait un libre échange de vues et de sentiments.

Avant la fin de la séance, l'aumônier prend la parole. La vie chrétienne tient une place prépondérante, dans les réunions de la Jeune Garde. Elle doit être à la base de tout. Les inspirations de la foi sont les guides naturels de ceux qui croient en Jésus-Christ. Les conseils de l'aumônier, appropriés à la mission et au rôle des Jeunes Gardes, ont donc une importance capitale ; ils sont d'ailleurs respectueusement écoutés. Chacun sait, en effet, comme s'exprime le règlement, que « nul ne saurait demeurer utilement » dans les rangs de cette milice choisie « sans l'enthousiasme d'une foi vive, les secours des réconforts surnaturels et les garanties de force physique et morale que seule peut assurer la chasteté des mœurs. »

Tous ceux qui se présentent pour entrer dans la Jeune Garde, n'y sont donc pas acceptés. Beaucoup s'en vont d'eux-mêmes, parce qu'ils ne se sentent point la force nécessaire pour persévérer, ou parce qu'ils ne se reconnaissent point les aptitudes spéciales qu'exigent les fonctions qu'on leur confie. D'autres s'éloignent, après y être demeurés quelque temps. Ils avaient trop présumés d'eux-mêmes ; ils reconnaissent qu'ils ne peuvent soute-

(1) A la suite d'un Congrès du *Sillon*, un catholique étranger, venu tout exprès pour assister aux manifestations du *Sillon*, disait à un de nos amis : « Dans notre pays, nous groupons plus de catholiques que vous ; nos troupes sont plus nombreuses. Mais, ce qui m'a frappé, ce que j'admire, car nous ne l'avons pas chez nous, au même degré, c'est que le moindre Sillonniste, le plus humble Jeune Garde, sait ce qu'il fait et pourquoi il est là. Chacun de vous est conscient de son rôle et de sa tâche. »

nir d'une manière continue un tel effort et ils démissionnent. Une sélection se fait ainsi, d'elle-même; les vaillants qui résistent à tout sont vraiment des soldats de Gédéon, de ceux qui ne transigent point avec eux-mêmes et se donnent à la cause sans esprit de retour. Témoin ce jeune collégien, qui au sortir de ses années d'études, sollicita la faveur d'être admis dans la Jeune Garde. On lui imposa, comme épreuve, d'aller vendre des journaux et des brochures à la porte de l'église paroissiale où il avait coutume de se rendre chaque dimanche avec sa famille. Sa fierté naturelle se cabra. C'était dur de s'exposer ainsi publiquement aux railleries de ses amis et de se montrer à eux, en compagnie d'ouvriers, faisant une besogne de camelot vulgaire. Il sut vaincre ses répugnances et cette conquête de sa liberté morale lui donna, pour longtemps, la maîtrise de lui-même. En s'humiliant, il se domina. La discipline, une fois comprise, lui sembla douce et bienfaisante.

Le temps, la persévérance et l'aide de Dieu ont ainsi fait, peu à peu, l'esprit de la Jeune Garde. Elle est un instrument docile et conscient aux mains de ceux qui la dirigent.

D'ailleurs, l'amitié profonde qui unit les Jeunes Gardes est la garantie de leur cohésion. Tous veulent de même, parce que tous pensent de même. Cette communauté d'âme n'est point toute spontanée; elle est une vertu acquise. Venus de milieux sociaux différents, appartenant au monde des étudiants, des employés, des ouvriers, ces jeunes hommes se reconnaissent frères, par le cœur et l'esprit. Ils sont forts, parce qu'ils s'aiment. Leur affection mutuelle est fondée sur l'estime réciproque. C'est le contact de la vie, le frottement quotidien, surtout, la découverte chaque jour refaite de leur fraternité d'âme qui cimente leur union.

Chaque mois, ils passent une journée ensemble. Le matin, ils assistent à la messe. La plupart communient. On part ensuite pour quelque longue promenade. Rien de charmant, comme ces courses à travers la banlieue parisienne. Les rangs rompus et les exercices terminés, on se retrouve et l'on cause. Ce sont les mêmes mots qui se répètent sur toutes les lèvres, parce que les cœurs sont gonflés des mêmes espoirs. C'est alors que les âmes s'ouvrent et se dilatent, que l'on se sent devenir meilleur, dans l'épanchement d'amicales confidences qui prédisposent aux généreux retours sur soi-même. Les sentiers des bois qui environnent Paris ont été souvent parcourus ainsi par les Jeunes Gardes en ces heures de repos réconfortant. La nature elle même jetait alors sur toutes choses l'incomparable paix de ses sites silencieux. On rentrait le soir, le corps brisé par la marche, mais la volonté plus ferme et l'esprit plus libre; plus d'un, avant de regagner sa demeure, s'arrêtant dans quelque église, y formulait en résolutions généreuses les impressions de sa journée.

Que d'anecdotes charmantes on pourrait ici raconter. En voici une, choisie entre mille. Aux environs de Reims, un dimanche matin, la Jeune Garde est en promenade. On rencontre, au bord d'une route, une croix. Tous s'agenouillent et récitent à haute voix une dizaine de chapelet. Un paysan, qui labourait son champ, s'arrête et regarde, stupéfait. Il s'approche, curieux et craintif. On l'appelle et il demande aux Jeunes Gardes qui ils sont. Ceux-ci lui expliquent qu'ils sont du *Sillon*. Il comprend de moins en moins. On lui fait, un peu brièvement, un petit exposé d'idées sillonnistes, puis l'on se sépare... Avant de quitter la croix, un Jeune Garde s'aperçoit qu'elle a été dépouillée de son Christ. On fait alors une gerbe des épis cravatés de rouge qui servent d'insigne aux sillonnistes, et la gerbe est placée pieusement au centre de la croix.

Par des traits de cette délicatesse, l'âme se révèle dans sa candeur simple et dans sa beauté réconfortante. C'est là comme le sourire d'une foi qui s'affirme ailleurs, par tant d'énergique courage.

LES VEILLÉES D'ARMES

Mais, cette foi, il faut la saisir dans ses manifestations intimes et assister à une veillée d'armes, pour comprendre comment cet esprit de discipline et de sacrifice se crée et s'alimente au contact même de Jésus-Christ.

Au début, on s'était contenté de faire précéder chaque réception de nouveaux Jeunes Gardes d'une simple adoration nocturne. Mais quelques camarades pensèrent que ce ne serait pas trop d'une nuit tout entière passée dans le silence et la prière, pour se préparer dignement à un apostolat qui exige une rare énergie. La veillée d'armes ne comporta plus qu'une heure d'adoration proprement dite, faite en commun, par tous les Jeunes Gardes, en présence du Saint-Sacrement exposé. Au cours de cette heure sainte, le prêtre qui préside fait à haute voix des actes de foi, d'humilité et d'amour, où il interprète de son mieux les sentiments de ceux qui l'entourent. Le temps qui précède et qui suit est consacré à des lectures méditées de l'Evangile, à l'explication du Règlement, et à la récitation du chapelet. On joint parfois à ces exercices le Chemin de la Croix. On ne doit, pendant cette veillée qui dure généralement de 11 heures du soir à 6 heures du matin, ni dormir ni parler.

Cet effort physique, assez pénible, après une journée de travail, aide à produire sur ceux qui se l'imposent, une action profonde de transformation morale. L'énergie déployée pour vaincre la nature trempe leurs volontés et habitue leurs corps à devenir de dociles serviteurs de leurs âmes. Dieu agit merveilleusement sur les âmes, au cours de cette nuit où la méditation de la Passion, la lecture des discours après la Cène, le commentaire du Sermon sur la Montagne, permettent au prêtre présent de mettre ces cœurs pleins de foi en contact avec la substance même de l'idée chrétienne,

L'un des membres les plus actifs du *Sillon*, Henry du Roure, dans un article qui fut fort remarqué (1), a raconté avec un charme particulier et une émotion touchante les impressions de sa première veillée d'armes :

Nous voici dans l'une des classes de l'école attenant au Sacré-Cœur. Rien n'a été changé ; et bientôt, sur les bancs, devant les pupitres, les Jeunes Gardes aux bérets noirs, aux chemises blanches, ont remplacé les petits écoliers...

Nous ne ferons qu'une chose cette nuit, dit Marc Sangnier : Penser à Jésus-Christ, Lui parler, L'écouter. Nous ne sommes venus que pour Lui. Nous sommes venus le voir comme on vient voir un Ami. Le Christ n'est pas un Dieu étranger, caché dans le lointain d'un ciel inaccessible. Il est descendu sur terre ; il s'est fait homme... Il a voulu être notre ami, notre plus fidèle, notre plus tendre ami. Nous ne pensons pas assez à cela ; nous le savons, mais nous ne le croyons pas... Il faut y penser ce soir. Si demain nous n'avons fait autre chose que résister au sommeil, que tenir, par un effort de volonté, nos yeux ouverts pendant ces quelques heures, nous aurons perdu notre temps. Il faut que nous rencontrions Jésus-Christ, que nous conversions avec

(1) *Rencontre*, H. du Roure. *Sillon* du 10 août 1901. — *Le Sillon* a publié aussi, sur les veillées d'armes, une poésie d'Henri Colas : *Veillée d'armes*.

Lui. Il nous parle toujours, Lui. Mais d'habitude nous ne L'écoutons pas ; nous sommes distraits par les choses extérieures, les soucis et les plaisirs superficiels... Ce soir, il faut faire silence en nos cœurs...

Et l'auteur ajoute, à propos de la lecture de la Passion :

Nous écoutons la Passion le cœur serré. Nous, joyeux et nous enivrant des moindres victoires, nous, avides de succès, comment ne pas pleurer sur une déroute, un effondrement aussi pitoyable?... Le Christ était à la tête d'un « mouvement ». Il avait parlé et guéri les malades. Les foules l'avaient suivi, aimé et voulu faire Roi. Il avait fait à Jérusalem une entrée triomphale. Il avait choisi douze apôtres, et les avait, pendant trois ans, nourri de ses pensées et de son cœur. Il leur donne sa chair et son sang... Voici qu'il ne reste plus rien. Rien. Les foules ont préféré Barrabas à Jésus. Des Douze, l'un a trahi, l'autre a renié, les autres dormaient ou ont fui. Le Maître est mort. Des femmes pleurent sur ce cadavre. Bientôt la pierre du tombeau se referme. C'est fini. La « cause » est morte ; le « mouvement » brisé. Tout est perdu...

Cependant, le monde est sauvé !

Oh ! la prophétique et douloureuse et consolante Passion !...

A ceux qui seraient tentés de s'étonner de ce langage et de sourire de ce « mysticisme », il sera bien permis de répondre que les miracles ont été promis par le Christ à la foi ardente. Exalter dans de jeunes cœurs et pousser jusqu'à l'héroïsme le sentiment chrétien, n'est-ce pas faire œuvre utile, en ce siècle positif, où tant d'âmes sont petites et laides, parce qu'elles ont perdu le sens du divin ? Quand on veut demander aux hommes un grand effort, il faut leur fournir les moyens de devenir capables de l'accomplir. Le spectacle d'une élite de jeunes gens qui ont rêvé de se donner à Dieu, qui veulent marcher dans les voies de la sainteté, qui ont la haute et noble ambition de pratiquer *tout* l'Evangile, ne doit-il pas réjouir tous les cœurs catholiques? Loin donc de blâmer ce que certains pourraient appeler « des excès de zèle », soyons assez sages pour n'en pas faire la règle commune obligatoire et assez chrétiens pour ne pas décourager ceux que tentent l'apostolat du sacrifice et le zèle des dévouements complets.

Au reste, à une heure où la vie religieuse est si profondément bouleversée dans notre pays, où tant de monastères antiques ont été criminellement ouverts, il faut que la prière monte, de chez nous, vers le ciel, plus ardente et plus pure. Nous avons à suppléer ceux qui sont partis. Nous avons aussi à adapter à notre vie moderne les douces exigences de l'Amour divin. Des formes de vie religieuse inattendues peuvent sortir de ces essais et de ces associations de jeunes gens. Il ne faut pas les dédaigner. C'est l'éternelle gloire de l'Eglise de se rajeunir sans cesse, à l'aurore des temps nouveaux et de trouver, à chaque siècle, dans le trésor des vertus de ses enfants, juste ce qui convient aux besoins présents.

Voilà pourquoi il fallait insister sur la place que tiennent les veillées d'armes dans la vie des Jeunes Gardes et sur le rôle qu'elles jouent dans l'œuvre de leur formation morale. L'action sociale de la Jeune Garde ne doit pas être séparée des sources où se puisent le courage et la foi. L'apostolat des réunions publiques n'est qu'une conséquence; c'est le fruit social d'une vie ardente et pieuse qui explique seule les résultats obtenus. Si l'on songe que, depuis bientôt cinq années, plusieurs centaines de jeunes hommes se sont librement assujettis à cette discipline, qu'ils n'ont jamais cessé d'exalter ce qu'il y a de meilleur en eux et de remporter sans cesse sur eux-mêmes de rudes mais triomphantes victoires, on comprend que, malgré leur petit nombre, ils se soient déjà fortement imposés à l'opinion publique française et que leur franchise ait forcé l'admiration des plus irréductibles et des plus endurcis, parmi les adversaires du catholicisme. Si le grain de froment mis en terre n'y meurt, dans la solitude et l'abandon, il ne saurait jamais germer. C'est en se dépouillant d'elles-mêmes que les âmes se conquièrent et qu'elles deviennent capables d'influence et de rayonnement.

III. — *Les grandes Réunions.*

LES ENNEMIS DE LA RÉPUBLIQUE

Il serait fastidieux de suivre la Jeune Garde dans chacune des réunions publiques où elle a joué un rôle. Il suffira, pour donner une idée de sa vaillance, de rappeler quelques-unes des manifestations les plus importantes, parmi celles auxquelles elle a pris part.

Fondée en octobre 1901, la Jeune Garde s'est exercée, pendant la plus grande partie de l'année 1902, dans les séances publiques et contradictoires des Instituts populaires. Chose étrange, la seule annonce de son existence sembla faire taire de suite ceux qui ont coutume de troubler toutes les réunions. Quand on sut, à Paris, que *le Sillon* était en mesure de faire respecter la liberté de la parole et d'imposer silence aux perturbateurs, nos adversaires devinrent plus circonspects et seuls, ceux qui avaient le désir d'écouter et de contredire vinrent aux réunions contradictoires du *Sillon*.

Jusqu'en juillet 1902, la Jeune Garde n'était pas sortie des *Instituts populaires* et *le Sillon* n'avait encore organisé aucune grande réunion publique, en dehors de ceux-ci. Les décrets de fermeture d'écoles libres, pris par M. Combes, alors président du Conseil, déterminèrent une vive agitation parmi les catholiques, qui protestèrent contre cet acte arbitraire, attentatoire à leur liberté.

Le Sillon résolut de prendre part au mouvement de protestation et fit annoncer dans tout Paris, par voie d'affiches, une réunion publique et contradictoire, dans la grande salle de l'Hôtel des Sociétés savantes. La réunion devait avoir lieu le mercredi 23 juillet, à 8 h. 1/2 du soir, sous la présidence du camarade Rollin ; Marc Sangnier y parlerait des *Ennemis de la République*.

A l'annonce de cette manifestation, *la Petite République* s'alarma et fit appel au courage de tous les socialistes pour marcher « contre la calotte ». *L'Union des étudiants républicains de France* invita ses adhérents à opposer « aux chants de l'*Ave Maria* » « les accents vainqueurs de la Grande Marseillaise révolutionnaire ». Il ne fallait pas laisser « transformer le quartier latin en foyer de réaction » mais « repousser l'assaut des forces cléricales » et soutenir le gouvernement « dans sa lutte contre l'Eglise militante ».

A ces articles parus le 23 juillet au matin, dans divers journaux, *le Sillon* répondit par une affiche qui fut placardée à Paris dans l'après-midi. En voici le début :

Appel aux penseurs libres.

CAMARADES,

Ce n'est ni avec des cris, ni avec de la violence que l'on peut étouffer la pensée humaine.

Le débat qui nous divise est grave et profond. Nous ne

travaillons ni pour une coterie, ni pour une secte. Nous voulons seulement faire appel avec toute notre âme au courage de nos amis et à la sincérité de nos adversaires...

Elle se terminait ainsi :

CAMARADES,

Nos amis du *Sillon* veulent vous montrer que la *foi* et le courage peuvent être tolérants, et qu'il faut laisser la haine sectaire aux lâches...

La réunion eut lieu et elle ne fut pas troublée. Dès 7 h. 1/2, le quartier latin fut occupé par un nombre considérable d'agents et de gardes municipaux à pied et à cheval. La contre-manifestation socialiste occupe la place du Panthéon et promène son drapeau rouge le long du boulevard Saint-Michel. Dans l'immense salle des Sociétés savantes, Marc Sangnier prend la parole devant un auditoire mêlé d'adversaires et d'amis. On l'écoute en silence. Fréquemment, son discours est coupé d'applaudissements enthousiastes. On lui fait une ovation, puis, par groupes, les catholiques se rendent dans le terrain vague qui avoisine *le Sillon*, boulevard Raspail. Là, se tient en plein air le meeting le plus impressionnant que l'on puisse voir. Tour à tour, MM. Marc Sangnier, président du *Sillon*, Duval Arnould, conseiller municipal de Paris, Bazire, Briey, l'abbé Petitdemange, prennent la parole. La foule s'éclaire au moyen de torches faites avec de vieux journaux. Vers 11 h. 1/2, la manifestation prend fin, sans qu'aucun accident grave se soit produit. La Jeune Garde n'a pas eu à intervenir sérieusement, pendant la conférence et le meeting, puisque, pas un instant, l'ordre n'a été troublé (1).

(1) On trouvera un récit détaillé de cette manifestation dans *le Sillon* du 10 août 1902.

La première bataille était gagnée ; c'était une magnifique victoire. Du premier coup, *le Sillon* s'affirmait comme une force et s'imposait à l'attention publique. C'était un résultat : « Tous nous avaient défié de réussir, a écrit Marc Sangnier (1). Les hommes d'ordre nous traitaient de fous, les journaux anticléricaux multipliaient leurs appels, conjurant le Paris révolutionnaire de ne pas supporter un tel affront ; et nous étions si jeunes, si faibles, si condamnés à l'avance, par toute sagesse humaine ! Mais n'y a-t-il pas longtemps que l'Apôtre a dit de la sagesse du monde qu'elle serait vaincue par la folie de la Croix. »

Enhardis par ce premier succès, les sillonnistes résolurent de mettre à profit les circonstances et pendant la campagne d'hiver de 1902, trois grandes réunions publiques, organisées par *le Sillon*, eurent lieu dans la grande salle de l'Hôtel des Sociétés savantes.

A la première (4 novembre), Marc Sangnier, à propos de la grève générale, alors menaçante, flétrit les violences des agitateurs socialistes et rappela aux catholiques le devoir qui s'impose à eux de faire aboutir promptement les réformes sociales nécessaires. La logique de l'orateur amena M. Etber, *directeur des Annales de la Jeunesse laïque*, à avouer que ses méfiances contre *le Sillon* s'étaient dissipées et qu'il croyait à la sincérité des sillonnistes. A la fin de sa contradiction, il vint serrer la main de Marc Sangnier (2).

La seconde réunion fut faite par M. Lefas, député d'Ille-et-Vilaine, qui parla sur la *Liberté de conscience et les libertés ouvrières* (21 novembre). Le débat qui suivit fut

(1) *Le Sillon :* Esprit et méthodes. En vente au *Sillon*, 0 fr. 60.
(2) Voir *Sillon*, 10 novembre 1902.

remarquable de calme et de dignité, presque tous les contradicteurs restèrent dans la question et leurs observations, aidèrent l'orateur à développer certaines parties de son sujet (1).

La réunion du 30 novembre, faite par l'abbé Lemire, député du Nord, fut marquée par un incident. La Jeune Garde dut expulser un perturbateur. Le citoyen Lombard était à la tribune. « Mais, du fond de la salle, partent des cris furieux, et la réunion menace de s'achever dans le tumulte. C'est le citoyen Dubosc qui vocifère. Invité à monter à la tribune, il refuse et continue à pousser des clameurs inarticulées. Alors, sur un signe, la Jeune Garde entoure l'interrupteur et malgré ses hurlements et ses ruades, l'expulse sans difficulté (2). » L'opération fut si rapide que la réunion ne fut même pas interrompue et que le citoyen Dubosc se retrouva dehors, sans savoir comment on l'y avait mis. Il fut d'ailleurs traité avec la plus grande douceur; le rôle de la Jeune Garde n'est pas de frapper les interrupteurs, mais de les obliger au silence. S'ils persistent, on les saisit et on les porte hors de la salle de réunion.

L'abbé Lemire obtint ce jour-là un de ses plus beaux triomphes oratoires. Il fut longuement acclamé et chaleureusement applaudi.

Pendant l'année 1903, le succès du *Sillon* s'affirma en maintes circonstances. Le dimanche 1er février, un nouvel Institut Populaire était inauguré, dans le Xe arrondissement, par une conférence publique de Marc Sanguier, sur l'*Avenir de la Démocratie*. Cette réunion à laquelle

(1) *Sillon*, 25 novembre 1902.
(2) *Sillon*, 10 décembre 1902.

assistèrent plus de douze cents personnes se passa dans le calme le plus complet.

Quelques jours auparavant, la Jeune Garde d'ailleurs avait montré ce que l'on était désormais en droit d'attendre de son esprit d'initiative et de son intrépidité. *L'Œuvre de la Jeunesse*, de Charenton, avait organisé pour le mardi 27 janvier une réunion publique et contradictoire. Marc Sangnier devait y parler *du Catholicisme* et *de la Démocratie*. Le lundi, un sillonniste de Charenton arrivait boulevard Raspail, annonçant que les socialistes avaient promis de venir nombreux à la conférence, afin de « tout casser. » Il était 2 heures de l'après-midi. Immédiatement, on se mit au travail. Le soir même, l'afficheur et quelques camarades de bonne volonté arrivaient à Charenton et y placardaient cet appel :

Camarades,

Nous comptons que vous viendrez nombreux à notre conférence de ce soir.

Nous entendons que la discussion soit honnête et courtoise. Celui qui veut, par du bruit, étouffer l'expression de la pensée libre, se déshonore lui-même.

Catholiques et anticléricaux, les Charentonnais auront à cœur de montrer qu'ils sont de bons citoyens conscients, ennemis des violences dont l'ignominie rejaillit sur ceux qui les commettent. Si, par malheur, la réunion de ce soir était troublée, ce serait une honte, pour les auteurs du désordre, qui seraient flétris même par leur propre parti.

Notre pacifique réunion d'études sera calme et fructueuse. Nous avons confiance, parce que nous ne désespérons pas de la liberté.

A Paris, deux jeunes gardes, à bicyclette, portaient des convocations à domicile jusqu'à 2 heures du matin. Le lendemain, à 7 heures, une cinquantaine de sillonnistes, ouvriers, employés, étudiants, s'entassaient dans deux immenses voitures, « qui partaient grand train dans la direction de Charenton, emportant pêle-mêle le président, le conférencier, les assesseurs et tous les commissaires. » On dîna dans la salle, à la hâte, avant la réunion A 8 h. 1/2, la séance est ouverte, tout se passe dans le plus grand calme. Les contradicteurs sont courtois ; il n'y a rien de cassé. Le lendemain Marc Sangnier recevait d'un auditeur anticlérical une lettre dont voici la substance : « J'ai admiré l'organisation de votre réunion, votre éloquence, l'habileté et la loyauté avec laquelle vous avez discuté. Venez parler à notre Université Populaire, vous y serez bien reçu (1)... »

Dira-t-on encore que les réunions publiques sont inutiles et qu'elles ne font aucun bien ?

LE CONGRÈS NATIONAL DE 1903

LA DÉFENSE DES ÉGLISES. — LE MEETING SANGLANT

Quelques semaines plus tard, avait lieu à Tours le deuxième Congrès national des Cercles d'Etudes et des Instituts Populaires. Pour protester contre ce Congrès, les *Jeunesses laïques* avaient organisé une réunion publique et contradictoire qui devait avoir lieu au Cirque de la Touraine. Urbain Gohier et Henry Bérenger devaient y parler sur *le Cléricalisme et la Libre-Pensée*. Marc Sangnier et ses amis y étaient spécialement invités.

Le président du *Sillon* se rendit au meeting anticlérical, accompagné seulement de quelques camarades.

(1) *Sillon*, 10 février 1903. — Le discours prononcé dans cette réunion par Marc Sangnier a été édité en tract, sous ce titre : *L'Avenir de la Démocratie*. En vente au *Sillon*, 0 fr. 20.

Devant un auditoire en majeure partie composé d'adversaires, il parvint à se faire écouter et n'eut pas de peine à réduire à néant les allégations fantaisistes des théologiens de *l'Action* et de *l'Aurore*.

Le lendemain, 14 février, la réunion d'ouverture du Congrès, qui devait être privée, fut de l'assentiment de tous, déclarée contradictoire et dans cette ville de Tours où, quelques semaines auparavant, une réunion tenue par M. Lerolle, député de Paris, avait été sérieusement troublée, Marc Sangnier put exposer les idées du *Sillon* au milieu du calme le plus complet. L'œuvre d'assainissement, entreprise par la Jeune Garde, de Paris gagnait la province (1).

Jusqu'ici, la Jeune Garde n'avait pas encore eu à soutenir de véritables batailles. L'heure allait venir où elle montrerait son courage et sa foi, en défendant les églises et où quelques camarades verseraient leur sang pour la conquête de la liberté.

Sous prétexte que la loi de 1901 sur les Associations interdisait aux religieux de prendre la parole dans les églises, des anticléricaux, ayant à leur tête MM. Henry Bérenger, Téry, Charbonnel, Sébastien Faure et Laurent Tailhade, se portèrent dans les églises de Paris, pour interdire l'accès de la chaire aux anciens congréganistes et troubler leurs prédications. Ces incidents firent l'objet d'une interpellation au Parlement.

Le Sillon, qui avait pris une part active à la défense des églises, voulut faire écho à la vaillante parole des députés catholiques et il organisa, pour le 23 mai, un

(1) Voir *Sillon*, 25 février 1903. — Voir aussi le compte rendu du Congrès de Tours. Rennes, imprimerie de l'*Ouest-Eclair*, 1903.

grand meeting de protestation contre les criminels attentats de Belleville et de Plaisance.

Une affiche, apposée sur les murs de Paris, conviait les catholiques et leurs adversaires à une réunion publique et contradictoire, qui devait avoir lieu, 20, rue de la Gaîté, dans la salle des Mille-Colonnes, située dans le quartier Montparnasse.

Dès avant 9 heures, trois mille personnes se pressent dans le hall des Mille-Colonnes. Il y a beaucoup d'anticléricaux dans la salle. Sur l'estrade, le camarade Clevers préside, assisté des camarades Rolland et Montagu. Dans la rue, on chante la *Carmagnole*; on entend, dans le lointain, les roulements du tambour; c'est un bataillon de la Garde républicaine qui arrive. Une sorte de malaise indescriptible domine l'assemblée, houleuse et incertaine. Au milieu de l'émotion générale Marc Sangnier prend la parole. Soudain, un artiste peintre, M. Jean Louis, ayant crié « Vive Combes », est malmené par quelques énergumènes. On le bouscule : il a le poignet démis. C'est un adversaire; mais, fidèle à sa consigne, la Jeune Garde le protège, l'un des commissaires de la réunion l'accompagne chez un pharmacien.

C'est à ce moment que l'ex-abbé Charbonnel fait son entrée. Sur la demande expresse de l'orateur, il est conduit à la tribune. Des Jeunes Gardes l'entourent et veillent à sa sûreté. Marc Sangnier termine son discours, au milieu d'acclamations et d'applaudissements... puis, quand le calme s'est rétabli, il demande à ses amis, en termes émouvants, d'écouter l'ancien prêtre dans un absolu silence.

M. Charbonnel fait alors les déclarations les plus inattendues. Il se dit, lui aussi, ennemi de la violence, essayant d'expliquer à sa manière les incidents de Belleville et d'Aubervilliers, qui n'étaient, affirme-t-il, qu'un geste de protestation et devaient servir à montrer au gouvernement son impuissance à faire exécuter ses circulaires et ses lois. — M. Bérenger lui succède à la tribune et tient le même langage. Marc Sangnier réplique et l'on vote un ordre du jour flétrissant les violences récemment commises. Grâce à l'énergie des Jeunes Gardes, aucun incident grave n'a troublé la discussion. Nos adversaires eux-mêmes sont obligés de rendre hommage à la courtoisie et à la loyauté du *Sillon* et de reconnaître que la Jeune Garde s'est employée à leur assurer, à eux aussi, toute sécurité et toute liberté de parole.

La sortie s'effectue. Les sillonnistes, Marc Sangnier en tête, se forment en colonne, pour se rendre au meeting qui doit avoir lieu dans le terrain vague du boulevard Raspail.

C'est alors que se produisirent des scènes odieuses. Les sillonnistes sont injuriés et frappés par des gens sans aveu ; les amis de ceux-là même qui, il y a quelques instants, protestaient de leurs intentions pacifiques, quand ils étaient sous la protection de la Jeune Garde, désignent les camarades du *Sillon* aux coups des « apaches ». Celui-ci est assailli par une bande qui l'assomme à coups de cannes plombées ; cet autre est appréhendé au collet par une femme qui l'invective grossièrement et lui crache au visage. Un malheureux couvert de sang se réfugie dans un café, il tombe au milieu d'une autre bande qui se jette sur lui. La patronne de l'établissement le sauve en l'abritant dans une cave où il reste évanoui pendant trois heures.

Un Jeune Garde, Nazet, l'un des douze qui furent de la

première veillée d'armes, reçoit un coup de couteau au cou. On le transporte à l'hôpital Laënnec, où l'on refuse de le recevoir. Un rédacteur des *Débats*, entouré par une nouvelle bande, est obligé d'exhiber sa carte de journaliste. Il est roué de coups et s'échappe à grand'peine des mains de ces furieux.

A l'angle de la rue d'Odessa, nouvelles bagarres. Les apaches frappent aussi les agents. M. Bouvier, commissaire divisionnaire, est grièvement blessé. Par la rue Littré, les sillonnistes, toujours en colonne, gagnent la rue de Bagneux, puis la rue du Cherche-Midi. Ils marchent en rangs serrés, et se donnent le bras. Les révolutionnaires qui les suivent font alors une charge violente. Des boîtes à lait prises à une voiture qui arrive, leur servent de projectiles et s'abattent sur le sol avec un bruit de bombes. Une poussée terrible amène un flottement dans les rangs sillonnistes. M. de Sailly, entouré par une douzaine d'apaches, est jeté à terre et frappé. Marc Sangnier se trouve un moment isolé, avec M. Laurentie. Il voit des énergumènes passer à côté de lui, sans le reconnaître, en criant : « Où est-il, le c... qu'on l'assomme ! »

Les sillonnistes se rassemblent dans le terrain vague avoisinant *le Sillon*, et le meeting commence. Les anticléricaux, rangés à la hauteur de la rue Chomel, barrent le boulevard, et hurlent la *Carmagnole*. Une pierre vient briser le bas de la porte vitrée du *Sillon*. Les quelques agents qui constituent tout le service d'ordre du boulevard Raspail assistent, impassibles, à cette scène sauvage et se refusent à aller chercher du renfort. Deux camarades se rendent alors au poste de la rue Perronnet (VIIe arr.). « Si vous étiez couchés, leur répond-on, cela ne vous arriverait pas !... »

Les sillonnistes comprennent qu'il ne leur reste plus qu'à veiller eux-mêmes à leur sûreté et décident de tenter une sortie. A ce moment des coups de revolver se font entendre. Ils partent d'un fiacre où se trouvaient MM. de Boisé et Montazel, ainsi que M. d'Etchegoyen. Ce dernier, menacé de trop près, a tiré en l'air, pour éloigner les apaches. On le conduit au poste. Pendant ce temps, la bataille continue. Les « apaches » font pleuvoir sur les sillonnistes tous les projectiles qui leur tombent sous la main. Ils arrachent les grilles des arbres, les brisent et jettent les morceaux sur les jeunes catholiques. Ceux-ci, n'ayant pas d'armes, s'avancent en bon ordre, avec leurs cannes et des torches enflammées. Ils parviennent à faire reculer leurs adversaires. Enfin, la police arrive et une bagarre sanglante s'engage entre les révolutionnaires et les agents. Deux commissaires et une douzaine d'agents sont blessés.

Pendant ce temps, le meeting a lieu ; les orateurs flétrissent comme il convient l'attitude des anticléricaux et des apaches.

Appréciant ces événements, Marc Sangnier écrivait dans *le Sillon* (1) :

Comme nous devions nous y attendre, nous qui n'avions parlé que de paix, de pitié et d'amour, nous qu'une seule passion animait, celle de notre Christ mort en priant pour ses bourreaux, à peine sortis de cette enceinte où l'amour avait semblé, durant d'inoubliables heures, avoir tué la haine à force de violence, nous devions être assaillis par les sanglantes revanches de la haine ; de honteuses bandes d'assas-

(1) *Sillon*, 10 juin 1903. On trouvera, dans ce numéro, un récit détaillé de ces faits. Signalons aussi la brochure de l'abbé Fonssagrives : *La Défense de la liberté du culte à Paris*. Paris, Téqui, 1903.

sins devaient essayer de nous terroriser ; mais nous étions plus forts que la haine, et si le sang de plusieurs de nos amis devait arroser notre triomphe à la lueur étrange de torches allumées, comme pour une mystérieuse fête d'amour et de mort, nous sentions bien que Dieu était avec nous, pour déjouer les odieux complots, pour repousser les brigands meurtriers, pour rendre toute-puissante notre faiblesse.

Le meeting sanglant et la réunion des Mille-Colonnes donnèrent au *Sillon* une renommée européenne. Pendant plusieurs semaines, les événements de la nuit du 23 mai furent l'objet des commentaires de la presse, en France et aussi à l'étranger.

Le Sillon chercha surtout à tirer profit de cette popularité, en faveur du développement du mouvement d'éducation populaire. La Jeune Garde subit une impulsion nouvelle. Elle avait reçu le baptême du sang et l'ardeur de tous s'en trouva augmentée. On comprit aussi qu'il n'était pas seulement nécessaire d'assurer l'ordre dans la salle, mais qu'il fallait encore veiller à ce qu'il fut maintenu dans la rue. Des dispositions furent prises à cet effet et le chef et les sergents de la Jeune Garde inventèrent bientôt toute une tactique, destinée à protéger la sortie des réunions et à assurer le retour en bon ordre au *Sillon*.

Quelques mois plus tard, on était à même de reprendre la campagne et cette fois, *le Sillon* remporta une belle et éclatante victoire, d'autant plus belle et plus éclatante qu'elle fut entièrement pacifique.

DES MILLE COLONNES A LA PLACE D'ITALIE
LA LIBERTÉ DES RÉUNIONS CONQUISE EN PROVINCE

Le jeudi 26 novembre, en effet, avait lieu une nouvelle réunion publique et contradictoire, organisée par *le Sillon* « au delà du Jardin des Plantes, dans le populeux faubourg de la Gare, là même où s'amusent les éléments les moins recommandables de la population. »

Dès 6 heures on part. La Jeune Garde mangera sur le champ de bataille ; car on prévoit que la réunion sera difficile et il faut que la salle soit occupée de bonne heure. Avant de s'y installer, il faut attendre que danseurs et danseuses aient achevé de prendre leurs ébats. Enfin, on se distribue la besogne et la foule entre. Maintenant, « la salle est pleine, dense, houleuse. » Sur l'estrade, on se montre le citoyen Buisson, député du XIIIe, qui vient pour contredire. Marc Sangnier commence son discours. A peine quelques interruptions. On crie « La barbe » à l'orateur... et comme l'homme à la barbe ne veut pas se tenir tranquille, « un léger mouvement se produit autour de lui, qui rapidement se propage vers la sortie » et l'on emmène « ce penseur non libre » dans la rue. Cette petite opération s'accomplit avec une telle dextérité qu'un charbonnier, solide et noir, un peu auvergnat aussi, ne peut s'empêcher de dire à ses voisins avec admiration : « Cha, c'est travailler ! »

Cet intermède a passé presque inaperçu. Et la séance continue. M. Buisson répond à Marc Sangnier, fait l'éloge du *Sillon*, rend hommage à sa loyauté, reconnaît dans les sillonnistes « des citoyens qui font œuvre de citoyens » et les félicite de leur méthode et de leur esprit républicain. Mais Marc Sangnier enserre le député du XIIIe dans une argumentation solide, l'amène à faire les déclarations les plus curieuses sur les droits des religieux dans l'état moderne. D'autres contradictions se produisent, on vote l'ordre du jour et lentement la sortie s'effectue.

C'est le moment dangereux. Reverra-t-on cette fois les scènes qui suivirent la réunion des Mille-Colonnes? Des forces imposantes de police sont sur pied. On divise les sillonnistes « en petits paquets. » C'était prévu, chaque « petit paquet » se trouve être sous la direction d'un ou deux Jeunes Gardes. Au premier coup de sifflet, si la police est impuissante à tenir tête aux « apaches », rassemblement en colonne. On rentre boulevard Raspail sans incident.

Ce succès n'a point ému les journaux. La presse resta muette sur la réunion de l'Alcazar; personne n'y ayant été blessé ou assommé, au dire des « reporters » il ne s'était rien passé d'intéressant. Cette réunion a donné la mesure de la force du *Sillon* et de la valeur de la discipline sillonniste. La Jeune Garde était devenue une organisation puissante, capable d'un effort méthodique. Paris était conquis. Désormais, les réunions publiques s'y multiplieront sans incident; les expulsions de perturbateurs se feront avec une telle « élégance » que l'orateur n'en sera pas même arrêté dans son discours; les sorties s'effectueront en bon ordre. Le règne de la violence est fini. On pourra discuter, comme le fait eut lieu, quelques semaines plus tard, sur l'expulsion de l'abbé Delsor et faire un meeting sur l'Alsace-Lorraine, sans qu'aucun incident ne survienne (1).

(1) Sur la réunion de l'Alcazar, voir *Sillon*, 10 décembre 1903. — Voir aussi la brochure éditée par *le Sillon* : *La Vie démocratique*,

L'année 1904 devait marquer un nouveau et sensible progrès de l'œuvre de conquête dont la Jeune Garde était l'instrument nécessaire. En même temps que se constituaient, par toute la France, des *Sillons régionaux*, des sections de Jeunes Gardes naissaient de tous côtés. Dans l'Est, elles se multipliaient avec rapidité, mais ces progrès étaient trop spontanés, pour être sérieux. L'œuvre profonde est toujours lente. Un travail de tassement finit par s'accomplir et les vrais dévouements seuls demeurèrent. Il en fut ainsi, quoique dans une proportion moindre, à Toulouse, à Limoges et à Bordeaux.

En même temps que s'organisait le service d'ordre, par la création des Jeunes Gardes provinciales, des orateurs de réunions publiques se révélaient de toutes parts et venaient en aide à l'éloquence de Marc Sangier.

A Bordeaux, le docteur Duvergey et son ami Jacques Roedel, un jeune sillonniste de vingt ans, se rendaient à une conférence sur la Séparation de l'Eglise et de l'Etat, organisée par les jeunesses laïques et y étaient l'objet « de véritables ovations (1). » Pamart, ouvrier typographe, l'un des premiers sillonnistes, remportait un égal succès à Poitiers. L'abbé Desgranges faisait à l'Université Populaire de Limoges une conférence sur l'*Existence de Dieu*.

Ce dernier, d'ailleurs, n'allait pas tarder à parcourir la région du Centre et du Sud-Ouest, répondant partout victorieusement aux anticléricaux et se faisant une réputation méritée d'orateur et de controversiste. Sachant unir à une science véritable et à une documentation abondante, les

qui contient le texte du discours de Marc Sangnier et la contradiction de M. Buisson. — Sur le meeting pour l'Alsace-Lorraine, voir *le Sillon*, 25 janvier 1904.

(1) *Sillon* du 25 janvier 1904.

répliques d'un esprit fin et spirituel, l'abbé Desgranges a conquis les auditoires les plus divers et les plus prévenus. En janvier 1906, il obtenait un succès remarquable en répondant à Montluçon à l'antipatriote Hervé. Son intervention empêcha le vote d'un ordre du jour anti-militariste et sa logique obligea l'homme du « drapeau dans le fumier » à faire, sur sa propre thèse, les plus expresses réserves (1).

Pendant l'année 1905, Teitgen et Renard, du *Sillon Lorrain*, soutenus par une section de Jeune Garde bien entraînée et très active, faisaient dans l'Est plus de vingt réunions publiques dont quelques-unes furent assez mouvementées. Une fois, la Jeune Garde dut soutenir, dans un village, un véritable siège et lutter pendant plusieurs heures contre une bande de forcenés qui, armés de barres de fer, se ruaient contre les portes avec furie.

Les jeunes gardes de Limoges savent à quoi s'en tenir sur la férocité de certains individus. On n'a pas oublié les grèves terribles suivies d'émeutes qui ensanglantèrent cette ville, en avril 1905. Les sillonnistes limousins furent particulièrement maltraités dans ces circonstances. Les jeunes gardes en étaient arrivés à ne plus pouvoir porter dans la rue leur béret d'uniforme, sans s'exposer aux injures et aux coups. Par leur bravoure et leur courage, ils ont reconquis peu à peu leur liberté d'action et ont fini par imposer à leurs adversaires un respect relatif. L'un d'eux ne craignit pas, peu de temps après les événements que l'on vient de rappeler, d'intervenir dans son syndicat et de réclamer contre les accusations portées contre *le Sillon*, par des meneurs socialistes, à la Bourse du travail.

(1) Voir *Sillon*, 25 janvier 1906.

La revue *le Sillon* (1) a raconté cette réunion publique de Périgueux, qui fut présidée par Mgr Delamaire, assisté des évêques de Tulle et de Cahors. Les vitres de la voiture épiscopale furent brisées à coups de pierre, plusieurs sillonnistes soutinrent un véritable siège devant la porte du Séminaire.

En définitive, malgré les efforts des anticléricaux et des socialistes, malgré les tentatives de violence exercées par quelques forcenés, *le Sillon* est parvenu, *en quatre ans,* à conquérir, par toute la France, la liberté de réunion. Comme on l'a pu voir, par cette revue rapide, ce ne fut ni sans peine, ni sans labeur. Orateurs et jeunes gardes se sont multipliés avec un courage inlassable.

Les jeunes gardes, plus que personne, ont contribué à ce résultat, qui est dû, pour une très large part, à leur courage et à leur discipline. Aujourd'hui, il est démontré, par l'expérience de quatre années, que la réunion publique est possible, partout où il existe des jeunes gens résolus à faire tous les sacrifices nécessaires à la cause qu'ils servent pour assurer avec impartialité l'ordre et la liberté de la parole. Le catholicisme, loin d'y perdre quelque chose, y a beaucoup gagné. Sans doute, les fruits de ces campagnes n'apparaissent pas encore aux yeux du grand public incertain ; mais l'observateur impartial et désintéressé ne peut manquer de signaler ces faits nouveaux et d'en tirer la leçon qu'ils comportent.

Les deux magnifiques réunions publiques qui clôturèrent les Congrès du *Sillon* en 1905 et en 1906, sont la preuve que *le Sillon* est une force avec laquelle il

(1) *Sillon*, 25 avril 1904.

faut compter. Réunir au manège Saint-Paul plus de six mille auditeurs, en assembler près de huit mille, sous la tente élevée sur le terrain qui avoisine *le Sillon*, les entretenir pendant plusieurs heures des questions les plus hautes et les plus brûlantes, sans qu'aucune bagarre se produise, grâce à la présence d'une élite de jeunes hommes disciplinés, résolus, maîtres d'eux-mêmes, dira-t-on que cela n'est rien, que de tels résultats ne comptent pas et qu'ils ne méritent pas d'être enregistrés comme une preuve triomphale de la vitalité du catholicisme en France et comme le signe avant-coureur du réveil d'une foi conquérante et rayonnante (1) ?...

IV. — *Intimités et Confidences.*

L'APOSTOLAT INDIVIDUEL

Ce serait une erreur de croire que l'apostolat du jeune garde se limite au rôle qu'il joue dans les réunions publiques, ou aux services qu'il rend en vendant les publications du *Sillon* à la porte des églises et des usines, parfois même dans la rue. Comme l'a dit fort justement Henri Colas, dans l'une de ses plus touchantes chansons : « On est jeune garde toujours » ; ce qui signifie que l'on doit travailler à éclairer les intelligences et à toucher les cœurs, sans se lasser jamais.

Chaque jeune garde qui comprend sa mission, s'efforce donc de faire du bien autour de lui. Surtout, il cherche, par ses exemples et ses paroles, à faire aimer et respecter

(1) Voir, sur ces deux Congrès et sur les réunions publiques qui les ont suivis, les comptes rendus publiés en brochure par *le Sillon*.

le christianisme. Sans forfanterie, mais sans peur, il parle en chrétien, dans sa famille, à l'usine, à l'atelier, au bureau. Sa vie doit être comme une prédication incessante.

Les résultats de cet apostolat sont difficiles à enregistrer, parce que, la plupart du temps, ils sont insaisissables. Il faut avouer aussi qu'ils restent souvent ignorés. Les âmes ont leurs secrets, qu'il est parfois meilleur de ne point dévoiler ; surtout ceux qui sont humbles n'aiment point à faire parade du bien qu'ils accomplissent dans le silence et qu'ils achètent, par la pratique de la mortification et de la pénitence. On peut affirmer cependant que, parmi les membres du *Sillon* ou de la *Jeune Garde*, ils sont nombreux, ceux qui doivent leur foi retrouvée aux exhortations, aux prières et aux exemples d'un camarade. Quelques-uns même sont revenus de bien loin... leur entrée dans la Jeune Garde a tout le caractère d'une réparation et d'une expiation ; ils avaient fait plus que de s'aventurer sur les frontières faciles à franchir de la vie légère ; ayant connu le mal, ils l'avaient aimé mais, comme saint Augustin, ils ont retrouvé la lumière ; comme saint Paul, ils ont été terrassés par la main toute-puissante de Dieu. Ils adorent aujourd'hui ce qu'hier ils auraient volontiers brûlé.

Henri Colas a raconté l'histoire de l'un d'eux dans un monologue pittoresque intitulé : *Histoire de gosse* et dont voici quelques passages :

Oh ! c'est bien simple, mon histoire :
J'étais un' canaille de banlieu',
Et d'puis longtemps, fatigué d'croire,
J'avais lâchement plaqué l'bon Dieu.
Ça m'ennuyait, toutes les prières,
Et puis d'fair' maigre l'vendredi.

J'voulais rigoler sur la terre,
Ça m'semblait si loin l'Paradis !

Il avait fini par « devenir voyou » et par aimer « les sales rigolades ». Un jour, il rencontre un jeune garde, son camarade de bureau :

Il me raconta des tas de choses,...
Les premiers jours, j'comprenais rien !

Ces « tas de choses» le firent réfléchir; l'instinct obscur de dévouement qui palpitait dans son âme se réveilla, il vint au *Sillon*, voulut entrer dans la Jeune Garde, et, réconcilié avec la vérité et avec Dieu, il pouvait dire :

J'vaux pas cher, bien sûr encore,
Mais j'ai déjà trouvé l'bonheur :
L'bonheur est dans l'Christ qu'on adore;
C'est les aut' qui sont dans l'malheur (1).

Combien d'autres pourraient répéter la même chose. Qu'on nous permette, pour appuyer nos dires, de citer ici quelques lettres de jeunes gardes. Mieux que tous les commentaires, elles feront comprendre de quelle manière ces jeunes hommes qui veulent appartenir au Christ, tout entiers, ont été les premiers à bénéficier de leur apostolat.

Voici ce que nous écrivait récemment un jeune garde, qui n'est pas un ouvrier, mais un étudiant :

Il y a un an, lorsque je suis entré à la Jeune Garde, je ne comprenais pas grand'chose au *Sillon*. Je n'en avais vu que le côté *intellectuel*, ce qui est bien peu. Cependant, j'avais l'intuition vague que tous ces mots : « amitié du *Sillon* » et « âme commune » correspondaient à des réalités

(1) Ce monologue est en vente au *Sillon* ; il est intitulé : *Histoire de gosse.*

profondes que je n'apercevais pas. Je suis entré à la Jeune Garde pour essayer de devenir meilleur et de comprendre *le Sillon* sous un autre aspect.

Je vous assure que le début me fut très dur. Aller vendre des journaux, revêtir un uniforme, recevoir des injures en réunion publique, et des railleries, autour de moi, dans ma famille et parmi mes camarades : autant de choses qui coûtèrent horriblement à mon orgueil et auxquelles je fus très long à m'habituer. Cependant, j'avais fini par n'avoir plus de respect humain et par me moquer des préjugés ordinaires. Mais c'était tout. J'étais bien de la Jeune Garde, je n'avais rien soupçonné de l'âme que doit avoir un bon jeune garde.

Et puis, un soir d'août, à la tombée de la nuit, sur le banc de pierre du jardin d'un vieux presbytère, j'eus une courte conversation avec X... Cette conversation m'ouvrit tout un horizon d'idées, de sentiments, de joies, que, jusque-là, je n'avais jamais connu. J'eus l'intuition rapide que c'était là le véritable *Sillon*, et, dès cet instant, je n'eus plus qu'une idée fixe, celle de comprendre, de *vivre le Sillon*, si longtemps ignoré de moi. Je croyais, certes, à la mission supérieure de Jésus, mais sa vie et son œuvre m'apparaissaient comme des abstractions lointaines, froides, pour lesquelles je ne me sentais qu'un respect très doux. Peu à peu, je me mis à sentir que mon cœur avait besoin de quelque chose de plus vivant et de plus haut ; c'est ainsi que j'en vins à aimer le Christ de toute mon âme et à me donner à lui tout entier...

Nous permettra-t-on de compléter ces confidences, en rapportant ici ces quelques lignes, extraites d'une lettre d'un jeune ouvrier. Les deux âmes, celle de l'ouvrier comme celle de l'étudiant, rendent le même son. Cette unanimité des cœurs, ce profond amour de la même cause, qui efface les distances et rapproche les individus, par les vues de la foi, c'est tout *le Sillon* et c'est toute la Jeune Garde.

Il y a deux ou trois ans que l'on avait commencé à faire des réunions dans notre région, quand nous avons songé à fonder une Jeune Garde. Mon ami X..., au Congrès de 1904, fut chargé de faire un rapport sur une association de bonnes volontés. J'assistais à la réunion et, grâce à la discussion, je compris qu'il ne s'agissait pas d'une association de bonnes volontés, mais qu'il fallait une élite de bons chrétiens, disposés à se donner tout entiers à une cause qu'ils croyaient juste...

Marc, après le rapport, nous exposa le règlement de la Jeune Garde; un contradicteur lui dit que, dans notre ville, il ne rencontrerait pas de jeunes gens qui auraient assez de dévoûment pour passer une nuit en adoration... Presque un an après, une douzaine de camarades formèrent une section. A la première réception, on n'en compta que quatre. Après, nous étions plus d'une douzaine et j'étais du nombre.

... Après la réception, il se produisit en moi une amélioration sensible mais qui ne dura pas et je végétai sept ou huit mois bien loin de l'idéal du jeune garde. Ce n'est que depuis le Congrès d'X... que je suis bien parti... Maintenant, je suis plus près du Christ, mon Maître. Je me sens plus fort et je l'aime davantage.

On nous pardonnera d'avoir publié ces confidences et révélé ainsi l'intimité de ces âmes. Il était nécessaire en effet de bien faire voir d'où vient l'énergie du jeune garde et quels liens étroits existent entre sa vie personnelle et son influence sociale.

CONCLUSION

Nous avons assez insisté sur les résultats sociaux des initiatives prises par *le Sillon* pour n'avoir plus besoin d'y revenir. Les faits parlent : il est possible en France, aujourd'hui, aux catholiques de faire respecter la liberté de la parole et d'opposer aux erreurs de leurs adversaires la force triomphante de la vérité.

Ce résultat, on le doit à la Jeune Garde.

Mais la Jeune Garde elle-même comment, après de longs efforts, a-t-elle pu vivre et se développer? Il n'y a qu'une réponse à cette question. Le jour où un jeune homme, rompant avec l'esprit du siècle, s'enthousiasme pour une cause et se donne tout entier à Jésus-Christ, il devient capable de tous les dévoûments et de tous les sacrifices. Une fois de plus se vérifie la parole de saint Augustin : « Aimez et vous ferez tout ce que vous voudrez. » C'est donc parce qu'ils ont l'intelligence de leur temps, la conscience de leur rôle et la foi que ces jeunes catholiques ont pu accomplir ce qu'ils ont fait.

Leur exemple est une leçon et une espérance. Ils ne sont ni plus extraordinaires, ni mieux doués que beaucoup d'autres; seulement, leur dévouement est absolu et leur discipline parfaite. De plus, ils ont pris leur tâche à cœur. Chaque jeune garde sait ce qu'il fait et pour quels motifs il travaille. Quiconque aura la même foi et le même courage pourra obtenir les mêmes résultats.

Ne regardons pas l'avenir d'un œil trop sombre. Lorsqu'un peuple produit de pareilles initiatives, il n'est pas prêt de périr. Nous traversons une crise grave, c'est un fait certain. Nous en sortirons vainqueurs si nous savons agir et si nous acquerrons les vertus qui nous manquent. Le mal est autour de nous. Il est aussi en nous. Lorsqu'une génération a compris le sens de l'effort que la Providence lui demande, lorsqu'elle est disposée à passer par-dessus les préjugés, pour faire tout son devoir, elle peut être sûre du succès final. Nous verrons encore des luttes et des batailles. Nous ne verrons peut-être pas la victoire du catholicisme. L'initiative de ces jeunes hommes qui ont consacré leur vie à la vérité, qui veulent être les apôtres vaillants de ce siècle, qui l'aiment, malgré ses erreurs et ses fautes, pour tant d'inconscientes aspirations vers le Beau et le Bien, ne saurait être perdue. Le bon sens français se ressaisira, le jour où la lumière sera faite dans un plus grand nombre d'esprits. Cette œuvre de libération morale ne peut aboutir sans sacrifices et sans dévoûments. La Jeune Garde du *Sillon* a déjà écrit une belle page dans l'histoire des catholiques français du début de ce siècle; cette page, aux marges sanglantes, est pleine de poétique fraîcheur et de mâle assurance; souhaitons qu'elle s'achève dans l'expression d'une pacifique victoire.

Abbé E. Beaupin.

Ch. SIMON

L'Education physique et les Patronages

« Tandis que gronde sourdement l'orage des menaces extérieures, des Français, indignes de ce nom, reniant vingt siècles d'héroïsme et de gloire, prétendent qu'il n'y a plus de patrie et que le drapeau aux trois couleurs n'est plus qu'une loque bonne à être plantée dans le fumier !

Ce n'est pas chez vous, les jeunes des patronages, que l'on trouvera, je le sais, ces idées subversives et néfastes. »

Ainsi s'exprimait dernièrement M. le docteur Michaux, président général de la F. G. S. P. F., dans un de ses vibrants articles, — véritable ordre du jour — qu'il adresse chaque semaine à ses gymnastes et sportsmen. Non, ce n'est pas parmi les vrais jeunes de France, parmi les jeunes des patronages que l'hervéisme fera des adeptes car tous ont au cœur le culte de la Patrie. Dès l'adolescence, ils se préparent à devenir de bons soldats et, par la pratique de la gymnastique et des sports, ils acquièrent la force physique, ce complément indispensable de la force morale.

On a beaucoup écrit sur l'éducation physique, on a prôné les méthodes anglaises et cherché à les introduire en France. Nous ne voulons pas ici entreprendre de longues dissertations sur les différents systèmes, nous nous contenterons d'exposer rapidement le but de l'éducation physique, son utilité dans les collèges, dans les patronages, dans les écoles, comment elle doit être comprise, ce qui a été fait jusqu'à ce jour et la tâche de demain.

Le but immédiat poursuivi par l'éducation physique est le développement normal et régulier de tous les organes de la machine humaine.

Des moyens multiples ont été mis en usage pour arriver au résultat cherché, les uns partisans des jeux de plein air, les autres de la gymnastique, les troisièmes des sports athlétiques. — En réalité il n'y a pas de méthode unique, il faut varier les exercices suivant l'âge, les constitutions et souvent suivant la nature des individus.

La formule la meilleure est celle qui emprunte à chaque méthode les meilleurs exercices et qui les pratique d'une manière rationnelle et progressive.

Cette formule éclectique est aujourd'hui celle d'un grand nombre de savants et d'athlètes ; c'est cette formule que la Fédération gymnastique et sportive des Patronages de France se glorifie d'avoir mise en pratique la première.

C'est par l'exercice méthodique et progressif qu'on arrive au développement complet.

L'exercice est l'agent essentiel du développement. Comme on l'a dit très justement, c'est la fonction qui fait l'organe ; cela est surtout vrai pour les jeunes, et cela se voit particulièrement bien pour l'appareil de la locomotion.

La course, le saut, la marche exercent et développent les muscles des membres inférieurs ; voyez chez les footballers combien sont solides les articulations des genoux et des pieds.

Chez le gymnaste et l'athlète ce sont les biceps, les pectoraux qui sont surtout développés.

La gymnastique suédoise cherche à exercer régulièrement et alternativement tous les muscles du corps, les fléchisseurs après les extenseurs ; elle fait beaucoup travailler les muscles dorsaux, elle agrandit la poitrine, renforce la sangle des muscles abdominaux.

Tous ces exercices d'ailleurs ne développent pas que les muscles, ils ont une influence réelle sur les autres grandes fonctions de l'économie ; ils augmentent l'amplitude de la respiration, la capacité respiratoire; ils régularisent l'action du cœur en établissant un balancement des plus heureux entre la circulation centrale et la circulation périphérique.

Le travail d'innervation nécessaire pour commander tous ces mouvements est lui aussi très favorable au fonctionnement du système nerveux, de telle sorte qu'il est exact de dire que les exercices physiques font travailler tous les grands appareils de la machine humaine.

Leur action ne se borne d'ailleurs pas au développement du corps, elle retentit puissamment sur le moral. Dans ce domaine, son action n'est pas moindre que dans le domaine physique : elle trempe les caractères, elle donne l'esprit de sobriété et de tempérance; elle fait aimer l'obéissance, la discipline; elle endurcit le corps, elle lui apprend à supporter la douleur.

Surtout elle est l'ennemie de l'oisiveté, de la coterie, de la peur, elle donne au jeune homme la notion de ce qu'il peut faire.

Une fois cette notion acquise, le jeune athlète travaillera sans cesse à s'améliorer, à se vaincre, à vaincre les autres; il prendra conscience de ce qu'il peut, mais il apprendra aussi à être modeste, à reconnaître ses points faibles et cette connaissance de soi-même lui servira puissamment.

Par-dessus tout les exercices physiques développent chez le jeune homme l'*activité physique* qui est la vertu par excellence, celle qui engendre toutes les autres, l'activité physique qui assure le succès dans la grande lutte pour la vie.

Cette activité, cette volonté acquise par la pratique constante des exercices physiques, le jeune homme la reportera en effet dans son travail quotidien, il aura l'habitude de l'effort; « le *record* le tentera; *entraîné* au labeur, il ne se laissera pas arrêter par les premières difficultés, et luttant courageusement pour conquérir sa place au soleil il fera travailler son esprit comme il a fait agir ses muscles et mouvoir ses articulations.

N'est-ce pas, comme le disait M. Marcel Prévost dans son discours inaugural du congrès olympique de Bruxelles, une vivifiante formule de progrès social ?

« C'est, disait-il, un hommage à la volonté humaine que célèbre l'effort quotidien de tant de nos contemporains, qui, chaque jour, s'efforcent à triompher de l'obstacle qui les vainquit la veille, prétendent chaque jour être à la fois meilleurs qu'eux-mêmes et meilleurs que leurs compagnons de lutte... Or exalter ainsi la puissance de la volonté, c'est le plus grand service qui puisse être rendu à l'humanité contemporaine.

. . . .

Le certain est que l'homme vaut surtout parce qu'il appelle sa volonté et la meilleure discipline de la volonté, celle qui mate le mieux l'enfant, garde le mieux l'homme fait de l'inertie et de la paresse, cette meilleure discipline s'apprend à l'école des sports. Quand elle fut bien apprise, l'enfant et l'homme la transportent sans difficulté dans le domaine de l'intelligence. Car il n'y a pas deux volontés dans l'individu, une pour les efforts des muscles, l'autre pour les efforts de l'intelligence; la volonté humaine est une et quand elle est disciplinée, elle l'est pour tout. »

Les jeunes gens ne se rendent certes pas toujours compte de ces bienfaits moraux et c'est un peu à leur insu qu'ils s'inculquent la discipline et qu'ils apprennent à vouloir. Ce qu'ils recherchent surtout dans les exercices du corps c'est une distraction, distraction saine entre toutes puisqu'elle les arrache aux tavernes enfumées où jadis beaucoup passaient leurs dimanches, distraction qui les fortifie en développant leurs muscles, en dilatant leurs poumons trop souvent privés de grand air, distraction qui petit à petit les aguerrit et fait d'eux des hommes dans toute la noble acception du mot.

Il n'y a guère qu'une dizaine d'années que les sports athlétiques ont, en France, conquis la jeunesse. La poussée fut irrésistible; de tous côtés des « clubs » se formèrent; les patronages furent longs à entrer dans la voie nouvelle et ils virent un certain nombre de leurs membres les quitter pour entrer dans les sociétés voisines. Il était nécessaire de réagir, c'est ce que comprit il y a neuf ans M. le docteur Michaux lorsqu'il lança la gymnastique dans les œuvres de jeunesse et lorsqu'il y a cinq ans il y adjoignit les sports.

Cette « révolution », ne se fit pas sans peine. Changeant les vieilles habitudes des patronages, elle souleva de nombreuses objections. Les exercices physiques moralisateurs, belle théorie ! dirent les amateurs de la vie entre quatre murs et ils partirent en guerre contre les barres parallèles et le ballon rond, prônant aux quatre points cardinaux que le sport était la destruction des œuvres... que l'idée sportive enlevait l'idée de patronage, etc., certains mêmes se voilèrent pudiquement la face trouvant abominable qu'à l'aurore du XXe siècle des jeunes gens jouent une journée entière en ayant les mollets nus.

Ils ne se demandèrent pas pourquoi l'on avait organisé les jeux de plein air et la gymnastique dans les patronages, car pour eux le sport n'est autre chose qu'un retour vers l'homme primitif.

Pourtant n'était-il pas à craindre que nos « jeunes » ne fussent entraînés par l'exemple venu du dehors et qu'en suivant leurs penchants, ils ne se trouvent mêlés à des adolescents de toutes sortes et qu'ils n'oublient peu à peu le chemin du patronage pour ne se souvenir que de celui de la « société » où sans contrainte, ni lois, ils pouvaient « s'amuser ». Il importe de le dire et de le répéter hautement : les premiers organisateurs de la gymnastique et des sports dans les œuvres ont pensé que loin de vouloir arrêter le mouvement, il fallait le détourner et se servir des sports, non pour le seul plaisir ou la seule satisfaction de faire des concours, mais comme *moyen d'action* et de persévérance. C'est un moyen secondaire, il est vrai, mais combien important ! Qui oserait répondre des 80,000 jeunes gens qui font des exercices physiques, dans les patronages de France, si demain, les championnats, cross ou concours nationaux et régionaux étaient supprimés ? Qui oserait affirmer qu'il ne se produirait pas hélas ! des vides dans les rangs ? Au contraire quel est le Directeur qui en voyant chaque dimanche ses équipiers venir exactement, ne caressera pas secrètement l'espoir d'améliorer à la longue ceux qui en ont besoin ?

Le Saint-Père a répondu lui-même à toutes ces critiques. En octobre dernier, il a réuni au Vatican, pour un grand concours, les sociétés gymnastiques et sportives catholiques d'Italie et leur a fait le beau discours suivant :

« Ce m'est une douce consolation que de me trouver au milieu de vous, chers jeunes gens, qui représentez l'âge des nobles sentiments, des actions généreuses et des superbes victoires ; et à l'exemple de Jésus-Christ qui, habitué à vivre en compagnie des anges, trouvait pourtant ses délices dans la jeunesse, et qui voyant une fois un jeune homme, l'aima, *intuitus eum, dilexit eum,* moi, son vicaire, en vous regardant j'éprouve le besoin de vous dire que je vous aime et que vous devez me considérer non seulement comme un père, mais comme un frère et un tendre ami.

Et avec ces sentiments j'approuve non seulement toutes vos œuvres dans l'action catholique, mais j'admire et je bénis de tout mon cœur vos jeux et vos passe-temps, la gymnastique, le cyclisme, l'alpinisme, le canotage, le podisme, les promenades, les concours et les académies auxquelles vous vous dédiez ; parce que les exercices matériels du corps influeront admirablement sur les exercices de l'esprit ; parce que ces divertissements en exigeant du travail, vous arracheront à l'oisiveté qui est la mère de tous les vices ; et parce qu'enfin vos concours amicaux mêmes seront pour vous l'image de l'émulation dans l'exercice de la vertu. Ainsi suivant les paroles du plus jeune des Apôtres, du Bien-Aimé du Rédempteur, qui écrivait aux jeunes gens : *Soyez forts et que la parole de*

Dieu soit en vous et vous aurez vaincu le malin ; je vous répète : Soyez forts pour garder et défendre votre foi, lorsqu'il y en a tant qui la perdent ; — soyez forts pour rester les fils dévoués de l'Eglise, quand il y en a tant qui se révoltent contre elle ; — soyez forts pour entretenir en vous la parole de Dieu et la manifester par les œuvres, lorsque tant l'ont bannie de leur âme ; — soyez forts pour vaincre tous les obstacles que vous rencontrerez dans l'exercice de l'action catholique, pour votre mérite et pour le bien de vos frères.... »

Au cours des fêtes le délégué de la Fédération gymnastique et sportive des Patronages de France eut l'honneur d'être reçu en audience particulière par Sa Sainteté qui daignât approuver l'œuvre entreprise et la bénir tout particulièrement. Cette approbation et le fait que le pape a présidé *Lui-même* le concours sportif de Rome, ne sont-ils pas la meilleure preuve que l'éducation physique n'est nullement contraire à l'esprit des œuvres ?

Partout où des sections gymnastiques et sportives existent dans les patronages, ces derniers prospèrent, les jeunes viennent plus nombreux et sont plus assidus ; pour donner un aliment à ces nombreux groupements, pour leur donner la vie, il a fallu les unir, organiser des fêtes, des concours, des championnats, c'est la tâche que s'est assignée la Fédération gymnastique et sportive des Patronages de France.

La F. G. S. P. F.

Avant d'entrer dans les détails de l'organisation de cette importante Fédération il est bon de faire un retour en arrière et de jeter un rapide coup d'œil sur son œuvre.

Les grands catholiques qui s'appellent de Mun, de Melun, Timon-David, Maurice Maignen, Allemand, Myrionnet, Vasseur, à qui revient incontestablement l'honneur d'avoir les premiers compris les besoins de la classe ouvrière en créant les premiers patronages, les premières œuvres de jeunesse, les premiers cercles catholiques d'ouvriers, ces grands chrétiens, disions-nous, avaient compris dès l'origine la nécessité d'une bonne éducation physique comme complément de l'éducation morale, professionnelle et religieuse qu'ils entendaient donner à la jeunesse ouvrière.

Des jeux variés, des courses, des combats à échasses, des grandes parties de balles et de ballons, des fêtes gymnastiques et sportives, patriotiques et militaires ont occupé pendant soixante ans les jeunes ouvriers, apprentis et écoliers qui n'ont cessé de fréquenter nos œuvres ouvrières depuis leur fondation, vers 1847, jusqu'à la fin du siècle dernier.

Les visiteurs du pavillon des Œuvres ouvrières à l'Exposition universelle de 1900 (annexe de Vincennes) ont tous admiré dans la galerie réservée à la Fédération gymnastique et sportive des patronages de France le magnifique tableau militaire dans lequel le président général avait groupé les vingt-cinq programmes des fêtes gymnastiques, sportives et militaires auxquelles il avait apporté sa collaboration de 1872 à 1897, dans un des plus anciens et des plus beaux patronages de la capitale.

Bien des efforts semblables avaient été tentés avec succès en province ; parmi les plus intéressantes de ces tentatives nous devons une mention particulière aux très intéressants concours de gymnastiques organisés à Lyon, depuis une douzaine d'années par le T. C. Frère Pygménion et M. Jacques Brac de la Périère, dans les écoles libres de Lyon.

Les œuvres ouvrières catholiques étaient donc merveilleusement préparées à prendre leur part du grand mouvement gymnastique et sportif qui s'est manifesté depuis quelques années de tant de façons diverses, fêtes de gymnastique, matches de football, courses à pied, etc., etc.

Ce sera un perpétuel honneur pour la Fédération gymnastique et sportive des patronages de France d'avoir compris la puissante impulsion que donnerait aux œuvres ouvrières un concours de gymnastique qui leur serait exclusivement réservé et de l'avoir réalisé par ses propres ressources.

C'est cette institution qui a pris naissance en 1898. Un comité de chrétiens agissants s'est formé, et, sans perdre une minute, s'est mis à la tâche; il a entraîné dans le mouvement des œuvres hésitantes, et centralisé les services, se faisant avec joie le serviteur de tous. Ce comité fonctionne sans cesse, répondant à toutes les demandes, donnant avec bonheur les moindres renseignements et servant d'intermédiaire pour les achats de costumes, appareils et autres choses qu'il peut avoir à de meilleures conditions, en évitant tout dérangement aux œuvres adhérentes.

Par ses soins, un comité d'honneur s'est formé pour patronner les concours. Des généraux, des amiraux, des officiers supérieurs, des sénateurs, des députés, des académiciens, des magistrats, des professeurs, frappés de l'excellence de cette œuvre, lui ont donné leur appui, et le jury de la classe 108 à l'Exposition universelle de 1900 a décerné à cette grande œuvre une des plus hautes récompenses dont il pouvait disposer en lui attribuant *un grand prix*.

De toutes les Fédérations s'occupant d'éducation physique la F. G. S. P. F. *est la seule* dont le programme soit vraiment complet, car elle allie étroitement la gymnastique et les sports. Elle ne cherche pas à produire des champions en forçant ses membres à se spécialiser dans telle ou telle branche, son but est plus haut, elle fait travailler ses jeunes gens pour eux-mêmes, pour en faire des hommes complets et vraiment forts. Sachant que l'excès en tout est nuisible, elle réprime l'ardeur de ceux qui ne comptent pas assez avec leur tempérament, exige des certificats médicaux pour les exercices où le cœur et les poumons ont un dur travail à fournir. A signaler aussi l'emploi des cartes physiologiques sur lesquelles sont marqués les mensurations de chaque sujet, sa capacité thoracique, ses faiblesses organiques et les mouvements à faire pour les combattre, les progrès accomplis, etc..., les cartes sont de temps à autre envoyées à la signature des parents qui voient ainsi tous les bienfaits physiques que leurs enfants retirent de la pratique de la gymnastique et des sports au patronage. Chaque année de grandes fêtes sont organisées.

EN GYMNASTIQUE.

En 1898, vingt-cinq sociétés de Paris et de la banlieue ont répondu à l'appel tardif du comité ; elles n'avaient que trois mois pour se préparer, mais ces trois mois furent bien employés et le succès dépassa toutes les espérances. Six cents gymnastes défilèrent ce jour-là devant les tribunes bondées de spectateurs, emportèrent de cette fête la conviction que ce beau début aurait un lendemain superbe.

En effet, le comité décida que ce concours serait annuel

et se remit au travail pour organiser la fête de 1899; après une année d'efforts continus et de propagande, les résultats doublèrent : 50 sociétés, 1,200 gymnastes se trouvèrent réunis.

L'émulation augmentait avec le nombre des concurrents : ce n'était pas seulement ces enfants de l'année précédente remplis de bonne volonté ; il y avait eu cette fois du savoir-faire, et leurs exercices emportèrent les suffrages unanimes des hommes compétents ; parmi les œuvres représentées une dizaine venaient de province. Le nombre de ces dernières fut plus considérable en 1900 : elles venaient de l'Est, du Nord et du Centre. Les étrangers eux-mêmes se rendirent à l'appel du Comité d'organisation : la puissante Fédération catholique des sociétés belges de gymnastique et d'escrime envoya au concours une délégation de plus de 150 de ses membres.

La fête de 1900, en raison du caractère officiel et international qu'on lui avait fait revêtir à l'occasion de l'Exposition universelle, empruntait un éclat exceptionnel à la présence de M. le général baron Baillod, de représentants officiels de plusieurs nations, des officiers de terre et de mer, en tenue militaire, et au concours de la musique d'un de nos meilleurs régiments d'infanterie de ligne.

Elle réunit 75 sociétés et 1,600 gymnastes; quatre musiques s'y firent successivement entendre.

Pour 1901, la progression s'accentue ; 90 sociétés et 1,800 jeunes gens sont inscrits.

En 1902, le nombre des sociétés atteint la centaine ; 2,000 gymnastes prennent part au concours et à la fête. — Près de vingt-cinq sociétés sont venues des départements, logées par les soins du Comité dans les conditions excellentes, grâce à la généreuse hospitalité des grands collèges catholiques de Paris.

La lutte est chaude ; les camarades de province sont forts et vigoureux. — Paris remporte encore une fois la victoire, mais les épreuves fournies par les sociétés de Bordeaux, de Lyon, du Centre, de l'Est, de l'Ouest, du Nord, de la Normandie émerveillent les jurés, et laissent dans l'esprit de tous un impérissable souvenir du 15 juin 1902.

La Fédération des sociétés de gymnastique est fondée en France ; il ne s'agit plus que de la faire connaître partout en province.

Le Comité qui n'a d'autre visée que le bien de la jeunesse ouvrière, décide la décentralisation qui laissera à chaque groupe son initiative et son indépendance, sans détruire le lien fédéral. Dorénavant le concours de Paris ne sera ouvert aux sociétés de France que tous les deux ou trois ans, l'année intermédiaire devant être consacrée aux concours régionaux. Immédiatement les Unions régionales se constituent dans le Nord, en Champagne, en Lorraine, en Poitou, en Bretagne, dans l'Orléanais, à Bordeaux, demain sans doute à Marseille, à Toulouse, ou à Montauban, etc.

Toute la campagne de 1903 est marquée de fêtes et de concours tout à fait réussis.

C'est Roubaix avec 12 sociétés du Nord ; Orléans avec une quinzaine de sociétés et 600 gymnastes ; c'est Lyon qui donne son troisième concours annuel ; c'est Rouen avec son inoubliable fête du Vélodrome ; c'est Bordeaux ; c'est Poitiers, malgré son maire légendaire ; c'est Rennes, c'est Dijon, Ligny-en-Barrois, Saint-Dizier, Epinal, Châlons-sur-Marne, qui sont successivement émerveillés par la bonne tenue et les prestigieux exercices de nos gymnastes.

Chaque dimanche est marqué d'une fête gymnastique où se trouvent réunies cinq, dix ou quinze de nos sociétés, et tout ce mouvement provincial ne nuit en rien au Concours de Paris qui réunit encore 110 sociétés et 2,400 gymnastes de sa région. — 20,000 personnes amies se pressent sur les gradins de l'immense vélodrom du Parc des Princes à Boulogne, et cette manifestation eût été sans précédent dans les annales catholiques, si un orage épouvantable n'était venu couper en son milieu une si belle fête.

En 1904, 4,000 concurrents se réunissent à Paris pour le grand concours international présidé par le général de Boisdeffre.

1905 voit le concours de Versailles sous la présidence du général Bonnet, et le patronage de la municipalité. 2,500 gymnastes manœuvrent devant 10,000 spectateurs enthousiastes.

Le compte rendu des fêtes provinciales de ces deux dernières années ne peut trouver ici sa place, mais il est impossible de taire l'impression profonde, l'étonnement produit dans tous les points du pays par l'exceptionnelle tenue de nos gymnastes, par la beauté de leurs exercices.

Les unions régionales n'ont plus qu'un bien léger effort pour voir doubler ou tripler le nombre de leurs sociétés adhérentes ; ceci est l'œuvre de demain, et c'est l'œuvre des camarades gymnastes et de leurs zélés directeurs.

LES SPORTS

Quoique plus jeunes les sports athlétiques tiennent aujourd'hui une place importante dans la Fédération gymnastique et sportive des patronages de France. Les débuts furent cependant des plus modestes puisque le premier championnat de foot-ball organisé en 1901 ne réunit que cinq équipes ! Depuis la progression a été constante : en 1902, 21 équipes ; 1903-1904, 45 équipes ; 1904-05, 50 équipes ; l'équipe champion de la F. G. S. P. F. battant l'équipe champion de France de l'Union des Sociétés françaises de Sports athlétiques. En 1905-06, l'essor est encore plus grand : 400 matches sont inscrits au calendrier du championnat de Paris et des épreuves régionales s'organisèrent dans l'Orléanais, en Bourgogne, en Seine-et-Oise, en Bretagne, dans le Nord et dans la Gironde en vue du championnat de France de foot-ball association.

La course à pied est encore plus récente dans les patronages ; c'est seulement en 1902 que fut couru le premier cross-country ; 75 fervents du grand air vinrent se ranger sous les ordres du starter, puis quelques heures après 81 coureurs prirent part aux classiques épreuves des 60, 100, 400, 1,000 mètres.

L'année suivante 125 jeunes gens disputèrent le cross et les courses réunirent une centaine de concurrents.

En 1905 le cross devenu national réunit près de 200 adhésions et le premier championnat de France de courses à pied et d'athlétisme eut 428 engagés venus des quatre coins du pays pour se mesurer.

De nombreuses réunions sportives sont organisées chaque année dans tous les grands centres ; à l'heure actuelle la Fédération gymnastique et sportive des patronages de France compte 40,000 gymnastes et 10,000 sportsmen, soit *un total de 50,000 membres*.

C'est un beau résultat et on conviendra que pour diriger

cette grande armée il faut une puissante organisation.

Voyons donc le système adopté.

A la tête un Comité central composé de : 1 président, 4 vice-présidents, 2 secrétaires généraux et 6 conseillers.

En dessous : 1° Une commission technique de gymnastique préparant l'organisation et le programme des concours.

2° Une commission sportive de France régissant tous les sports et faisant les règlements généraux nécessaires à la bonne marche des championnats, puis, dans chaque Union régionale, des commissions gymnastiques et sportives. Nul ne peut faire partie des commissions techniques s'il n'a des capacités suffisantes. En sport : il est indispensable de passer avec succès les examens d'arbitre officiel et d'avoir fait ses preuves lors des matches. Chaque joueur a une carte individuelle, *une licence*, portant sa photographie, son nom, etc., cette licence signée du directeur et des parents est exigée avant toutes les épreuves.

La presse sportive tout entière et un certain nombre de journaux quotidiens relatent la belle tenue et la discipline des sociétés de la F. G. S. P. F.

Voilà l'œuvre fondée et menée par M. le docteur Michaux, elle ne se réalise pas sans peines et sans sacrifices, il n'est pas exagéré de dire qu'en plus de tous ses instants il y consacre chaque année de très fortes sommes, l'œuvre pourrait être plus belle encore, son rayonnement pourrait très rapidement s'étendre jusque dans les plus petites bourgades, et en un an ou deux son effectif pourrait doubler. Que faut-il pour cela ? que manque-t-il pour que demain un nouveau corps d'armée de jeunes vienne se ranger sous le drapeau de la F. G. S. P. F ? il manque hélas ! le nerf de la guerre... l'argent.

Si dévoué que soit un homme il ne peut suffire seul à faire vivre un mouvement qui embrasse tout un pays, il semble hélas ! que les catholiques n'ont pas encore compris combien ces fêtes, ces concours, ces championnats gymnastiques et sportifs sont utiles pour la jeunesse, sont indispensables pour former une génération robuste et vaillante capable de contribuer au relèvement du pays.

Puissent un jour les yeux s'ouvrir... joyeuse sera l'heure où les catholiques comprendront qu'il est de leur devoir de venir en aide à ceux qui, sans relâche, travaillent pour arracher les jeunes de France aux clubs, aux tavernes, aux tripots et à la rue.

H.-J. LEROY.

Quelques idées

Etre quelqu'un

Mon cher Ami,

Les conseils que vous demandez à ma vieille affection se résumeraient facilement en un mot : soyez vous-même par le plein exercice de vos facultés, par le *faire-valoir* intelligent des dons que vous avez reçus ; ainsi vous serez *quelqu'un*. Ce n'est point ambition ou orgueil, c'est mépris de la vulgarité et mieux encore obéissance à la volonté divine. Dieu qui n'aime pas l'uniformité des êtres Dieu qui ne la supporte nulle part, ni dans les cieux, ni dans les fleurs, pas même entre les brins d'herbe qui se distinguent les uns des autres par des formes différentes, Dieu vous a fait votre vocation et votre place. Vous la remplirez plus aisément, quelle que soit votre carrière, si vous possédez bien ces trois outils qui aident tant un homme à être vraiment un homme : la *pensée*, l'*écriture*, la *parole*. Le comte Joseph de Maistre disait en 1810 au ministre de l'Instruction publique en Russie : « Observez, Monsieur le Comte, la sagesse de nos anciens... Tout le monde devait savoir bien penser, bien parler, bien écrire, ils avaient borné à ces trois points l'éducation générale. »

⁂

Quelques-uns jugent apparemment que ce but est trop élevé. *Ils ne pensent pas*, ou leur pensée est vague, confuse, générale, ambiante ; elle vient à eux du dehors, les meut dans une vie intellectuelle plus apparente que réelle, sans profondeur et sans sincérité. *Ils n'écrivent pas*. Ils ne savent, disent-ils, composer une lettre en français clair et agile, mettre en lumière quelques idées, les grouper et les conduire. C'est, paraît-il, un effort trop grand et soit paresse, soit impuissance, on recule devant lui. *Ils ne parlent pas*, par une raison meilleure ou pire. Parler demande un plus grand effort; le public est là dressant l'oreille, prêt à donner et plus encore à retirer son suffrage. Décidément le rien faire est plus commode; autrui ne vous critique pas et l'on critique autrui. La critique est aisée à qui ne pratique pas l'art. Ceux qui interrompent sans cesse, disait Mgr Freppel, sont ceux qui ne parlent jamais.

Grâce à Dieu, on revient de cette erreur. Une jeunesse généreuse ouvre d'elle-même sur tous les points du territoire ses écoles et ses académies, ou comme elle dit ses *cercles*, afin de se former, d'être une élite par la pensée, par la plume, par la parole. Vous lui appartiendrez sans vous laisser arrêter par l'objection de surface : je ne suis pas philosophe, je n'ai pas à penser, je ne suis pas journaliste, je n'ai pas à écrire, je ne suis pas avocat, je n'ai pas à parler. Mais depuis quand les philosophes, les journalistes, les avocats sont-ils seuls à penser, à écrire, à parler?

*
* *

J'approuve fort ce que dit M. Antoine Albalat, écrivain fécond en remarques souvent ingénieuses et profondes ; il suffit d'élargir son observation et d'étendre sur la pensée et sur la parole ce qu'il dit particulièrement du style :

« Le don d'écrire, c'est-à-dire la facilité d'exprimer ce que l'on sent, est une faculté aussi naturelle à l'homme que le don de parler.

En fait tout le monde peut raconter ce qu'il a vu. Pourquoi chacun ne pourrait-il pas l'écrire? L'écriture n'est que la transcription de la parole parlée et c'est pour cela qu'on a dit que le style c'est l'homme. Le style le mieux écrit est souvent le style qu'on pourrait le mieux parler. C'est ainsi que l'entendait Montaigne... Les gens du peuple pour dire les choses qu'ils ont vécues ont des trouvailles de mots, des originalités d'expression, une création d'images qui étonnent les professionnels. Qu'une femme de cœur, la première venue, écrive à quelqu'un la mort d'une personne chère, elle fera un récit admirable qu'aucun écrivain ne surpassera. »

La moyenne des hommes, cette bonne médiocrité à laquelle nous appartenons presque tous, est donc très capable de penser, d'écrire, de parler et l'on peut l'y aider sans crainte de multiplier les méchants écrivains et les détestables orateurs. Le devoir général des hommes cultivés n'est pas de ressusciter Homère ou Virgile, de donner au public, qui demande peu de tels présents, soit une tragédie, soit une épopée, mais le don moyen de ces hommes est de trousser gentiment un récit, d'exposer clairement une affaire ou une situation, de rédiger une note ou un rapport, d'écrire une lettre correcte, de soutenir un bon avis par de bonnes raisons. N'avoir pas assez l'usage et le maniement de sa langue et de son esprit pour réussir en semblable besogne, il me paraît que ce n'est point assez connaître son métier d'homme et d'honnête homme, comme disait La Bruyère.

I

Mon premier conseil est celui-ci : *Pensez*. La pensée intime, personnelle, réfléchie, la pensée qui se possède et se définit, se fait rare dans un siècle qui si souvent invoque les droits de la pensée et décore tant d'hommes du titre de penseurs. Les causes de cette indigence sont diverses. En voici quelques-unes, les principales si je ne me trompe.

Nous avons trop d'orgueil pour entendre la parole de vérité. Les temps ne sont plus où le Bon Dieu, se promenant en France comme autrefois dans le Paradis terrestre, causait avec le monde d'une allure familière. Il aurait peur aujourd'hui de rencontrer trop de savants qui l'avertiraient de ses oublis et de ses distractions, trop de politiques qui lui donneraient des conseils sévères sur le gouvernement de sa Providence, trop de mécontents qui se plaindraient des torts qu'il leur fait, trop de sages qui s'offriraient à reconstruire son Église. La parole de Dieu n'est plus écoutée, n'est plus entendue. C'est le grand malheur, la source des grandes erreurs de la conscience publique ; elle hésite sur les premiers principes, ne sait plus ce qu'il faut penser des origines et de la fin de l'homme, de ce que sera la vie future, de ce que doit être la vie présente. S'il vous plaisait d'entendre des gens indignement déraisonner, écoutez nos ministres lorsqu'une catastrophe les a surpris. La confusion de leurs paroles, leurs appels incohérents à la science, au progrès, au travail, vous avertiront assez du vide effrayant de leurs pensées. Pour vous, mon cher ami, la foi catholique vous défend contre un tel péril. On peut encore errer avec le catéchisme, mais du moins vous êtes fixé sur les points essentiels et de ce que vous savez avec une certitude absolue, vous allez plus sûrement à ce que vous ne savez pas.

*
* *

Trop d'orgueil vis-à-vis de Dieu, pas assez vis-à-vis des hommes. Plus de maître, trop de maîtres. C'est le même malheur. Que de fois vous les avez entendus ces docteurs, avec ou sans diplôme, qui refusent l'infaillibilité au Pape assisté de l'Esprit de Dieu, mais qui la revendiquent pour eux-mêmes sans l'assistance d'aucun esprit ; qui ne croient pas aux enseignements invariables de la Religion, mais qui s'inclinent devant les oracles d'une science toujours changeante. Protégez contre eux la fierté de votre intelligence et si vous croyez ce qu'ils disent, que ce ne soit pas uniquement parce qu'ils le disent.

L'auteur de l'*Imitation* signale un autre danger. Ce sage observe que chaque fois qu'il a été avec les hommes il en est revenu moins homme, c'est-à-dire moins en possession de soi-même et de ces convictions intimes que murissent le silence et la solitude. Or, c'est précisément là notre malheur : nous y allons toujours avec les hommes, nous ne sortons plus de leur compagnie; nous vivons au dehors, nous ne rentrons jamais en nous-mêmes. L'homme d'aujourd'hui ne sait plus vivre seul, converser avec lui-même dans le secret de son cœur. C'est un épouvanté de la solitude et du silence qui se donne sans cesse le conseil de Cousin à Jules Simon : « *Du bruit, mon ami, faisons du bruit, beaucoup de bruit.* » Et la musique ne s'arrête plus.

On lit trop. Le raisonnement bannit la raison, disait Molière, la lecture excessive au lieu de nourrir l'intelligence la dissipe ou l'accable.

***

Voulons-nous prendre un exemple, il parlera mieux qu'un argument. Nous sommes en Bretagne, à Plougarmenez, à Trégastel, si vous voulez à Saint-Pol-de-Léon ou ailleurs. Deux hommes, deux voyageurs se rencontrent dans la même voiture. L'un est laboureur, l'autre touriste, tous deux se rendent au grand pardon de Saint-Anne-d'Auray, le premier pour prier, le second pour regarder. Le trajet est long, mais le touriste est fourni en journaux, brochures, romans, nouvelles, guides et albums ; le laboureur n'a que son rosaire.

Les deux voisins, se sentant d'un monde différent, n'échangent aucune parole. Grande perte pour le touriste qui se plonge dans le flot de ses lectures. Il apprend que les témoins du comte de Troisépées ont pris contact avec les témoins du baron de Quatresabres et que ces Messieurs ont écarté d'un commun accord toute pensée offensante de M. de Troisépées à l'égard de M. de Quatresabres ;... que Madame Rebecca cédant à de vives instances donne à San-Francisco une série de représentations ;... que au soir d'une chasse organisée par M. Homkirsh on comptait au tableau trois daims, quatre chevreuils et quarante faisans;... que Mademoiselle Niobie, très en beauté au raout des Saint-Yvert, portait une robe de... avec, dans les cheveux, une couronne;... que le général et Madame de Balthazar ouvriront en janvier prochain à la colonie Américaine leurs délicieux salons de la Chaussée... Mis en appétit par ces pages attrayantes, l'infortuné continue sa lecture, d'un premier journal il passe à un second, d'une revue à une revue; par un effet bizarre, plus il se remplit la tête, mieux elle se vide; tant d'écrivains passant et repassant avec leurs plumes inutiles à travers sa pauvre cervelle l'ont trouée comme une écumoire, c'est fini, elle ne retient plus une idée. Tu peux descendre, mon bonhomme, malgré tes poches gonflées d'écriture, ton œil armé de binocle, tu ne sais plus ni lire, ni voir, ni comprendre; tu ressembles désormais à cette grosse coquille qui s'étant ouverte, sa vie durant, au bruit du vent et du flot, conserve au fond d'elle-même leur vague sonorité.

Le laboureur, lui, ayant lentement égrené son rosaire, promène par la fenêtre sur la campagne ses tranquilles regards. Il voit l'ombre qui grandit sur le penchant des monts ou le jour naissant qui s'allume sur leurs cimes, l'eau qui fuit, le vallon qui se recueille, la paix des choses descend dans son âme, son esprit s'élève vers leur auteur. Tantôt il cause avec un moissonneur, avec un soldat devenus ses compagnons de route. Ces humbles lui disent: l'un comment il a travaillé, l'autre comment il a fait la guerre. A la fin du trajet le pèlerin de Sainte-Anne sait quelque chose en plus. Dieu, la campagne, la vie par la bouche de ceux qui la connaissent, ont parlé à son esprit et à son cœur. Quelques images, quelques idées se sont formées doucement dans son âme pacifique où se trouvent toujours de beaux espaces pour loger à l'aise une pensée nouvelle.

*
* *

J'ai signalé le péril ou du moins quelques périls. Voulez-vous le secours, ou du moins quelques secours. Voici :

Regardez Dieu,
Ecoutez les hommes,
Voyez les choses.

Regardez Dieu.

Le cardinal Manning surprenait quelquefois ses amis par la hardiesse de ses opinions; d'abord, elles paraissaient nouvelles et audacieuses, mais la réflexion les justifiait et l'on n'admirait plus que leur grand fond de sagesse sous une apparence première de témérité. Un curieux eut la confiance d'interroger le cardinal et de lui demander son secret; il en reçut cette réponse : Moi je regarde toujours du côté de Dieu et je cherche les indications de sa Providence.

Si nous faisions comme le cardinal, nombre de questions paraîtraient moins épineuses. Et pour nous en tenir à l'ordre économique, combien il serait sage de consulter Dieu sur le premier principe de leurs solutions. Ainsi nous apprendrions bientôt que le salaire qui est la rémunération du travail doit répondre aux besoins ordinaires de l'ouvrier « sobre et honnête », puisque la Providence a voulu que ce travail fût le gain de la vie, — que le repos dominical est nécessaire à l'homme, puisqu'il est établi sur une des premières lois du monde, — que le jour est donné au labeur et la nuit au sommeil, puisque Dieu a fait si inégaux dans leur lumière les candélabres *duo luminaria magna* qui les éclairent, — que le terme ou le but de l'effort ce n'est pas le développement de la richesse, mais le développement de la vie, puisqu'il faut travailler d'abord pour vivre et non d'abord pour s'enrichir, — que le travail est fait pour tous et non pas pour quelques-uns seulement, que la fortune n'en dispense personne, puisque, comme l'observe Bourdaloue, la même loi qui oblige les hommes à mourir les oblige à travailler, sans tolérer aucune exception, qu'il s'agisse de travailler ou qu'il s'agisse de mourir.

Tout homme, d'après un mot de saint Paul, a Dieu pour voisin. Comme il serait utile de profiter de tel voisinage, on y gagnerait en sagesse, en bonheur !

*
* *

Après Dieu, *interroger les hommes ;* ce sont des livres aussi et très souvent ils ne demandent qu'à s'ouvrir. Pas n'est besoin d'interroger les plus illustres ; les plus simples seront d'excellents docteurs ès-sciences de la vie humaine.

M. de Hubner qui voyageait beaucoup et qui voyageait bien disait que sur les lignes ferrées il allait rarement en première, jamais en seconde, plus habituellement et de préférence en troisième. En troisième on voisine avec les paysans ou gens de pays ; ils savent bien ce qu'ils savent et ils le disent sans se faire prier.

Lorsque le comte Rostopchine, le terrible *allumeur* de Moscou, vint en France, il fut surpris et charmé, raconte son petit-fils, M. le marquis de Ségur, en voyant une pauvresse s'approcher de son équipage, et après avoir reçu quelque aumône, causer avec l'un, avec l'autre comme avec des cousins. Pourquoi pas ? N'étions-nous pas tous un peu parents? On se causait donc en se rencontrant sur la grand'route comme l'on cause sur la scène de ce Molière qui mêle si bien dans ses dialogues la fille suivante, le bourgeois, le marquis, l'artisan et même le mendiant. Mais le grand comique n'aimait guère les gens d'honneur et de religion et la compagnie qu'il introduit sur son théâtre ne vaut pas celle qu'on rencontrait au hasard du chemin.

***

Et puisque nous parlons souvent de questions sociales, comment ne pas signaler dans ces conversations si faciles le meilleur moyen peut-être de les comprendre? Pourquoi donc ne pas interroger plus souvent ceux qui sont dans la peine, dans le travail, soit qu'ils commandent, soit qu'ils obéissent, et apprendre de leurs réponses presque toujours sincères, quel est le mal qui les accable et qui les divise, comment on peut le guérir? Oh! qu'ils nous rendraient service ceux qui sans parti pris, mais non pas sans passion, — car la vérité aime bien d'être servie avec chaleur — exposeraient le mouvement du travail, la vie d'une usine, d'un atelier, l'existence d'une famille, à la ville ou aux champs. Cette histoire des oubliés et des obscurs, souvent serait plus utile que celle des grands, si loin des réalités ordinaires de la vie commune.

N'est-ce pas la méthode que vous suivez ordinairement dans vos cercles d'études. Voulez-vous connaître une profession, vous interrogez ceux qui l'exercent, vous rapportez leurs réponses, vous les comparez. Désirez-vous fonder une institution, une caisse rurale, par exemple? Après en avoir étudié le fonctionnement d'ailleurs très simple, vous en parlez à vos voisins, à vos amis, vous prévenez leurs objections ; leurs remarques, leurs hésitations elles-mêmes vous instruisent. De ces propos divers votre œuvre sortira vivante.

Ce conseil est bon, en voici cependant un meilleur : *regardez bien les choses* en face, je voudrais dire : ouvrez-les pour lire dans leurs entrailles. L'intelligence est avant tout le don de lire dans l'intime ou l'essence, *intus legere;* son métier n'est pas de courir le monde. La remarque semble banale, cependant elle serait utile à beaucoup qui regardent toujours chez les autres et bien rarement chez eux, on dirait que leur pensée leur fait peur, qu'ils ne pensent qu'avec un esprit qu'ils ont emprunté. De là viennent sans doute tant d'idées vagues, flottantes, incertaines, peu sincères, qui servent de monnaie usagère dans la conversation, encore qu'elles soient pleines d'erreurs ou de mensonges. Quelquefois ce sont des mots mal définis, tels que *moyen âge* comme s'il n'y avait pas plusieurs époques dans le moyen âge ; *ancien régime,* comme si l'ancien régime ne couvrait pas des institutions d'inégale valeur ; *révolution,* comme s'il n'importait pas de distinguer beaucoup entre les erreurs, les crimes de la révolution, ses réformes et même ses bienfaits ; *république,* comme si par le même nom tout le monde comprenait la même chose...

Ailleurs ce sont des affirmations qui trop générales cessent d'être vraies. — La France est catholique. — Dans quelles provinces et jusqu'à quel degré? — La Foi ne peut périr. — Dans l'Église, non, mais l'Église peut se retirer d'un pays. — L'Evangile a dit : Bienheureux les pauvres. — L'Evangile a dit : Bienheureux les pauvres d'esprit, les hommes dont le cœur ne s'attache pas à leurs richesses ; il n'a pas dit : Bienheureux ceux qui n'ont ni un figuier, ni un pommier, pas une armoire et pas un clou. — La persécution fait des martyrs — et elle fait des apostats, l'Eglise ne la désire pas pour ses fils, pas plus qu'elle ne désire ouvrir de nouveau l'ère des catacombes.

Ces indications suffiront, elles écarteront le péril des jugements absolus, elles vous diront le prix de la modestie et de la réserve même pour l'intelligence. Elles vous aideront à orner votre esprit d'une qualité assez rare : la probité littéraire. Grâce à cette probité vous laisserez leur exacte mesure aux mots et aux choses. Par rapport à celles-ci vous distinguerez entre celles qui sont contingentes et celles qui sont nécessaires, entre celles qui passent et celles qui demeurent, entre les unes qui ont fait leurs preuves et les autres qui les attendent. certaines qui ont des frontières soit dans le temps, soit dans l'espace, c'est-à-dire qui sont vraies, mais d'une vérité relative pour un temps et pour un pays, tandis que d'autres s'élèvent au-dessus de toutes les frontières parce que leur vérité est éternelle, universelle. Ainsi, cher Ami, vous aurez des idées disciplinées, soumises aux grandes traditions, mais vous n'aurez pas d'idées ou d'opinions domestiquées, réduites dans une sorte de servitude sous un maître étranger.

II

Dans une certaine mesure, jusqu'à un certain point, vous obéirez à ces premiers conseils, puisque étant homme, vous penserez toujours, vous ne pouvez pas ne point penser. Les avis qui suivent vous laisseront plus de liberté. S'il vous est impossible de ne pas penser, il vous est très possible de ne pas écrire, c'est-à-dire de laisser votre pensée vague et imprécise, de ne pas lui donner de la chair et des os.

J'accorde, me dira sans doute quelqu'un en ce moment : Mais à quoi bon apprendre à écrire, à quoi bon écrire? Nous savons écrire, du moins pour le savoir, il nous suffira de le vouloir. Les idées viennent en foule, nous n'aurons qu'à choisir. On répondrait bien à ces esprits intrépides : Peut-être vous flattez-vous et vos richesses ne sont pas telles que vous le pensez. Tel homme qui se croyait riche parce qu'il ne comptait jamais, ayant fait l'inventaire de sa fortune se trouva bien près d'être un gueux. Vos idées, au moindre appel, viennent en foule et se précipitent... A vrai dire, il serait bon qu'elles fussent moins tumultueuses et plus ordonnées. Autre chose est une armée, autre chose une multitude, une troupe et un troupeau. La comparaison ne manque pas de justesse. Tel discours ressemble à une bataille et tel orateur à un capitaine. Voilà l'ennemi, disait Condé, en montrant Bourdaloue.

Ecrire est nécessaire à la nature humaine. L'homme est composé d'un corps et d'une âme, il est donc indispensable que son âme et son corps s'intéressent à son œuvre, ou elle ne sera pas vraiment une œuvre humaine. La loi est générale, elle atteint jusqu'aux opérations, aux institutions du Sauveur, lui-même Esprit et Chair : *Verbum*, *Caro*. Ainsi sont les sacrements, il faut de l'eau au baptême, de l'huile à l'extrême-onction, un signe extérieur au mariage et à la pénitence, du pain et du vin à l'Eucharistie.

L'art et le beau vivent de cette union. Que serait le peintre sans le pinceau, le musicien sans la lyre, l'ouvrier sans l'outil, l'écrivain sans la plume? Arrêtons-nous à celui-ci et à celle-ci, ou si l'on veut à l'unisson de la pensée et de la plume.

*
* *

En prenant corps, la pensée acquiert tout de suite de la solidité et de la vigueur, elle se possède et se livre comme elle est, avec des contours précis et définis. On sait au moins ce que l'on a... et ce que l'on n'a point. Peut-être au début y aura-t-il un peu de déception. Aussi longtemps qu'elles flottaient dans le vague, qu'elles passaient comme des nébuleuses, ces pensées semblaient superbes... et l'on se disait : Eh, eh ! si on se décidait à écrire ou à parler, quel poète ou quel orateur on serait... Mais la chimère s'évanouit en touchant le sol, la page que l'on voulait écrire est rarement celle que l'on écrit. Cependant cette perte est un gain. On a perdu le rêve, on a conquis la réalité. Le moindre arpent de bonne terre au soleil vaut mieux que des provinces dans la lune.

La mesure suit la vigueur. Ecrire n'est-ce point ordonner, assigner à chaque pensée sa place et son rang et ordonner n'est-ce point orner? La beauté ici comme ailleurs, dans les ouvrages de notre esprit aussi bien que dans les ouvrages de notre main, consiste avant tout dans la proportion. Comme ils se tromperaient ceux qui la chercheraient dans je ne sais quelle parure artificielle et croiraient bien écrire, parce qu'ils multiplieraient les images et les fleurs. Une fleur ne vient bien que sur sa tige, et l'abbé Maury se trompait en disant à son secrétaire : Mon ami, saupoudrez de quelques textes d'Ecriture le sermon que je termine.

Ecrire, c'est élire ou choisir dans l'abondance des idées, arrêter le flot des paroles, ne retenir que ce qui est bon, juste, vrai, opportun, et, si l'on peut, excellent. Joseph de Maistre disait à notre usage : Ecrire, c'est extraire une potion française des herbes allemandes. Les herbes ou les broussailles sont dans tous les esprits, mais beaucoup ne touchent pas à cette végétation forestière, et ce bois inculte se perd en sarments. Pourquoi ne pas demander à la vigne, une liqueur agile et joyeuse ?

Ecrire c'est venir en aide à la la pensée, la vêtir, la conduire, mais c'est mieux encore, c'est l'accroître et la fortifier. Que de choses naissent de l'écriture qui ne viendraient pas de la tête ou du cerveau ! Que de vives couleurs, de frêles nuances, d'idées neuves et hardies, de comparaisons judicieuses dans une seule goutte d'encre que n'a point desséchée le vent de la paresse !

Ecrire est utile à l'homme lui-même, non seulement à son esprit, mais à son âme ; en écrivant l'homme se fait naturellement meilleur. Je remarquerai particulièrement qu'il gagne en humilité, qu'il gagne en bonté, les mots mêmes nous l'enseignent : *humaniores litteræ*.

L'éloquence ne se répand persuasive qu'en jaillissant d'un bon cœur, une certaine bienveillance lui est nécessaire et naturelle. Et puis en écrivant l'esprit s'élève, les horizons s'élargissent ; gagner en grandeur, c'est gagner en bénignité, puisque les petits esprits sont naturellement étroits et jaloux. Si l'on parle de moi, je préfère que ce soit dans le salon d'un patricien plutôt que dans la loge d'un portier.

Mais l'humilité, mais la modestie ! serait-ce la vertu particulière des écrivains et la corporation a-t-elle cueilli une violette pour en fleurir son blason ? Et pourquoi pas ? J'imagine que les vrais écrivains, les écrivains de race sont modestes, comme les vrais savants et pour la même raison. A mesure qu'ils montent ils voient grandir la montagne; tout à ses pieds ils ne la savaient pas si haute, et voici qu'à chaque pas ils ont un sentiment meilleur et plus réel de leur exiguïté. Un apprenti est volontiers fanfaron, un maître facilement humble. L'artisan sait bien, quel que soit son métier, qu'il n'atteindra pas la perfection de son art, parce que la carrière est immense et le temps de la course limité : *Ars longa, vita brevis.*

*
* *

Donc, mon ami, si mon plaidoyer en faveur de la plume vaut quelque chose, vous écrirez.

Vous écrirez sans faire métier d'écrivain, sans préparer votre candidature à l'Académie, si du moins votre étoile ne vous y conduit pas.

Vous écrirez au jour le jour, ayant votre plume au service de votre devoir, de votre zèle ou de votre courtoisie.

Vous écrirez pour répondre à une lettre. Laissez-moi vous dire que beaucoup d'affaires utiles à un grand ou à un petit pays, traînent et se perdent, parce que de braves gens, qui auraient peut-être toutes les vertus, n'ont pas celle qui consisterait à mettre un peu d'ordre et d'exactitude dans leur correspondance. Vos lettres seront polies, claires, simples, exactes, françaises. Peut-être ces mérites ne sont-ils pas très communs. Et cependant c'est si bon de lire une lettre qui exhale un parfum de bonne compagnie.

Vous écrirez pour donner à un journal que vous aimez des informations sûres, rapides.

Vous écrirez pour résumer un discours que vous avez

entendu, pour analyser un livre que vous avez lu, pour rédiger un rapport sur une question, sur une œuvre que vous désirez présenter à un groupe de vos amis; pour noter, si vous le voulez, chaque jour, le mouvement de la journée, citer un mot, rappeler une conversation, conter une anecdote, résumer une conversation. Ce serait obéir au conseil des anciens : *Nulla dies absque linea.*

Vous écrirez pour apprendre à écrire. C'est la plume qui enseigne à tenir la plume. Nul maître ou nulle maîtresse ne l'égale pour simplifier une notion, ordonner les idées, saisir les choses, rejeter le superflu, retenir le nécessaire, donner un sobre ornement à la vérité.

Vous écrirez pour posséder votre pensée, lui tracer des contours précis, mesurer le temps dont elle a besoin, vaincre les deux difficultés ordinaires à tout discours : commencer, finir.

Vous écrirez comme vous parlez, comme on parle autour de vous, j'entends ceux qui parlent bien.

Permettez-moi une prière : Ecrivez comme on écrivait en France. Non pas que je vous demande d'écrire au xxe siècle comme on écrivait au xviie. Les langues changent et se transforment; les mots, disait Horace, ont leur fortune. Donc, soyez de votre temps, mais comme un fils de bonne maison, en vous souvenant de vos aïeux, avec la fierté de l'héritage qu'ils vous ont transmis. Tant mieux si vous pouvez le conserver et l'enrichir, en allant, comme eux, toujours vers plus de simplicité et de lumière.

III

Et maintenant, mon cher Ami, j'ai fini, ou peu s'en faut. Il vous semblera peut-être que je n'ai point dégagé toute ma promesse puisque mes conseils avaient à s'occuper de la pensée, de l'écriture et de la parole. Resterait donc ce dernier point, mais à vrai dire il est compris dans les précédents. Apprendre à penser, apprendre à écrire, n'est-ce point apprendre à parler? Ceux qui ne savent ni penser ni écrire, ne feraient-ils pas mieux de se taire? Je plains l'orateur qui disait : Les idées me manquent quelquefois, les mots jamais. Je plains surtout ses auditeurs. Cependant, je n'en disconviens pas, la parole publique exige un long apprentissage. On naît poète, dit le vieil axiome, on devient, ou l'on se fait, orateur. L'éloquence s'achète donc avec du temps et de la patience, si du moins dame Nature y consent. Mais vous ne vous destinez ni au barreau, ni à la Chambre, votre ambition n'est pas de parler comme un professionnel de la parole, simplement en honnête homme qui s'exprime avec une certaine aisance. En ce cas voici quelques avis. Pour être très simples, très élémentaires, ils n'en seront pas moins utiles.

D'abord, évitez de mal parler, de commencer une phrase et de ne pas la finir, de la couper par des sons inarticulés, des reprises fatigantes, des parenthèses que des maladroits ouvrent sans cesse mais qu'ils ne ferment jamais.

Ensuite vous vous formerez à bien parler, même, surtout, dirais-je, dans l'intimité de la famille Cette attention sur votre parole est une forme du respect que vous devez à tous ses membres. Essayez-vous à vêtir une idée des quelques mots qui lui conviennent, à dépeindre un site, à donner l'idée d'un monument. Un Monsieur qui pourtant n'était pas sot, n'avait à son service qu'un terme toujours le même : C'est épatant. Il avait admiré une église *épatante*, il connaissait un jardinier *épatant*, il sortait d'entendre un prédicateur *épatant*. Un autre, moins bien élevé, toujours à court d'expressions, jurait pour se donner une contenance et prendre le temps de trouver sa phrase. D'autres ont recours à des formules : *Parfaitement, Monsieur, très parfaitement, Madame... très parfaitement*. Ne soyez pas de ces hommes incapables de dégager l'idée principale d'un discours, d'en indiquer les divisions d'ailleurs précises, d'exposer l'intrigue d'une tragédie ou d'une comédie, plus simplement encore de raconter un voyage et d'y piquer une anecdote.

Le Cercle d'études est pour beaucoup une merveilleuse école d'éloquence. Bien entendu je ne veux pas enfler ce mot, je l'entends au contraire dans son sens le plus naturel. Là du moins, vous apprenez à formuler une objection ou à y répondre, à étudier une question sous plusieurs aspects, à résumer une discussion avec une sobriété élégante et lumineuse. Peut-être à certains jours aurez-vous à présenter un orateur à vos amis, à le remercier en leur nom ; vous éviterez deux écueils, le premier d'excéder dans la louange, le second d'excéder dans la sécheresse.

Le Cercle a rendu des services semblables à plusieurs jeunes hommes de votre génération. Ils ne savaient point parler, il leur a donné une voix ; ils ne savaient pas combattre, il les a armés ; ils ne savaient pas voir, il a promené leurs regards sur l'ensemble des choses contemporaines, il les a rendus plus hommes en les rendant plus chrétiens et plus sociaux. Mes conseils voulaient vous conduire à ce but, il est assez modeste pour ne pas enfler votre orgueil, il est assez élevé pour exciter votre courage. Je ne sais, si en les suivant, vous deviendrez un grand homme, en tout cas ce ne serait point pour les avoir suivis — je n'ai pas, je ne donne pas le secret des œuvres géniales, — vous deviendrez un homme plus utile, un ouvrier de valeur dans le champ que le Père de famille vous a confié. Je n'ai point de meilleure ambition pour vos vingt ans.

H.-J. Leroy.

G. DESBUQUOIS.

Au fond du Dévouement
Le devoir de la Foi

Un souffle de dévouement a passé sur une génération de jeunes catholiques. La générosité, le don de soi — tout ce livre le prouve — ne sont pas seulement sur les lèvres : ces vertus résident au fond des cœurs, grands cœurs s'il en fut ; elles se traduisent en nobles gestes, spontanés et soutenus. Belle attitude que les jeunes résument d'un mot faisant honneur à leur sens catholique : se dévouer, c'est vivre sa foi.

En même temps, tout en suivant l'élan du cœur, cette ardente jeunesse revendique haut les droits de la raison ; chez elle l'enthousiasme n'exclut pas la réflexion ; elle tient à justifier rigoureusement, en les appuyant sur sa foi, l'opulence du dévouement, les hardiesses du zèle, toutes choses qui de prime abord, dans des âmes de vingt ans, semblent l'explosion de la passion. Fille de son siècle, héritière à son insu d'un grain de l'ironie voltairienne, blessée par le sentimentalisme, éprise pourtant de la rigueur scientifique, elle en viendrait même, si elle n'y prenait garde, à une exigence moqueuse et maladive :

le doute saperait sa foi raisonneuse. Tel serait l'écueil. Elle ne veut pas s'y heurter, tout en gardant le vif et louable désir d'éclairer et de fortifier sa conviction. Rien de plus légitime du reste que ce désir. En l'écoutant, le jeune homme obéit d'abord au devoir de nourrir et d'accroître sa foi, sous peine de la perdre ou de la trahir. Mais il fait plus ; il ne travaille pas seulement pour lui-même ; il collabore au développement de la foi catholique à l'intérieur de l'Eglise en même temps qu'à sa propagation au dehors. C'est là, peut-on dire, le travail social de la foi ; il s'impose à tout chrétien d'élite et tous en bénéficient.

Le devoir de la foi nous apparaît donc tout ensemble comme une tâche individuelle et une tâche sociale : double aspect sous lequel nous le proposons dans ces quelques pages à la méditation des jeunes catholiques de France.

*
* *

Le jeune homme sort du collège ou de l'école primaire ; il grandit et aborde de nouvelles études ; à tout le moins s'instruit-il au contact de la vie ; son esprit s'affine et s'enrichit ; du même coup, il devient plus exigeant. A mesure qu'il élargit et approfondit ses vues, il prouve mieux ce qu'il affirme, mais en même temps il demande à l'affirmation de mieux se prouver. Cette exigence est très fondée, même pour les vérités de la foi. Cherche-t-il d'ordinaire à la satisfaire ? En face du progrès dans la science, que deviennent les connaissances religieuses du jeune croyant ? Se sont-elles développées ? Non, le plus souvent, leur croissance a subi un arrêt. Pour les principes fondamentaux de la religion, pour la preuve de ses dogmes, le jeune homme ou l'homme fait en est resté à ses notions et à ses vues d'enfant ou d'adolescent. Sans doute, ses premières raisons de croire n'ont en elles-mêmes rien perdu de leur force probante; elles étaient jadis valables, elles le sont à tout âge; mais la science acquise dans une première étude ne suffit pas d'ordinaire pour toute la vie; elle demande à se fortifier et à mûrir; elle exige un développement en harmonie avec le développement de l'esprit; sinon, dans cette délicate unité vivante qu'est la pensée, il se produit, lentement mais sûrement, une rupture douloureuse, un véritable manque d'équilibre. A tel moment, on s'aperçoit avec stupeur qu'il n'y a plus de proportion entre les exigences de la raison et les connaissances apologétiques restées trop grêles, et même lentement rongées dans l'esprit par le temps. La foi repose au dedans sur un appui fragile, qui s'affaisse et se dérobe : il ne suffit plus à soutenir un acte de foi pleinement convaincu, pleinement raisonnable. De là, un malaise, prélude d'un trouble profond : ce n'est plus sans effort que la croyance s'affirme ou se balbutie : les doutes s'infiltrent, les anxiétés se pressent jusqu'au jour où éclate la crise de la foi.

Fût-elle à l'abri de cette première défaillance, l'âme n'échappe pas à un autre danger : sa vie surnaturelle s'étiole. Deux choses également nécessaires lui manquent pour la nourrir et la parfaire : la première — on l'a dit — c'est le ferment d'une apologétique mûre et au point. Comment vivre sa foi, si l'on ne sait au juste *pourquoi* l'on croit? La seconde est la connaissance chaque jour plus exacte des vérités qui sont l'objet de la foi : c'est l'étude de *ce que* l'on croit. Pour goûter vraiment ces vérités — comme pour saisir les raisons d'y croire —

il ne vaut rien de s'en tenir aux conceptions d'une première vue d'enfance. Ces vérités doivent vivre avec nous, grandir et se viriliser ; sinon, leur pauvreté trahit nos aspirations et nos besoins ; elles s'oblitèrent avec le temps, se relèguent dans un coin de la mémoire, sans prise sur la volonté, souvenirs impuissants d'une vie disparue. Au contraire, grâce à une étude suivie, grâce à l'habitude de méditer le sens profond, la moelle même des vérités de la foi, l'âme se pénètre de ce qu'elles renferment de nourricier. C'est alors une piété saine, vigoureuse, tonique. Ne communie-t-on pas mieux quand on s'est mieux rendu compte de la sainte communion, de la présence réelle, quand on a mieux étudié Notre-Seigneur Jésus-Christ, sa personne et ses natures, la grâce et la vie de la grâce ?...

La jeunesse sent ce besoin intérieur. De là cet épanouissement des études religieuses dans les Cercles. Elle ne croit point que le dévouement se passe de la foi, ni qu'il y supplée. Les meilleurs se rendent compte qu'en définitive, le dévouement se mesure à la conviction. L'oublier ou le méconnaître, c'est courir bride abattue, en enthousiastes, dans une voie dangereuse, et, après de vaillantes chevauchées, risquer de s'arrêter net, faute de bien savoir pourquoi l'on court et où l'on court. Au fond, cette insuffisance de la foi résout l'énigme de plusieurs générosités brusquement taries, de défaillances, de revirements ou de trahisons en apparence inexplicables. Certaines chutes font songer à ces arbres majestueux, au corps sain, à l'écorce lisse et pure, à la moelle intacte, aux bras vigoureux et superbes ; un coup de vent les abat ! les racines manquaient : au lieu de pousser profondément leurs mailles serrées et noueuses, elles s'étalaient en nappe mince, étroite, superficielle, avorta sur un sol qu'elles ne pénétraient pas.

Une remarque : le besoin d'approfondir sa foi n'est point le fait de la jeunesse studieuse seule ; il n'éclôt pas seulement au contact des études spéciales. Employés, ouvriers de la ville, ruraux, tous le ressentent. Quels que soient le milieu et la tâche, l'esprit se modifie et se développe. Ce travail s'opère dans la ferme du paysan, sous les bois, dans les champs où sa vie consciente s'éveille silencieusement, aussi bien que dans l'atelier ou le bureau fermé, aussi bien que dans le cénacle de la science pure. Tous passent par des états d'âme analogues, franchissent les mêmes étapes sur des routes parallèles ; en tous, la croyance ne se soutient qu'à la condition de marcher de front avec les aspirations grandissantes de l'âme et de résoudre les problèmes intimes et sociaux qui se posent au cours de toute vie, fût-elle la plus humble.

***

Le vrai chrétien, ainsi attentif à l'éducation et au progrès intérieur de sa foi, se souvient qu'il est membre d'une société — l'Eglise — et prend sa part au commun travail de développement qui s'opère dans le dogme et la pensée catholique. On sait l'œuvre de l'Eglise sur ce point. Dieu a parlé. L'Eglise a recueilli le sens de cette parole dans les profondeurs méditatives de son esprit pour en faire sa pensée. Or, cette pensée est vivante, non pas d'une vie étrangère, mais de la vie même de l'esprit qui l'a reçue, qui la conçoit et l'exprime. Aussi n'y reste-t-elle pas dans l'état où elle est entrée. Véritable unité vivante, sorte d'organisme en formation, elle se développe, elle se précise : c'est un germe confié au sol. Signalons toutefois une différence que noterait la rigueur théologique. Le germe, pour éclore, emprunte ; il met à contribution, en l'épuisant, le sol qui le nourrit. Ici au contraire, point d'apport au germe, nous voulons dire, à la parole divine ; point d'élément extérieur qui s'ajoute à la révélation primordiale. Cette réserve faite, suivons le germe tombé dans le sol, c'est-à-dire dans l'intelligence de l'Eglise, de ses pasteurs et de ses fidèles. Cette intelligence n'est point la faculté nue que considérerait un philosophe, comme simple puissance de comprendre, mais sans acquis : c'est une intelligence exercée, héritière du patrimoine des ancêtres, enrichie de ses propres conquêtes, sans cesse en travail, se modifiant chaque jour, transformant graduellement sa conception. De là, au cours du christianisme, les nouvelles expressions des mêmes vérités : à la longue, au contact bienfaisant des connaissances acquises, les contours de la pensée dogmatique se précisent, les angles ressortent mieux, les nuances se graduent avec plus de finessse et de continuité ; les idées sont mises en valeur ; elles gagnent en netteté, en beauté. « La Sainte Vierge est toute pure », disait le chrétien des premiers siècles. — « La Sainte Vierge est toute pure et elle n'a point la tache originelle », dit le croyant du XIXe siècle. Le second ne dit rien de plus que le premier ; il dit mieux, il précise. Le premier ne faisait aucune réserve sur la toute-pureté de la Vierge Marie, mais il s'arrêtait à une formule générale ; en ce sens, sa formule était moins parfaite ; aussi, tout en l'acceptant, certains esprits se demandaient-ils si elle affirmait l'Immaculée Conception. De là, ces controverses qui, du reste, n'ont jamais atteint la foi des fidèles dans leur ensemble : sans défaillance, ils conservaient à la parole révélée la plénitude de son sens. Aiguillonnés par leur piété, stimulés par les doutes de quelques théologiens, ils la sondèrent, la scrutèrent, ils en dégagèrent enfin la vérité tout entière. « Marie est immaculée, même dans sa conception. »

Ainsi s'élaborent ces formules dogmatiques toujours plus parfaites — nous ne disons pas plus complètes — où sans rien dire de *plus*, l'Eglise cependant analyse et définit *mieux* sa pensée. Contenues à l'origine dans des expressions pleines et vivantes où l'analyse n'avait pas fait son œuvre, elles en sont peu à peu sorties, comme le fruit de sa graine, comme la fleur de sa tige, pour apparaître dans la précision de leurs formes et la finesse de leurs nuances. Travail incessant qui se continuera jusqu'au bout; jusqu'au bout, la pensée chrétienne sera en marche, et les siècles à venir la verront toujours, d'étape en étape, enchâsser dans son *Credo* la formule brillante et lim[illegible]de de dogmes nouvellement définis.

Telle est l'œuvre qui s'accomplit dans l'Eglise sous l'infaillible garantie de l'assistance divine; tel le travail qui s'opère tout d'abord dans l'âme du vrai croyant sous le contrôle de l'Eglise enseignante. Ce que l'Eglise réalise dans sa marche lente à travers les siècles, le croyant le réalise en lui-même dans la course rapide de la vie. Dès l'enfance, dans les leçons du catéchisme, il a reçu des données dogmatiques précises, pleines et populaires, adaptées à son esprit. S'il est vraiment membre actif de l'Eglise, il se fera un devoir, à mesure qu'il grandira, d'étudier ces données, de les approfondir, de les fertiliser par la prière, par la méditation et l'étude, exploitant les richesses croissantes de son âme au profit d'idées religieuses à la fois plus riches et plus nettes, satisfaisantes et savoureuses pour sa vie surnaturelle, établissant ainsi un harmonieux accord entre le développement de tout son être, corps et âme, et le progrès intime de sa croyance. Dans sa foi grandissante, ce chrétien sera de la sorte une vivante image de l'Eglise, au sein de laquelle le dogme ne cesse de progresser. Il ne sera pas seul du reste à bénéficier de son travail ; son activité rayonnera ; consciemment ou non, il aura prise sur les âmes : même à son humble place dans l'Eglise enseignée, il apportera au développement de la foi commune son précieux effort et sa part. Tâche bien modeste en apparence, mais en réalité sublime collaboration au travail par lequel l'Esprit-Saint nourrit et conserve la foi au cours des générations catholiques !

Cependant si la foi du croyant grandit comme la foi de l'Eglise, si elle réalise, en miniature, les mêmes progrès, c'est, notons-le bien, au prix des mêmes efforts, au prix d'une mise au point personnelle constamment voulue et poursuivie. A partir du jour où la raison s'éveille, le vrai chrétien assume une tâche, et il devra s'en acquitter jusqu'au bout. Reçue à titre gracieux dans le baptême et la première éducation, sa foi ne se conservera qu'en se développant dans le travail personnel ; mais ce développement sera sa récompense parce qu'il sera une conquête. Toute sa vie le croyant gagne à sa foi les profondeurs de son âme, c'est-à-dire le nouvel avoir de connaissances, d'expériences et d'aspirations qui sans cesse la transforme et la renouvelle.

∴

Ainsi donc, pour tout chrétien, il y a un double travail : travail dans son âme, travail dans l'Eglise, l'un et l'autre travail au profit intime de la foi. Est-ce assez? Non pas, il faut que cette même foi rayonne, il faut que ce chrétien présente la vérité à l'âme incrédule, sceptique ou païenne. Comment cela? en suivant encore la règle de ses premiers travaux. Chez lui, la foi s'est développée dans une correspondance toujours plus parfaite aux besoins de son âme; dans l'Eglise, le travail dont il a pris sa part consistait à répondre graduellement aux aspirations intellectuelles et morales des générations catholiques : de cette façon encore la foi s'est vraiment développée. Il reste que, dans un travail de conquête et de propagation, le croyant, pour mieux atteindre les intelligences et les cœurs, saisisse nettement les besoins de l'âme à gagner, saisisse encore les aspects de la foi qui s'harmonisent le mieux avec ces besoins : sans rien sacrifier de l'intégrité dogmatique, il précisera et développera du même coup l'apologie la plus opportune et la plus bienfaisante. En ceci encore, l'exemple de l'Eglise le guidera. Comment a-t-elle, au cours des siècles, étendu ses conquêtes? Comment a-t-elle désarmé l'erreur? Sans doute, en démasquant le sophisme, en affirmant la vérité intégrale, mais aussi en signalant la part de vérité qui servait à l'hérésie d'aliment secret, en parlant la langue de chaque génération, en créant pour l'éternelle vérité des formules plus expressives, mieux adaptées et mieux comprises, en témoignant enfin par le progrès continu du dogme, par le progrès de la pensée liturgique et de la piété, par le développement de ses institutions, qu'elle est ouverte à tout besoin de l'esprit, qu'elle répond à toute interrogation que lui pose une âme humaine. Si l'Eglise a escorté dans leur marche les générations catholiques, si elle les a préservées du doute et de l'incrédulité, gardé la direction de leur intelligence, la confiance de leur cœur, c'est qu'elles ne l'ont jamais trouvée indifférente ou fermée. Penchée comme une mère sur l'âme de ses fils, elle en suit l'éveil et le travail, soucieuse de satisfaire leur attente, de résoudre leurs questions, désireuse même de les initier aux problèmes qu'elle pressent.

Inclinez-vous aussi, jeunes gens, sur l'âme contemporaine. Sondez-la : au fond de ses révoltes, vous saisirez une suprême angoisse, née du besoin de croire, aggravée par la difficulté ou le refus d'obéir à ce besoin. Vous le comprendrez : sous tous les problèmes moraux et sociaux que cherche anxieusement à résoudre notre époque, se pose en dernière analyse le problème religieux, la question même de la foi. A travers les reproches que l'impiété, le scepticisme ou l'ignorance adressent au catholicisme, à travers les hésitations et les perplexités de convictions mal affermies, les obscurs pressentiments, les vagues recherches des masses populaires, vous devinerez un défi ou un cri d'appel à cette foi catholique ignorée ou méconnue. Etats d'âme douloureux ou coupables que votre dévouement guérira à condition de s'appuyer sur une croyance sûre d'elle-même, mettant en valeur le sens et la preuve authentiques de la foi, ses données probantes et irréfragables ; vivante croyance qui pénètre dans ses profondeurs un tempérament chrétien, le rende invulnérable et lui donne, pour les luttes du dehors, une persuasion conquérante.

G. DESBUQUOIS.

Publications de l'ACTION POPULAIRE

RÉDACTION ET ADMINISTRATION
48, Rue de Venise, 48, REIMS

BROCHURES PÉRIODIQUES

Un exemplaire : 0 fr. 25 franco

L'abonnement de janvier 1906 à janvier 1907 (du nº 97 à 132)
ou bien de juillet 1906 à juillet 1907 (115 à 150)
France : 7 fr. 50. — Etranger : 8 fr. 50

Pour s'abonner, envoyer un mandat ou un bon de poste
à M. l'Administrateur de l'ACTION POPULAIRE
48, rue de Venise, *REIMS*
ou à *M. LECOFFRE,* 90, rue Bonaparte, *PARIS*

1re SÉRIE :

1. **L'Action Populaire en 1906.**
2. VICOMTE DE BIZEMONT. — **Une Caisse rurale,** *monographie d'une banque villageoise.*
3. ABBÉ MAZELIN. — **Un Curé et ses Œuvres rurales.** — Organisation d'une paroisse, retour à l'Association.
4. STANISLAS DU LAC. — **Le Syndicat du Fil et de l'Aiguille.** — Petites ouvrières, grandes misères. Premiers résultats.
5. DE GAILHARD BANCEL. — **Le Syndicat agricole.** — Résumé d'une expérience de quinze années.
6. J. FRANÇOIS. — **Assurance du bétail par la Mutualité.**
7. DELCOURT-HAILLOT. — **Rouges et Jaunes.** (Epuisé).
7. * Mlle DE GOURLET. — **La Maison sociale.** — Rayonnement d'idées et d'œuvres dans un quartier populaire de Paris.
8. **Le comte Albert de Mun.** — *Son Œuvre au Parlement et dans le pays... proposée aux études des « Jeunes. »*

9-10 LÉON DE SEILHAC. — **Associations et Syndicats. — Coopération.** — Syndicats. — Coopération ; production, consommation, crédit.

11. J.-B. PIOLET. — **Les Jardins ouvriers.** — Leur modèle dans la création de Saint-Etienne.

12. PATRIS DE BREUIL. — **Visite d'une Paroisse ouvrière.** — Œuvres organisées par l'abbé Cetty, à Mulhouse.

13. ET. MARTIN-SAINT-LÉON. — **La Mutualité.** — I. *Etude générale.* Sa récente législation. Son histoire ancienne.

14. CHARPENTIER. — **Conférenciers populaires.** — Comment ils se forment. Essai à l'étranger et en France.

15. FLORNOY. — **La Femme du monde et les Œuvres sociales.** — Attrayante étude sur le rôle social qui revient à la femme.

16. FRANÇOIS VEUILLOT. — **Plaisance.** — Quartier excentrique de la capitale, vivifié par les œuvres du Rosaire.

17. ENGERAND. — **La Dentelle à la main** ou restauration de l'un des petits métiers qui se font à la maison.

18. DEDÉ. — **Mutualité.** — II. *Constitution d'une Société de Secours Mutuels.*

19. LÉON DE SEILHAC. — **Professions et Métiers.** — I. *Le Pêcheur de Sardines.* — Enquête

20. DEDÉ. — **Union mutualiste des Françaises** — L'Œuvre aide par ses conseils et ses subsides les sociétés locales.

21. Mme FROMENT. — **Professions et Métiers.** — II. *Ouvrières Parisiennes.* Observations faites sur place.

22-23. MAZELIN. — **Conférencier agricole.** — I. *Exposition.* — II. *Documentation*

24. LÉON AUDRAY. — **Professions et Métiers.** — III. *L'Employé.* Commencement d'organisation.

2e SÉRIE :

25. A. RENAULT. — **Le Syndicat agricole de la Champagne.** — Il rayonne sur trois départements et multiplie ses sections.

26. H. VIVIENNE. — **Les Meneurs socialistes.** — Histoire d'un ouvrier qui assiste aux variations intéressées de ses chefs.

27. VICTOR DE CLERCQ. — **Organisation de la petite bourgeoisie en Belgique.**

28 P. DU MAROUSSEM. — **Qu'est ce que l'Ouvrier ? Qu'est ce que la Question ouvrière ?**

29-30. FRANÇOIS VEUILLOT. — **Association catholique de la Jeunesse française. — Le Sillon.** Les « Jeunes » sont entrés dans le mouvement social. Exposition de leurs doctrines, de leur organisation.

31. Mlle ROCHEBILLARD. — **Syndicat d'Ouvrières lyonnaises.** — Effort admirable d'une femme pour organiser les ouvrières.

32. QUILLET. — **L'Enseignement ménager.** — Programme et conditions d'installation.

33. E. MONTIER. — **Les « Philippins » de Rouen.** — Type de patronage transformé en Collège populaire.

34. LÉON DE SEILHAC. **Comment organiser le placement ?** La loi de 1904. Organisations en France et à l'étranger.

35. DEDÉ. — **Mutualité** — III. *Fonctionnement d'une Société de Secours Mutuels.* — Manuel nécessaire à un administrateur.

. A. PERRIN. — **Le Syndicat central des Unions fédérales** — Avantages offerts aux professions de l'Ameublement, de l'Architecture, de l'Alimentation, du Bâtiment, etc.

. Mlle DE GOURLET. — **Colonies sociales.** — Résidence des riches dans les quartiers peu fortunés. — *Settlements.*

). PIERRE SYLVESTRE. — **Le Catholicisme social pratique à Bergame (Italie).**

). MAX TURMANN. — **En plein air. — Colonies de vacances, colonies syndicales,** — qui donnent la santé, du bonheur, les grands aspects de la nature, les bonnes paroles qui élèvent les âmes.

). FRANÇOIS VEUILLOT. — **Union d'employés des Chemins de Fer.** — Efforts tentés par un personnel excellent pour se grouper.

1. MAX TURMANN. — **Le Volksverein.** — Union populaire allemande.

2 P. DÉRÉ. — **Le Typographe.** Observations prises sur le vif chez les ouvriers du Livre.

3. EMM RIVIÈRE — **Syndicats et Commissions mixtes** — Expérience d'un industriel.

4. V. LOISELET. — **La Grève d'Armentières** (oct.-nov. 1903).

5. PETERS. — **Avaux-le-Château.** — Petit pays des Ardennes appelé à la vie syndicale par son curé.

6. JEAN-PIERRE. — **I. Maîtres et Serviteurs.** — Exposé de la crise du service domestique.

7 G. DE SAINT-AUBERT. — **Les Retraites ouvrières.** — Etude impartiale des différents projets de loi.

48. VALERY. — **Syndicat agricole modèle à Quet-en-Beaumont.**

3e SÉRIE :

9. P. DU MAROUSSEM. — **Qu'est ce que la Question sociale ? Qu'est-ce que la Démocratie ?**

50. L'ABBÉ CETTY. — **Le Crédit ouvrier.** — Exposition d'une institution de Crédit populaire élevant en 1904 jusqu'à 368 maisons à Mulhouse.

51. A. DELAIRE. — **Le Play et son Ecole.** — Les principes, les exemples, les méthodes du Maître résumés par le plus fidèle des disciples.

52. DEDÉ. — **Mutualité.** — IV. *Législation et Statuts.*

53. M. BEAUFRETON — **Union familiale de Charonne :** Patronage, Cercle, Enseignement ménager, Institut populaire en un groupement.

54. EM. CACHEUX. — **Habitations ouvrières à bon marché.** — I. Remarques inspirées par la science, par l'expérience. Types divers.

55. JEAN-PIERRE — **Maîtres et serviteurs.** — II. *Les Réformes du Service domestique.*

56. LELEU. — **Cercles d'études.** — Exemples, programmes offerts à la jeunesse.

57. CH. VINCQ. — **Hygiène professionnelle.** — Elle prévient les maladies si fréquentes qui naissent du travail.

11. J.-B. PIOLET. — **Les Jardins ouvriers.** — Leur modèle da[ns] la création de Saint-Etienne.

12. Patris de BREUIL. — **Visite d'une Paroisse ouvrière.** Œuvres organisées par l'abbé Cetty, à Mulhouse.

13. Et. MARTIN-SAINT-LÉON. — **La Mutualité.** — I. *Etude gén[é]rale.* Sa récente législation. Son histoire ancienne.

14. CHARPENTIER. — **Conférenciers populaires.** — Comment [ils] se forment. Essai à l'étranger et en France.

15. FLORNOY. — **La Femme du monde et les Œuvres sociale[s]** — Attrayante étude sur le rôle social qui revient à la femme.

16. François VEUILLOT. — **Plaisance.** — Quartier excentrique de [la] capitale, vivifié par les œuvres du Rosaire.

17. ENGERAND. — **La Dentelle à la main** ou restauration de l'[un] des petits métiers qui se font à la maison.

18. DEDÉ. — **Mutualité.** — II. *Constitution d'une Société de Secou[rs] Mutuels.*

19. Léon de SEILHAC. — **Professions et Métiers.** — I. *Le Pêcheu[r] de Sardines.* — Enquête

20. DEDÉ. — **Union mutualiste des Françaises** — L'Œuv[re] aide par ses conseils et ses subsides les sociétés locales.

21. Mme FROMENT. — **Professions et Métiers.** — II. *Ouvrièr[es] Parisiennes.* Observations faites sur place.

22-23. MAZELIN. — **Conférencier agricole.** — I. *Exposition.* — II. *Documentation*

24. Léon AUDRAY. — **Professions et Métiers.** — III. *L'Employ[é]* Commencement d'organisation.

2e SÉRIE :

25. A. RENAULT. — **Le Syndicat agricole de la Champagne** — Il rayonne sur trois départements et multiplie ses sections.

26. H. VIVIENNE. — **Les Meneurs socialistes.** — Histoire d'u[n] ouvrier qui assiste aux variations intéressées de ses chefs.

27. Victor de CLERCQ. — **Organisation de la petite bourgeoisi[e] en Belgique.**

28 P. du MAROUSSEM. — **Qu'est ce que l'Ouvrier ? Qu'est ce que la Question ouvrière ?**

29-30. François VEUILLOT. — **Association catholique de la Jeunesse française.** — **Le Sillon.** Les « Jeunes » sont entrés dans le mouvement social. Exposition de leurs doctrines, de leur organisation.

31. Mlle ROCHEBILLARD. — **Syndicat d'Ouvrières lyonnaises.** — Effort admirable d'une femme pour organiser les ouvrières.

32. QUILLET — **L'Enseignement ménager.** — Programme et conditions d'installation.

33. E. MONTIER. — **Les « Philippins » de Rouen.** — Type de patronage transformé en Collège populaire.

34. Léon de SEILHAC. **Comment organiser le placement ?** La loi de 1904. Organisations en France et à l'étranger.

35. DEDÉ. — **Mutualité.** — III. *Fonctionnement d'une Société d[e] Secours Mutuels.* — Manuel nécessaire à un administrateur.

36. A. PERRIN. — **Le Syndicat central des Unions fédérales.** — Avantages offerts aux professions de l'Ameublement, de l'Architecture, de l'Alimentation, du Bâtiment, etc.

37. Mlle DE GOURLET. — **Colonies sociales.** — Résidence des riches dans les quartiers peu fortunés. — *Settlements.*

38. PIERRE SYLVESTRE. — **Le Catholicisme social pratique à Bergame (Italie).**

39. MAX TURMANN. — **En plein air.** — **Colonies de vacances, colonies syndicales,** — qui donnent la santé, du bonheur, les grands aspects de la nature, les bonnes paroles qui élèvent les âmes.

40. FRANÇOIS VEUILLOT. — **Union d'employés des Chemins de Fer.** — Efforts tentés par un personnel excellent pour se grouper.

41. MAX TURMANN. — **Le Volksverein.** — Union populaire allemande.

42. P. DÉRÉ. — **Le Typographe.** Observations prises sur le vif chez les ouvriers du Livre.

43. EMM RIVIÈRE — **Syndicats et Commissions mixtes.** — Expérience d'un industriel.

44. V. LOISELET. — **La Grève d'Armentières** (oct.-nov. 1903).

45. PETERS. — **Avaux-le-Château.** — Petit pays des Ardennes appelé à la vie syndicale par son curé.

46. JEAN-PIERRE. — I. **Maîtres et Serviteurs.** — Exposé de la crise du service domestique.

47. G. DE SAINT-AUBERT. — **Les Retraites ouvrières.** — Etude impartiale des différents projets de loi.

48. VALERY. — **Syndicat agricole modèle à Quet-en-Beaumont.**

3e SÉRIE :

49. P. DU MAROUSSEM. — **Qu'est ce que la Question sociale ? Qu'est-ce que la Démocratie ?**

50. L'ABBÉ CETTY. — **Le Crédit ouvrier.** — Exposition d'une Institution de Crédit populaire élevant en 1901 jusqu'à 368 maisons à Mulhouse.

51. A. DELAIRE. — **Le Play et son Ecole.** — Les principes, les exemples, les méthodes du Maître résumés par le plus fidèle des disciples.

52. DEDÉ. — **Mutualité.** — IV. *Législation et Statuts.*

53. M. BEAUFRETON — **Union familiale de Charonne :** Patronage, Cercle, Enseignement ménager, Institut populaire en un groupement.

54. ED. CACHEUX. — **Habitations ouvrières à bon marché.** — I. Remarques inspirées par la science, par l'expérience. Types divers.

55. JEAN-PIERRE — **Maîtres et serviteurs.** — II. *Les Réformes du Service domestique.*

56. LELEU. — **Cercles d'études.** — Exemples, programmes offerts à la jeunesse.

57. CH. VINCQ. — **Hygiène professionnelle.** — Elle prévient les maladies si fréquentes qui naissent du travail.

58. Em CACHEUX. — **Habitations ouvrières à bon marché** — II. *Construction. Coopératives d'habitations.*

59. Mgr CHANGEUX. — Deux Causeries : **Que faire de nos filles ? Comment lutter contre l'alcoolisme ?**

60. **Correspondance de l'A. P.** — Echange de vues entre les lecteurs et les rédacteurs.

61. Maurice BEAUFRETON. — **Education sociale de la Femme.**

62. Georges PIOT — **Pourquoi et comment s'associer ?** — Armé de textes, l'auteur montre comment la loi de 1901 peut servir la liberté.

63. Abbé THOUVENIN. — **Caisse de Retraite et de Dotation.** — Institutions nécessaires : l'une aux vieillards, l'autre aux jeunes gens.

64. Louis RIVIÈRE. — **Assistance par le Travail.** — Les meilleurs moyens de donner du travail et par là de faire *bien* le *bien.*

65. Victor BETTENCOURT. — **L'Apprentissage.** — Décadence. Relèvement.

66. RÉMY. — **Un Secrétariat d'Action sociale dans le Sud-Est.** — Les « Jeunes » de Lyon et la *Chronique du Sud-Est.*

67. H.-J. LEROY. — **Le Clergé et les Œuvres sociales.** — Intervention Réponse aux objections.

68. Fr. CORDIER. — **L'Enquête.** — Utilité. Mécanisme.

69. PELUD RIBOUD. — **Assurance mutuelle contre l'incendie.**

70. DOSIO VERCELLI. — **L'assistance des émigrés italiens en Europe.**

71. MÉNY. — **Nos petits Marmitons.** — Enquête.

72. Ch. GIDE. — **Les Coopératives de consommation.**

73. G. CERCEAU. — **Léon XIII et le travail,** d'après les Actes pontificaux.

74. H. CETTY. — **Le Mariage dans les Classes ouvrières.**

75. TERREL. — **Le Crédit agricole** ou *la Fédération des Caisses rurales.*

76. Max TURMANN. — **Syndicats allemands.** — Syndicats socialistes, Syndicats chrétiens.

77. H.-J. LEROY. — **L'Art doit-il être populaire ?**

78. Abbé Ch. THELLIER de PONCHEVILLE. — **Une caisse ouvrière de prêts pour maisons ouvrières.**

79. G. LORETTE. — **Les Laiteries coopératives**

80. Fr. FUNCK-BRENTANO — **Les Devoirs de l'argent.**

81. L'Abbé CETTY. — **Choses d'Allemagne. Rayons et ombres.**

82. E. FLORNOY. — **Galerie sociale. Ozanam.**

83. De la TOUR du PIN. — **La Représentation professionnelle.**

84. L. RIVIÈRE. — **Protection de la Jeune Fille.**

85. De BOISSIEU. — **Rôle social du Propriétaire rural.**

86. Abbé BROUILLET. — **Vieille-Loye.** Initiatives d'un curé avec les verriers, avec les ruraux.

87. H. de FRANCE. — **Les Associations.**

88. DAUDÉ-BANGEL. — **Une Coopérative de consommation.**

89. Antoine MARTIN. — **Vers un Groupe d'Etudes.**

90. Jules de l'ECLUSE — **Professions et Métiers. — VIII.** *La Batellerie.*

91. Abbé E. BEAUPIN. — **Les Cercles d'Etudes de Jeunes Filles.**

92. J. FRANÇOIS. — **Association des Emigrants du Nord.**

93. Ch. CLAVERIE. — **Syndicat des Employés du Commerce et de l'Industrie des Petits-Carreaux.**

94. L. RIVIÈRE. **Le Bien de famille.**

95. George MENY. — **Le Chiffonnier de Paris.**

96. PONTHIERE. — **La Maison du Peuple.**

97. G. GOYAU. — **Solidarisme et Christianisme.**

98. P. GEMAHLING. — **La Femme ouvrière et la Maternité.**

99. Abbé H. QUILLET. — **La Conférence au Village.**

100. P. CONSTANT. — **Socialisme et Action rurale.**

101. BLONDEL. — **La Situation économique et sociale des Etats-Unis.**

102. R. P. VENANCE. — **Saint François d'Assise et son rôle social**

103. Abbé SÉCHEROUX — **Une Caisse Dotale.**

104. Ph. de LAS-CASES. — **Les Caisses de Chômage.**

105. J.-B. PIERREL — **Union des Syndicats agricoles de Remiremont.**

106. V. BETTENCOURT. — **Le « Vooruit » de Gand.** — Une grande Coopérative socialiste.

107. H. DUCORNET. — **Pourquoi les Cercles d'études? Comment les organiser?**

108. P. de GUÉMY. — **Les Accidents du Travail.**

109. Yves KERMOR. — **La Lecture populaire.**

110. M. LECOQ. — **Les Offices sociaux de Paris.**

111. JEAN PIERRE. — **Petits métiers ruraux.**

112. M. BEAUFRETON. — **Les Cercles d'éducation familiale en France et à l'étranger.**

113. Abbé de BECQUINCOURT. — **Monographie d'une Caisse ouvrière à Reims.**

114. BERTIN-BOUVET. — **Les salles de lecture à Rennes.**

115. COUDRAIN. — **Une organisation paroissiale en Poitou (Les Jumeaux).**

116. André HUA. — **La Mutualité scolaire.**

117. MM. FRANÇOIS, LÉPINE, PÉTERS. — **Choses rurales :** Syndicat de battage, Boulangerie coopérative, Syndicat de Ménagères, Instruction ménagère.

118. L. de SEILHAC. — **Les Bourses de Travail.**

119. George MÉNY. — **Pour nos Blanchisseuses!**

120 Paul PARSY. — **L'Association professionnelle contre la tuberculose.**

N. B. — La **traduction italienne** d'une première série de 24 tracts est éditée par LUIGI BUFFETTI. Trévise (Italie). — Une **traduction espagnole** existe également. Editeurs : ANDRES URIARTE, Pilard, 1, Saragosse, et *Accion Social Catolica*, Calle de Fuenclara, 1, Saragosse

ACTES SOCIAUX

Nouvelle publication périodique paraissant les 5 et 20 du mois

Prix de l'abonnement pour 1906 (N° 1 à 24) : 5 francs
Etranger, 6 francs

On s'abonne dès à présent par mandat-poste, mandat-carte ou bon de poste, chez M. H.-J. LEROY, Rédaction et administration de l'A. P., 48, rue de Venise, Reims, ou M. LECOFFRE, 90, rue Bonaparte, Paris.

Le Numéro : 0 fr. 25, franco

1-2. **Motu Proprio de Pie X** sur l'Action Populaire chrétienne (texte français et italien : références aux documents de Léon XIII). (Numéro double : 0 fr. 50.)

3. **Associations et Syndicats :** Législation. Loi de 1901. — Loi de 1884. — Modifications proposées.

4 **Syndicats et Groupements professionnels :** Statuts et Règlements. 1er fascicule.

5. **Syndicats et Union de Syndicats agricoles :** Statuts. 1er fascicule.

6. **Caisse rurale. Caisse ouvrière.** Législation et Statuts

7 **Syndicats et Groupements professionnels :** Statuts et Règlements. 2e fascicule.

8. **Cercles d'études :** Règlements et coutumes.

9-10. **Jardins ouvriers.** — Règlements. (Numéro double : 0 fr. 50.)

EN PRÉPARATION :

Société de Secours Mutuels : Législation et Statuts,

Coopérative de consommation, Statuts, etc , etc,

Ch. CALIPPE

BALZAC

Ses Idées sociales

Chapitre I : *Les Paysans.*

Misères paysannes.
Les Responsabilités.
La Guerre sociale.

Chapitre II : *Les Supériorités sociales.*

Comment elles se forment.
Comment elles agissent.
La petite propriété.

Chapitre III : *Le rôle des Curés de campagne.*

Le Prêtre dans l'œuvre de Balzac.
Un Curé dauphinois : l'abbé Janvier.
Un Curé bourguignon : l'abbé Brossettes.
Un Curé limousin : l'abbé Bonnet.

Un volume in-8° : 2 francs ; *franco*, 2 fr. 50

Action Populaire, 48, rue de Venise, Reims. — Lecoffre, 90, rue Bonaparte, Paris

---

FRANÇAISES

Un volume in-8°. — Action Populaire, 48, rue de Venise, Reims. V. Lecoffre, 90, rue Bonaparte, Paris.

Mlle Gahéry. — L'Union familiale.
Mme Jean Brunhes. — La Ligue d'Acheteurs.
Mme Déglin. — Protection de la jeune fille.
Mme Flornoy. — L'Action sociale de la femme.
Mme Jeanne Divoire. — Cercles d'études.
Mlle Rochebillard. — Mes Idées.
Ctesse de Diesbach. — L'enseignement ménager.
Baronne Brincart. — L'enquête.
Mme Changeux. — Dans une ville de l'Est.
Ctesse de Cossé-Brissac. — Le Fil et l'Aiguille.
Mlle A. de Marmier. — L'Aiguille à la campagne.
Mme Thome. — Le Foyer.
Mme X... — La Presse pour tous.
Mme Lucie-Félix Faure-Goyau. — Mutualité.
Mlle Mangeret. — Congrès de Jeanne d'Arc.
Mlles Frossard et de Valette. — Ligue Patriotique des Françaises.
Mme Françoise Dorive. — Le Devoir des Femmes françaises.

H.-J. LEROY

PAGES SOCIALES

Un volume in-8°. — Prix : 3 fr 50; *franco*, 4 fr. 20

Action Populaire, 48, rue de Venise, Reims. — V. Lecoffre, 90, rue Bonaparte, Paris

---

D'ordinaire, c'est pleine de confiance et sans formuler d'exception que l'Action Populaire présente à ses lecteurs un livre nouveau; qu'elle souhaite qu'il soit entre les mains de tous comme un outil bon à leur travail. Les *Pages Sociales* ne recevront pas d'elle une recommandation aussi étendue; loyale dans sa louange, elle dira que si elles conviennent à beaucoup, peut-être elles ne conviennent pas au grand nombre.

En voici la raison :

Les questions sociales ont deux aspects : un aspect matériel, un aspect spirituel; elles sont en même temps corps et âme.

Plus sensibles sous leur aspect matériel, elles sont ouvertes à tous; les plus simples y accèdent sans effort; ils trouvent leur profit à étudier les œuvres utilitaires, les Syndicats, les Coopératives, les Caisses de Crédit qu'ils considèrent surtout comme des instruments de progrès sinon dans la richesse, au moins dans l'aisance. Certes, l'Action Populaire a répondu largement à leur désir, ainsi qu'en témoigne la place faite dans sa collection aux institutions de ce genre.

Cependant les questions sociales intéressent également l'esprit; elles sont, par certains côtés, théologiques, historiques, juridiques ou même esthétiques et littéraires. Dès lors il importait de les étudier dans ces régions plus élevées et aussi plus sereines; les *Pages Sociales* engagent leur lecteur à y monter. Il ne sera point déçu s'il répond à cette invitation discrète. Sur ces hauteurs la pensée est à l'aise et le regard spéculatif s'étend sur un monde d'idées. Beaucoup sont complexes et délicates, mais baignées dans une vive lumière, elles se dégagent en accusant leurs contours précis.

Tel est le livre rapidement parcouru et jugé dans son ensemble. S'il était permis de tirer son horoscope, même avant sa naissance, je lui dirais : « Peu d'hommes te liront, mais dans ce petit nombre quelques-uns voudront te relire, ils te compteront entre ces rares amis dont la conversation presque intime pénètre d'un charme très particulier une heure de recueillement. »

A. P.

L'AVENIR DU CLERGÉ :

La Mutualité Ecclésiastique

Par **E. DEDÉ**, Avocat à la Cour d'Appel de Paris

Un volume in-8° de 128 pages. — Prix : 1 franc; *franco*, 1 fr. 25

SOMMAIRE

CHAPITRE I.

Pensions et secours ecclésiastiques dans l'ancien régime jusqu'à nos jours.

CHAPITRE II.

Les Caisses diocésaines de secours aux prêtres âgés et infirmes.

CHAPITRE III.

L'organisation mutualiste du Clergé catholique.

Les Mutualités Ecclésiastiques

Par l'Abbé JOUANOLOU

Prix : 0 fr. 50 ; *franco*, 0 fr. 60

Abbeville. — Imprimerie F. PAILLART.

Tableau analytique des Tracts de l'A. P.

En rappelant la triple division de ses Tracts : *Principes*, *Enquêtes*, *Monographies*, l'A. P. les a groupés, dans un but pratique, sous les titres suivants :

Etudes générales : 1 — 8 — 28 — 49 — 51 — 60 — 61 — 62 — 67 — 68 — 73 — 77 — 80 — 81 — 82 — 83 — 94 — 97 — 100 — 101 — 102 — 105 — 106 — 118 — 120 — 122

Œuvres rurales : 2 — 3 — 5 — 6 — 14 — 22 — 23 — 39 — 45 — 48 — 63 — 69 — 70 — 75 — 79 — 85 — 86 — 92 — 94 — 99 — 100 — 103 — 111 — 117 — 123 — 125.

Œuvres urbaines : 4 — 7* — 11 — 12 — 14 — 16 — 21 — 31 — 34 — 37 — 39 — 40 — 50 — 52 — 54 — 58 — 63 — 64 — 65 — 71 — 72 — 74 — 78 — 84 — 96 — 98 — 104 — 110 — 112 — 113 — 114 — 119 — 121 — 124.

Œuvres sociales sacerdotales : 3 — 11 — 12 — 45 — 48 — 50 — 67 — 86 — 102 — 115.

Œuvres féminines : 4 — 7* — 15 — 17 — 20 — 21 — 31 — 32 — 46 — 55 — 58 — 61 — 84 — 91 — 98 — 119.

Œuvres de jeunes gens : 14 — 16 — 22 — 23 — 29 — 30 — 33 — 56 — 65 — 66 — 89 — 99 — 107 — 109 — 116.

Professions et métiers : 19 — 21 — 24 — 26 — 40 — 42 — 44 — 46 — 47 — 55 — 57 — 68 — 70 — 71 — 74 — 83 — 85 — 90 — 95.

Syndicats : 4 — 5 — 9 — 10 — 25 — 31 — 36 — 40 — 43 — 62 — 76 — 92 — 93.

Mutualité et coopération : 2 — 3 — 6 — 13 — 18 — 20 — 35 — 45 — 48 — 52 — 53 — 54 — 58 — 62 — 63 — 69 — 72 — 73 — 78 — 79 — 87 — 88 — 92 — 104 — 105 — 106.

A l'étranger : 12 — 27 — 38 — 41 — 50 — 70 — 76 — 81 — 101 — 106.

PUBLICATIONS de l'ACTION POPULAIRE

ACTES SOCIAUX

Nouvelle publication documentaire *périodique*

Paraissant le 5 et le 20 de chaque mois

Le Numéro : 0 fr. 25

Abonnement pour 1906 (Nos 1 à 24) : **5 fr.** Etranger : **6 fr.**

Action Populaire, Reims — Lecoffre, Paris

1 et 2 *Motu Proprio* de Pie X.
3. *Association et Syndicats.* Législation.
4 *Syndicats et Groupements professionnels* (Statuts).
5 *Syndicats et Union de Syndicats agricoles.*
6 *Caisse rurale, Caisse ouvrière.*
7 *Syndicats et Groupements professionnels.*
8 *Cercles d'études*, etc., etc.

Prêtres de France (2e édit., 7e mille) — Monographies sociales.
Françaises (5e mille). Etudes et Monographies sociales.
Action Populaire, Reims — Lecoffre, Paris.
F. Paillart, Abbeville.

Mutualité Ecclésiastique

Par Emmanuel [illegible], Avocat à la Cour d'Appel de Paris

Brochure de 128 pages — Prix : **1 franc** ; *franco*, **1 fr. 25.**

MUTUALITÉS ECCLÉSIASTIQUES

Par l'abbé Joussotot. — Prix : **1 franc** ; *franco*, **1 fr. 25**

Pages sociales, H. J. Leroy. — Un volume in-8° : **3 fr. 50** ; *franco*, **4 fr. 20**. *Action Populaire*, Reims — V. Lecoffre, 90, rue Bonaparte, Paris.

Balzac et ses idées sociales, Ch. Calippe. — Un volume in-8° : **2 francs** ; *franco*, **2 fr. 50**. — *Action Populaire*, Reims. — V. Lecoffre, 90, rue Bonaparte, Paris.

Guide social de l'A. P. — 1907 (4e année) **2 francs** ; *franco*, **2 fr. 65**. — Les quatre GUIDES 1904 1905 1906 1907, pris ensemble, **7** francs, *franco*.

Traduction italienne et espagnole des Tracts de l'A. P.

Manuel pratique d'Economie sociale, par Léon de Seilhac. Un fort volume de 580 pages. — Prix : **4 fr. 50** ; *franco*, **5 fr. 20**. — Administration de l'A. P., 48, rue de Venise, Reims ; G. Rousseau, 5, quai Voltaire, Paris.

Envoi franco sur demande

du Bulletin et Catalogue général de l'A. P. (*L'Effort social*, N° 2)

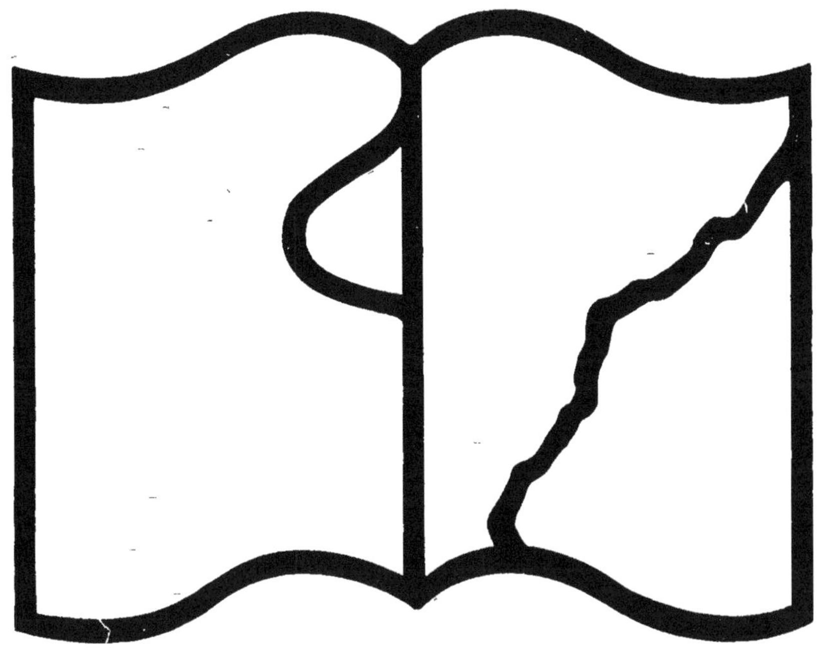

Texte détérioré — reliure défectueuse

NF Z 43-120-11

www.ingramcontent.com/pod-product-compliance
Ingram Content Group UK Ltd.
Pitfield, Milton Keynes, MK11 3LW, UK
UKHW020058200726
13856UKWH00002B/269

9 782013 389648